汪 堂 家 文 集

译 作 卷

Parcours de la Reconnaissance

承认的过程

[法] 保罗·利科 著
汪堂家 李之喆 译

中国人民大学出版社
·北京·

《汪堂家文集》编者前言

汪堂家先生是我国当代著名哲学学者，在近现代欧陆哲学、美国实用主义哲学、生命—医学伦理学等领域卓有建树。同时，先生还是一位卓越的学术翻译家，迻译了包括德里达的《论文字学》、利科的《活的隐喻》在内的大量学术作品。此外，先生还是一位优秀的哲学教育家，通过在大学的授课和言传身教影响了众多青年学子的思想和人生道路。

1962 年 5 月 21 日，先生出生于安徽省太湖县。先生早年毕业于安徽大学，后就读于复旦大学并获得哲学博士学位，生前担任复旦大学哲学学院教授、西方哲学史教研室主任，并兼任复旦大学杜威研究中心副主任和《杜威全集》中文版编辑委员会常务副主编。先生因病于 2014 年 4 月 23 日去世，享年 52 岁。

先生一生笔耕不辍，虽天不假年，却在身后为世人留下总计约 400 万字的著述和译作，这些作品记录着一位当代中国学者苦心孤诣的思考历程。为缅怀先生对当代学术与思想所作的贡献，全面呈现先生一生的工作和成就，我们谨编纂《汪堂家文集》，作为对先生的纪念。

从内容上说，《汪堂家文集》（以下简称《文集》）包括两部分，一部分是先生的著述，另一部分是先生的译作。无论是著述部分还是译作部分，都既包括先生生前发表过的作品，也包括先生的遗著中相对完整者。

先生生前发表的著述包括著作和文章。著作中有独著和合著，文章也有一部分已汇成文集出版。先生的独著有《死与思》（完成于 20 世纪 80 年代的遗著）、《自我的觉悟——论笛卡尔与胡塞尔的自我学说》（1995 年）和《汪堂家讲德里达》（2008 年），合著有

《心灵的秩序》(1997 年)、《人生哲学》(2005 年)、《17 世纪形而上学》(2006 年);先生的文集有两部:论文集《哲学的追问——哲学概念清淤录之一》(2012 年)和散文集《思路心语——生活世界的哲思》(2011 年)。我们将尽可能完整地收录先生的这些著述和文章,不过一些作品的呈现方式会有所变化,读者会见到一些在先生生前未曾出现过的书名,原因在于:其一,有不少著述需要从不同地方(合著或期刊)汇集到一起;其二,先生的著述中有不少是未曾发表过的遗稿;其三,先生临终前有过比较明确的系统整理自己著述的想法,并设计好了相应的书名。我们根据先生的遗愿确定了相应作品的书名。具体说来:《文集》将全文发表《死与思》;我们还将《自我的觉悟——论笛卡尔与胡塞尔的自我学说》与先生的多篇"应用现象学"研究论文合为一册,名为《现象学的展开——〈自我的觉悟〉及其他》;同时,《文集》将先生关于伦理学的著述汇作《生命的关怀——汪堂家伦理学文集》;另外,《文集》将先生的学术随笔和其他散文、时评等收入《心造的世界——汪堂家散论集》。除此之外,《文集》将没有收入上述各书的文章以及比较完整的遗稿一起收入《哲学思问录》一书。

先生留下的翻译作品共约 180 万字。除了他最有影响力的译作《论文字学》(1999 年)和《活的隐喻》(2004 年)之外,先生还翻译了《乱世奇文——辜鸿铭化外文录》(2002 年)、《无赖》(合译,2010 年)、《承认的过程》(合译,2011 年)、《杜威全集》中期 15 卷(合译,2012 年)等。《文集》将以最大努力呈现先生的这些工作。除此之外,我们将先生的译文遗作汇为《汪堂家遗译集》,其中特别收入先生早年译的福柯《知识考古学》(残篇)。

《文集》的主要编纂工作是汪堂家先生的学生们勠力同心完成的。这部《文集》寄托了我们的期盼:愿先生的生命在他留下的文字中延续。尽管我们在整理先生的文稿过程中尽了最大努力,然囿于识见,相信仍会有不少错讹之处,敬祈诸位师友斧正。

《文集》的出版,若非得到众多师长、同仁和朋友的鼎力襄助,是不可能实现的。在此我们要特别感谢上海三联书店总编辑黄韬先生，正是他的倾力帮助，使本《文集》得以顺利出版。同时我们还要感谢孙向晨先生、袁新先生、邵强进先生、林晖先生、孙晶女士、陈军先生、金光耀先生、江行福先生、张双利女士、丁耘先生、赵荔红女士、杨书澜女士、杨宗元女士和师母廖英女士的热情支持。本《文集》的出版，得到了复旦大学哲学学院和复旦大学亚洲研究中心的资助，特此鸣谢。最后，特别要说明的是，由于所涉作品版权等原因，本《文集》的出版采取了多家出版社联合出版的形式，在此我们谨向参与《文集》出版的各家出版社致谢！感谢上海三联书店牵头组织了本《文集》的出版，并感谢复旦大学出版社、上海译文出版社、中国人民大学出版社、上海人民出版社和北京大学出版社在《文集》的整个出版过程中给予的大力支持和帮助。还有其他帮助过我们的朋友和机构，恕不一一，谨致谢忱。

《汪堂家文集》编纂组

2018年4月

译者序言

保罗·利科（1913—2005）是20世纪法国著名哲学家、文艺理论家。法国前总理拉法兰曾把他誉为“欧洲人文传统的真正代言人”，法国历史学家多斯（Doss）把他称为“大师中的大师”。他素以知识渊博、著述丰富和分析细腻著称于世。他在哲学、历史学、社会学、宗教学、伦理学、政治学、修辞学和文艺理论等众多领域都做出过独特贡献并产生了重大影响。他在社会政治领域所体现的道义精神更是获得了许多人的钦佩。在哲学领域，他不仅是最早将德国现象学介绍到法国并使现象学具有法国特色的学者之一，而且对解释学、符号学、语义学、精神分析、存在主义、结构主义等多种流派和理论进行过深入的研究。由于长期在北美和欧洲许多国家讲学并与许多英美分析哲学家不断交流和合作，他也是在欧洲大陆哲学传统与英美分析哲学传统之间架设桥梁的重要人物。

利科早年受德国胡塞尔现象学和雅斯贝尔斯的存在主义哲学的影响，后来他通过对胡塞尔的批判性解释进一步提出了完整的意志现象学的基本构想并试图将现象学与解释学结合起来。他的主要著作有：《意志哲学》（两卷，1950年、1960年）、《历史与真理》（1955年）、《论解释：评弗洛伊德》（1965年）、《解释的冲突》（1969年）、《活的隐喻》（1975年）、《解释学与人文科学》（1981年）、《时间与叙事》（两卷，1983年、1984年）、《从文本到行动：解释学评论之二》（1986年）、《作为他者的自身》（1990年）、《意识形态与乌托邦》（1997年）、《记忆、历史与遗忘》（2000年）、《承认的过程》（2004年），等等。

利科在解释学上的成就最为世人称道。他与伽达默尔一起被并称为20世纪解释学的两位大师。与海德格尔和伽达默尔不同的是，利科不仅在本体论的层面上讨论解释和理解问题，而且在认识论和方法论的层面上讨论解释和理解问题，并认为后者是通达前者的必要途径。这一点意味着，利科不仅把解释和理解活动看做人的存在的基本方式，而且要找到从语言分析出发通达人的自我理解的道路。伽达默尔说："无论如何，我的探索目的决不是提供一种关于解释的一般理论和一种关于解释方法的独特学说，有如E. 贝蒂卓越地做过的那样，而是要探寻一切理解方式的共同点，并要表明理解从来就不是一种对于某个被给定的'对象'的主观行为，而是属于效果历史，这就是说，理解是属于被理解东西的存在。"① 利科则认为，解释和理解是离不开具体的语言分析和意义分析活动的。因此，文本问题始终是人的历史理解和自我理解过程无法回避的问题。为此，他扩大了传统意义上的文本概念的外延。不仅书本，还有人的行为和潜意识，乃至被赋予意义的自然现象，都属于文本的范围。整个可感知的世界和我们与之打交道的存在物在他看来都是有待解释和理解的对象。进行解释的主体也是有待解释的对象。一切理解归根到底都离不开人的自我理解，一切解释都离不开人的自我解释。因此，具体的反思乃是利科解释学的基本动力和理论旨趣。

摆在读者面前的这本利科的晚期著作《承认的过程》也在一定程度上贯彻了利科解释学的基本精神，但其独特的写作风格使我们感到，这是一本无法简单归类的著作。本书是一本耐读而又不太好读的著作。它既有对"承认"一词的详细语源学分析，也有比较语言学的词义对比，还有对"承认的政治"的历史理解。甚至毛斯的人类学所关注的"礼物"和"馈赠"也成了利科的分析对象，因为利科从中看到了毛斯所没有看到的方面，即，对"承认"的平等要求。黑格尔对"承认"的三重区分经过了一个多世纪的时间却没有引起人们的反响，这对利科来说恰恰反映了自黑格尔以来西方哲学的理论盲点。在20世纪，只有科耶夫、泰勒和霍耐特等少数几个哲学家认真研究过"承认的政治"问题。然而，这一问题在法国社会学和人类学中已经隐含着不同解读的可能性并且激发了许多政治哲

① 伽达默尔：《真理与方法》，第二版序言，6页，上海，上海译文出版社，2004。

学家的思想灵感。利科的这本著作可以说是对法兰克福学派新一代的领袖霍耐特的《为承认而斗争》所做的回应。

《承认的过程》是利科在维也纳人学研究所和德国弗赖堡大学胡塞尔档案中心所做的三次报告的基础上补充而成，出版于 2004 年。利科认为，“承认”问题之所以重要，首先是因为人与人组成的社会离不开人们之间的相互承认。胡塞尔之所以提出“主体间性”的概念，也是在哲学上解释如何从自我出发达到相互承认的难题。利科的这部著作是有关“承认”问题的思想史著作。通过与其他学者进行对话，从而引发出自己的观点，这是利科著述的一贯风格，这也符合他通过“客体迂回”的具体反思的思想。而《承认的过程》的特点是将对“承认”词义的探讨引进了这部思想史著作中。在“承认”词义的有规则的多义性中反映出来的词义的演化进程，就是有关“承认”的“思想事件”的演化进程。利科将这一承认的过程分为三个阶段：作为认同的承认，对自我的承认，相互承认。这三个阶段不是按照时间的顺序来划分，而是按照从动词“承认”的主动态到被动态的意义发展过程来划分。

在第一研究中，利科考察了笛卡尔和康德的相关思想。他之所以考察康德，是因为在康德的“认知”理论中，“承认”这个语词第一次出现在我们的哲学词汇中。但在考察康德之前，首先应该考察笛卡尔的判断理论，因为康德“认知”概念是建立在康德的判断理论的基础上，而康德的判断理论与笛卡尔的判断理论具有密切的联系。对于笛卡尔和康德来说，承认就是认同，就是通过心灵来把握一个意义的统一体。但对于笛卡尔，认同与区别不可分，即，将“同”与“异”分离开来，以结束与模糊性相联系的混乱。对于康德来说，认同就是连接。但利科认为，在这一阶段，“承认”概念尚未从“认知”概念中分离出来，取得独立的地位。

第二研究是探讨自我承认问题。对自我的承认就是承认自我是行动的主体，承认自我是一个“有能力”的人。利科认为，这个阶段的“承认”有了“证明”的意味，承认一个人是“有能力”的人就是证明了一个人是“有能力”的人。对“有能力”的主体的探讨必须经过客体方面的迂回，即，必须经过“什么”和“怎样”的迂回。所以，对“有能力”者的分析经过了“能够说”“我能做”“能够叙述和叙述自己”“可归罪性”这几个阶段。这些能力都指向了一个主体，它必须回答：“谁在说话”“谁在行动”“谁在叙述”“谁是被归罪的道德主体”。自我承认的问题不限于有能力者的现象学，利科进一步讨论了记忆与承诺、集体同一性的问题。第二研究的部分内容，亦可见于利科的另一部重要著作：《作为他者的自身》。但是，不仅仅存在着自身同一性，还存在着同一性和相异性的辩证法，正是这种辩证法使我们从自我承认问题进入到相互承认问题。

相互承认就是每个人得到别人的承认。这是第三研究的主题。如何从自我出发来构建相互承认，一直是从笛卡尔以来的主体哲学的难题，也就是利科在本书中所说的“不对称性”的难题。利科在这里接受黑格尔的一个基本思想，即否定性内在于肯定性之中的思想。因此，动力来自内部，相异性内在于同一性之中。从否定发展到肯定需要一个过程，得到承认也需要一个过程，黑格尔将其称作“为承认而斗争”。“为承认而斗争”的命题的提出意味着在获得承认的过程中，那些否定性的因素，如犯罪、蔑视等发挥了相应的作用。利科不仅分析了黑格尔的相关论述，而且介绍了将黑格尔这个命题现实化的那些当代作家的论述。但为承认而斗争的最后归宿仍是和解，是一种和平状态的相互承认。馈赠与感谢体现了这样的承认。

本书的内容十分丰富，涉及古代和当代众多学者的作品，既涉及哲学家的作品，也涉及其他学科的学者的作品；本书也阐发了利科晚年对许多问题的看法，比如：“同样”（idem）与“自身”（ipse）的辩证法，同一性与相异性的辩证法，以及伦理与政治的关系。

在翻译本书过程中，译者不断得到中国人民大学出版社的李艳辉先生和胡明峰先生的鼓励与鞭策。他们的耐心与宽容强化了我们翻译此书的决心。责任编辑吴冰华老师认真审读了译稿。在此，我们深表感谢。由于译者水平有限，译文中一定有需要不断改进的方面，我们祈望读者和方家批评指正。

译者谨识

谨以此书献给弗兰斯·旺西纳（Frans Vansina），我的小兄弟，我的老朋友。

目录

前言 …… 1
导论 …… 1
第一研究　作为认同的承认 …… 19
Ⅰ　笛卡尔："区分真假" …… 23
Ⅱ　康德：在时间条件下的连接 …… 30
Ⅲ　表象的没落 …… 45
Ⅳ　防止难以辨认（méconnaissable）的承认 …… 50
第二研究　自我承认 …… 60
Ⅰ　希腊的基础：行动及其动因 …… 60
Ⅱ　关于有能力的人的现象学 …… 77
Ⅲ　记忆和承诺 …… 93
Ⅳ　能力和社会实践 …… 114
第三研究　互相承认 …… 130
Ⅰ　从不对称性到交互性 …… 132
Ⅱ　霍布斯的挑战 …… 139
Ⅲ　黑格尔在耶拿：ANERKENNUNG（承认） …… 148
Ⅳ　耶拿时期黑格尔的论证的重新现实化 …… 160
Ⅴ　为承认而斗争与和平状态 …… 185
结论　一个过程 …… 215
致谢 …… 229
人名索引 …… 230

前　言

这篇关于承认的论文源于我在维也纳人学研究所所做的以承认 11
为题的三次报告，在对文稿做了一番推敲之后，我在弗赖堡胡塞尔档案中心又做了同类的报告。我在这里出版的是维也纳和弗赖堡的报告的法文版，不过，我后来对它重新做了加工和补充。

对“承认”这个词在哲学话语层面上的语义地位感到困惑引发了这个研究。事实是，不存在与一种或几种认识（connaissance）理论相同的名副其实的承认（reconnaissance）理论。可是，这一令人惊讶的空白与下述一贯性形成了对照，这种一贯性使得“承认”这个词可以作为独特的词汇单位出现在一本词典中，尽管它具有这个词汇单位所包含的语词多义性，而这些词义在通过相同的自然语 12
言，亦即此处所说的法语而组成的语言共同体中得到了证明。

这个词出现在哲学话语层面上的随机的分散状态与出自词典编纂工作的这种有规则的多义性之间的对比构成了我刚刚提到的困惑的原初处境。另外，这种原初的困惑因为对“承认”这个词的不同哲学词义（哲学观念史已经证明了它的不同意义）的比较而变得更加严重。思想事件的异质性的首要后果仿佛是分散哲学的潜在意义并使它们接近简单的同音异义，而思想事件支配了新哲学问题的出现。

这篇论文出于一种信念，即，给“承认”这个词的已知的一系列哲学用法赋予有规则的多义性的一贯性，它宜于再现词汇层面的一贯性。本文的序言关注支配本书的论证结构的工作假设，即，关注这样一种动力：它首先支配了对承认—认同的促进过程，其次支配了从对一般某物的认同向由自我性规定的实体的自我承认的转变过程，接着支配了从自我承认转向相互承认，再转向承认（reconnaissance）和感谢（gratitude）之间的最后等同的过程[1]，法语是少有的颂扬这种等同的语言之一。

13 一句话，引发这个研究的动力在于一种颠倒，即，在语法层面上将动词“承认”的主动态用法颠倒为它的被动态用法：我主动地承认某物，承认某些人，承认我自己，我要求被他人承认。

为了结束这一论证，我想指出，如果对承认的要求可以解读为名词“承认”（reconnaissance）和动词“承认”（reconnaître）的一连串哲学用法的目的论焦点（le pôle téléologique），那么，这种目的论的魅力在哲学话语层面上只能在以下情况下起作用：一心想给有规则的多义性提供最大范围的念头对它进行着抵制，而关于承认的三个后续研究展现了这种有规则的多义性。一种对鉴别力的欣赏渐渐取代了最初的困惑，这种鉴别力在期待单义性的相反意义上对语言进行加工，而此处的单义性深刻地刺激了命名的艺术的发展。

至于承认（reconnaissance）和感谢（gratitude）之间的最终等同（我们刚刚说它被法语所颂扬），它因一种延缓的效果而获得了崇高地位，从对一般某物的认同开始进行研究的决定引起了这种延缓效果。这样，同一性问题一下子出现在关于承认的话语中，它自始至终以我们将要谈到的各种变化为代价。我要求得到承认的不正
14 是我的真正的同一性吗？如果我有时幸运的话，我难道不应感谢那些在承认我时，以这种或那种方式承认我的同一性的人吗？

这篇论文所依据的信念，即，对承认的严密哲学论述（它也是关于承认的论述）的信念得到了支持吗？

在给这一论述取名为“过程”而非“理论”时，我强调了最初困惑的持续性，正是这种持续性推动了这一研究，并且没有排除这样的信念：在同音异义和单义性之间确立了一种有规则的多义性。

---

① 在法文中，reconnaissance 兼有“承认”和“感谢”，即 gratitude 的意思，利科在此指 reconnaissance 一词取得“感谢”的意义过程。以下脚注均为译者注，不一一注明。——译者注

导 论

任何有良好声誉的哲学著作都不以承认为标题出版自有其缘 15
由。我们可能与一个虚假的真实概念打交道，而这个概念给一味猎奇的作者设置了一个真实的错误主题的陷阱，这难道就是它的缘由吗？然而，这个词一直出现在我的阅读中，时而作为不合时宜的魔鬼突然出现，时而大受欢迎，甚至适时而至。到底是哪种情况呢？

在这里词典提供了帮助。作为享有盛誉的英国日常语言学派的好学生，我致力于根据它们在共同语言中的独特语境辨读其意义。最初的排序、共同语言的词汇排序已经从这一点工作中获得力量，这种辨读工作是一页一页进行的，它以一个词解释另一个词，一个同义词让人想起一个反义词。

我们是最早剪除词汇枝叶的人吗？在我们之前，19 世纪和 20 16
世纪的德国伟大哲学家已经把语文学研究纳入对他的指导概念的制定中。在我们所有人之前，古典时代的希腊思想家，首先是亚里士多德这位好老师，作为审慎的词典编纂者浏览了风俗这部大书。在语词的用法已经抹去了语言交流的这些新片段的轮廓之前，这部风俗之书在诗人和演说家那里标志着合适的语词的突破性进展。

如果对词汇的经常使用并不外在于在哲学的重要领域对意义所做的研究，它在我的研究中会因语义的缺乏而占据不同寻常的位置，但这种语义的缺乏会使哲学研究者在他研究的一开始感到惊讶。由于与它出现的领域相称的所有哲学支持并不存在，“承认”这个词仿佛有一种词汇的稳定性，在词典中，这种稳定性为它作为完全单独的条目而存在的地位提供了保证。这似乎是最初的情形，它证明词典编纂研究应该推进得比在一个惯常的序言中更远，并且本身构成了聚集语义的尝试的最初阶段。

在词典指导下的快速浏览留下了一种对比强烈的印象。一方面，这个词的明显多义性会带来一种可接受的排序，这种排序没有歪曲我们对这些词的确切感受，而是公正地承认了概念意义的多样性，但它没有走到一种分解的地步，这种分解导致了对简单的同音
17 异义的确认。在这方面，我们可以谈论“承认”这个词在它的使用价值方面的有规则的多义性。另一方面，另一种不一致在词典编纂者的相互比较中显露出来，这种不一致使我们想到它在某种程度上缺乏多义性的组成原则，这种原则属于不同于语言实践的另一层次。这种空白，正如支配了对多义性的词典编纂工作的专断一样，在关于承认的确切哲学主题层面上强化了明显的语义缺乏感。这还不是全部：正是在对共同语言的各种用法的词典学处理中，无法感知的跳跃导致了从一种意义向另一种意义的过渡，因为这些微不足道的间距（écarts）的原则存在于先前释义的言下之意（non-dit）中，在我们刚刚提到的有规则的多义性系统下有序的意义系列的形成掩饰在这种言下之意中。我关注着这些间距的作用，我同样关注言下之意的推动力，这种推动力以如此巧妙的方式使得这些间距的作用延伸，以至于派生的意义似乎是作为一股意义的持续洪流流淌着。

为了检验这些涉及指导多义性的原则的冒险建议，以及涉及控制间距和确保超越这些间距的言下之意的建议，我选择参阅和对照两部法语词典巨著，这两部作品相隔了一个世纪：一部是《利特雷
18 法语词典》，由埃米尔·利特雷（Émile Littré）从 1859 年到 1872 年编纂和出版；另一部是《罗伯特法语大词典》的第二版，它于 1985 年在阿兰·雷伊（Alain Rey）的指导下出版。我们可以追溯到安托万·菲雷蒂埃（Antoine Furetière）和他的《通用词典》，根据阿兰·雷伊在他的《罗伯特法语大词典》的序言中的说法，这部《通用词典》“显然是最好的古典法语词典”。对我们的目的，《罗伯特法语大词典》与《利特雷法语词典》相隔的距离带来了这两种

"精审的词典"所显示的相应的规划。此处考虑的语词是"承认"这个词。我们将从实施这两部词典编纂规划的独特观点出发对"承认"这个词进行考察。

《利特雷法语词典》的作者在第一卷序言中严格地阐述了它的规划，除"序言"之外还补充了《1880 年 3 月 1 日的漫谈》(《我如何编纂我的法语词典》)，这篇谈话发表于这位勤奋和正直的思想家去世一年前，而他对法语"恰当用法"所做的研究得到了孔德的支持。利特雷在他的序言的开头宣布，"为了使语言的现有用法有其全部丰富性和准确性，这部词典囊括和结合了语言的现代用法和它的过去用法"(《利特雷法语词典》，116 页)。现行用法游离于古代词义和新词义之间，它浓缩了三个世纪（从 16 世纪到 19 世纪）的语言实践。

词典编纂者所面对的主要问题有以下一些：首先是"语词目
录"，即，"常用词汇"的制定（同前书，123 页），以及有限汇编 19
(corpus) 的界定问题；其次是"词义的分类"，以及被保留的词义的排序问题；最后是"对杰出作者举例的常规的和系统的引用"，在这些引用中，利特雷发现了"似乎与现代精神的某些历史趋势相吻合的一种革新"(同前书，135 页)。

如果目录问题在这里不成问题，那么，意义的分类与"求助于书本的例子"之间的关系同样不是问题。利特雷宣称，排序不能是任意的："在使用一个词时，一些不同的、有时相距很远的意义不是盲目产生的"（同前书，126 页)。他说，这种演变关系"是自然的，并因此服从于固定的条件，无论在发源处还是在后续发展中都是如此"(出处同上)。由此得出："成为事实和世世代代创造的派生意义，无疑远离了出发点，但只是按一定步骤远离出发点，这些步骤时而发展本来意义，时而发展隐喻意义，而与任意和混乱无关"(同前书，127 页)。利特雷充满自信地消除混乱的威胁，"这样，无论在出发点还是在派生意义中它无处不在：重要的是发现这
种规则"(出处同上)。我对意义间距的派生过程的看法与利特雷的 20
这个评论不谋而合，而这种意义间距的派生过程是从暗含于先前的释义的言下之意开始的。于是，我要对利特雷的这句十分重要的话

进行评论，这句话是：“重要的是发现这种规则”。这句话隐藏着我们一直所说的有规则的多义性的秘密，这种多义性是由用法的有序历史规定的，并交由词典编纂者支配。

“从古典作家和其他作家那里得到的例子”有助于这种派生的意义序列的稳定。伏尔泰不是说过一部没有引文的词典只是一具骨架吗？这决不是强制性地让利特雷对限制性用法、对正确用法进行评估（人们常常指责他这样做），而是探索摆脱了日常对话用法的词义和细微差别。我们不妨想想他珍视的古典作品：“由于对语词的专横使用，这个词时而偏向一种意义，时而偏向另一种意义；在它没有丧失自身的价值和真正的特征的情况下，人们在其中发现了人们不应怀疑的属性。”（同前书，137 页）我想指出，在这方面，文学既是在共同语言的日常用法中可自由处理的意义之源的放大器，也是它的分析仪。正因如此，引用的艺术与意义分类的艺术相互交织。一方面，恰恰是在引用时，人们进行分类；另一方面，关于派生顺序的假设给例子赋予了地位。利特雷稍显骄傲地总结道：
21 “我只是想就每个词写一篇专题短文，也就是说，写一个词条，在其中，将对每个词的起源、形式、意义和使用所做的全部了解呈现给读者们。这件事还没有人做过。”（同前书，167 页）

从词义派生的观点看，从求助于引文的观点看，关于“承认”一词的专题论文怎么样呢？

我将遵照利特雷就规则提出的建议。关于规则，他说“重要的是发现它”。这种规则隐藏在 23 个（是的，23 个！）被列举的意义的简单系列的背后。我们应该确立这种规则，其方法是，按一种不断增长的远离顺序在释义的内部寻找后续词义的派生过程的关键。

什么样的意义被当成首要的意义呢？是那显得最“自然”的意义，即，从“认识”（connaître）出发，通过前缀 re[①] 而从“承认”（reconnaître）派生出的意义。“RECONNAÎTRE（承认）：1. 将某人的观念或关于我们认识的某物的观念置于我们的心中。我认出了

---

① re 是法语前缀，含有“重复”的意思。

特征。根据人们的声音、人们的举动而辨认出这些人。”言下之意存在于 re（乍一看是在重复的时间意义上使用）的力量中。《罗伯特法语大词典》对类似的论证进行反驳。另外，如果释义提到了心灵的主动性（“置于自己的心中”），这种释义就会无差别地对待这个“认作如此”的 quid（如何）。关于人们借以认出某物的标记，词典未曾谈及。这最后的沉默在随后的释义中被打破了。我们因此转而采取行动承认我们从未见过的东西：“2. 据某种符号、某种标 22
记、某种指示认出（reconnaître）人们从未见过的人或物。据她的步态，人们认出了一位美女。根据这些作者的描述，认出了一种植物。”我们借以认出某人或某物的标记的观念在我们的后续工作中将占据重要地位。这样，我们就转向涉及认作此物（人）或认作彼物（人）的观念：将某某个体认作某某人。然而，被辨认出来的 quid（如何）仍然与依次列举的植物、国王、美女、上帝的例子没有区别。还应注意的是，它没有在这第二个标题下突出强调“获得辨认（se faire reconnaître），通过某些征象证实一个人是谁”。这种主动性或这种尝试将要求我们对处于分裂的过程中的“获得辨认”进行特别分析，这一分裂过程将在验证词典编纂技巧之后出现。在这里未说出的东西，是辨认的符号、标记、征象的可靠性，我们正是通过这些东西，认出了某物或某人。然而，我们正是借助于这一中间的观念转向对受到真实性影响的某物的主动认识：“3. 能够认识、能够领会、能够发现某物的真实性。人们已经承认了（reconnu）他的无辜。人们根据这些迹象认识到（reconnaît）水的卫生。人们感受到（reconnaît）他们的恶意”，等等。通过真实的观念，价值的一面默默地凸显出来，它以后将被作为主题。至于真实，它可以是事实或规范：这不再是无关紧要的。另外，“能够”（parvenir） 23
这个动词暗示了以犹豫、迟疑、抵制的形式而存在的困难。这种评论应与我们先前的评注结合起来，此评注是由“被置于心中”这个动词引起的。我们在这里触及了这种暗含的手段，通过这样的手段，一种间距既得以提出也得以克服。这种对我们所说的承认的艰难方面的暗示在以下的用法中得到了说明：“4. 带有否定的承认有时意味着不再关注，不再倾听。他除了他的意志不承认其他法律。”言下之意存在于否定形式（“只承认”）所隐含的精神限制中。从承认的这一艰难、困难的方面出发，以下的意义在向发现和探索未知事物的方向发散，“不管涉及的是场所还是暗礁、危险”（意义 5、6、7）。“浏览”（parcourir）让位于“探索”，因此，第 8 种意义能被视为语义排序中的主要转折点：“8. 承认、接受真实的、无可争辩的东西。这位哲学家承认原子的存在”，等等。对第 5 种意义的真实性的指称丰富了它与对第 6 种意义和以下意义的困难的暗示的联系：承认，就是结束对真实的犹豫，但也提及它。承认的行为所暗示的细微差别在以后提到某人的权威时明确起来，这种权威暗含于承认观念中：“服从一个人的权威”（意义 9）。从承认过渡到服从是
24 难以察觉的。我们可能不承认，不服从。否认、拒绝并不遥远。反过来，承认的坦白这一面凸显出来，这就使我们能在“当做”“以这样的性质”的强烈意义上，重新采纳第 2 种意义（根据我们进行辨认的符号）和第 3 种意义的真实性维度（而这种真实性标记被揭示出来）。标记的观念、真理的观念，以及困难的观念，甚至迟疑的观念就这样被归并到意义的领域中。不管涉及的是“承认”一词的军事用法（意义 12）还是以更明显的方式涉及“承认”一词在血统顺序上的用法，都要遵循“承认为”的专有形式：“承认一个（私生的）孩子。”不仅某人得到了承认、强调，而且一种法律通过它的文字标记（一个能够被如此承认的签名）也得到承认、强调。我们超越了“信仰的表白”的宗教用法（意义 10），达到了供认的主题：“承认、坦白”（意义 15），一种错误、一种债务、一种偏差。我们已经扣上了扣子吗？不。在过程结束时出现了不速之客。另外，这个客人未被邀请到除法语之外的大多数语言中。这个客人就是“作为感谢的承认”：“16. 感谢，表示感谢。”我们感受到与先前意义的联系，供认欠某人债务，向他坦白，在补充的条件下，在这个词的所有意义上，将自发的、无偿的回馈活动的观念置于感谢的道路上，仿佛一个债务被恢复了。[1]

这张词义派生表能简化吗？初一看，似乎可以简化：如果有人

查阅“被承认”这个词目——因此查阅承认的 quid（如何）——他 25
们就会注意到，只有五种情况保留下来。第一种情况证明了承认的第 1 种释义：“人们重新将被承认的意象、观念置于自己的心中。”“被承认”这个词借助“人们重新恢复”这个表达式而处在“被认识”之后。第二种情况证明了第 5 种释义：“被当成真的”。第三种情况重复了“供认”（意义 15），“被承认，被坦白”，和这些动词的代词变项。“被当成”（及物不定式的第三种意义的过去分词）这个表达式居第四位：“4. 谁被宣布具有某种品性。”我们的神秘客人——承认—感谢——以补偿的形式进行回馈：“被补偿者”就是收到谢意的人。我们对减小概念范围的第一个印象事实上是错误的：涉及的仅仅是在“被承认”的被动形式下的承认的最低频率。可是，这部著作的后续部分将证明：恰恰在这一点上，通过黑格尔的“为承认而斗争”的主题发生了在哲学研究（philosophèmes）层面上的主要的概念革命，而“获得承认”是为承认而斗争的前景。利特雷没有证明，或许正是从主动倒转为被动，从承认倒转为被承认方面，吹出了主要的革命之风，这股革命之风应该搅乱在日常语言层面上的派生意义的平静秩序。在这点上，我们突然发现了我们应该加以说明的差距，这种差距存在于在语言使用层面上的词典编 26
纂的派生方式与在哲学研究上的有规则的多义性的重构之间。

我们暂且还关注一下利特雷。我们事实上应该说明在词义派生过程中插入的例子。正如利特雷在序言和漫谈中宣布的，这里涉及的是书面语，更准确地说，是 17 和 18 世纪古典作家的语言，人们很容易说出其中一些主要作者的名字：拉・封丹（La Fontaine）、高乃依（Corneille）、拉辛（Racine）、莫里哀（Molière）、拉・布吕耶尔（La Bruyère）、德・赛维尼夫人（Mme de Sévigné），在这些人中再加上说教集作者波舒哀（Bossuet）、芬内隆（Fénelon）、布尔达卢（Bourdaloue）、萨西（Sacy），更多的是被孔德的信徒所珍视的某些启蒙时代的“哲学家”：伏尔泰、达朗贝尔、布丰（Buffon）、孟德斯鸠、狄德罗，他们主要因为文学上的声望而产生影响。一种纯粹观念因此而得以证明，根据这种观念，对语言的文学使用有助于意义的选择，而这是由于对派生过程的分析的强化、强调、赞扬（如果我们敢于这样说的话）而得以实现。对词的多义性的影响既集中于意义共有的范围内，又是在这个范围内展开，而词典编纂工作本身却远离了这些意义。因此，揭示日常的用法所顺应的张力和剧变属于第二层面的批判性反思，而这种反思具备了在日常谈话之外的地方形成的知识。

派生的工作和举例的工作十分紧密地联系在一起，它们完美地
27 证实了有关意义演变的观念，而这些词义受到一个用法明确的词语的保护。根据利特雷的看法，词义演变在开始时可能是“自然的”，但这是在下述意义上说的：说话者的语言能力，进而言之，作者的语言能力发挥了那种关注用词的准确性的本能。还有一个谜团是：相继出现的释义（印刷的字体按约定俗成的编号来强调这些释义）之间的间隔怎样呢？这个空间同时也是间距，字的书写通过从一个意义过渡到随后的意义而超越了这种间距。我已经暗示了，正是在先前的释义的隐秘处，言下之意被掩盖起来了，而后续的释义对言下之意的重新采用确保了明显的过渡，同一个语词保护下的这么多不同意义的共存超越了这种明显的过渡。对这个谜团的考察将处于对词典编纂的语义与哲学的语义之间的过渡进行质疑的中心。

《罗伯特法语大词典》与《利特雷法语词典》之间的对比揭示了与它的前辈相差一个世纪的一部著作的决定性变革。与《利特雷法语词典》的第一个差别涉及将类比的因素与基于释义对词义所做的分类结合起来。这部词典是“按字母顺序和类比的方式”编成
28 的。类比观念提到的词与词的关系以这种方式对每种意义的内在限制做了补充，而这些意义展现了词的多义性。释义仍然是“一部语言词典的活的中心”[2]，这是千真万确的。词典编纂者确实没有“构建各种概念和世界意象的意图”。他仅限于根据一种“心中完全具有启发性的”（出处同上）修辞方法，通过一系列的自然语言陈述反映语言的语义构成。但在这种柔性框架中，相继出现的并以数字顺序规定的每个释义具有“被释义词的同义词”这种婉转说法所体现的严密性；“不管例子的重要性有多大，一部语言词典的活的中

心，一部术语词汇的精粹仍然是释义”（出处同上）。这样，通过阐明和解释，这些释义试图涵盖整个被释义词。《罗伯特法语大词典》在这方面是《利特雷法语词典》的继承者。正是在这个基础上，人们新增了类比的系统，它能借助于词义关系完成释义，这样，它就使得一部词典成了“反映我们的语言词汇中的语义关系的巨大网络”。借用 20 世纪后半叶的符号学的一个技术性词汇说，各种例词（paradigmatiques）关系对意群关系构成了补充，意群关系是由语言的语境所确立的，而例词关系制定了一个真正的 Begriffssystem（概念系统），哈提格（Hattig）和哈特堡（Hartburg），更谦逊点说，P. 布瓦西埃（P. Boissière）在 1862 年出版的《法语类比词典》与概念系统较为接近。尽管做了这种扩充，《罗伯特法语大词典》*29*
仅限于给小范围的话语（discours）定位，这些话语值得在“词汇教育法”中占主导地位，这是弥补精确性的门径。

在出版过程中的另一项革新［这项革新是《罗伯特法语大词典》和《法语宝鉴》（*Trésor de la langue française*）共有的］是：“用法举例”和“提供出处的引用”之间较好结合，这主要体现在文学上；在正文中，这些例子和引用是由一种明确的编码规定的。在这方面，《罗伯特法语大词典》如同《利特雷法语词典》一样接受了“例子的文学性”。与远离同时代人的这个先驱不同，《罗伯特法语大词典》引用同时代人的话，甚至包括词典刚刚出版前的作者的话。这样一来，它就造成了一种哲学边缘地带，这种地带接近习以为常的科学技术的专门词汇。《罗伯特法语大词典》和《法语宝鉴》从此以后可以因为向公众提供“大量的文学引文和论证性的引文的汇编”而骄傲。《罗伯特法语大词典》尤其旨在不仅提供著名的正确用法，而且提供各种日常用法，并且试图雄心勃勃地提供有关日常生活世界的“社会意象”（同前书，18 页）。

最有意义的革新与意义的归类有关，而归类是词典编纂的关键所在。《罗伯特法语大词典》用树状形的等级结构取代了《利特雷法语词典》的派生的线性系统（这一系统就像我试图重新构造的那样）。通过将它的构造层次分为不同等级，这种安排使语词语义的 *30*

构成更有可读性。正如《利特雷法语词典》所言，纯粹观念因此被简化成少数的东西；总而言之，它们组成了语词不可化约的多义性。

“承认”这个词（在这里有助于检验编纂词典的构想），有关这个词的纯粹观念可以简化为三项：

“Ⅰ. 通过把对象的意象连接起来，将与对象相关的知觉连接起来，心灵、思想把握（一个对象）；通过记忆、判断或行动进行区别、认同、认识。”

“Ⅱ. 接受、当成真的（或当成这类东西）。”

“Ⅲ. 通过感谢证明人们（因某事、行为）受惠于某人。”

对第二层意义出现于其中的词义顺序需要进行全面的审视，这种审视与《利特雷法语词典》提出的实质上的线性审视相差不大。然而，第一个关键释义标志着“承认”这个词脱离了“认识”(connaître)，《利特雷法语词典》仍对能指（signifiant）层面上的词语演变表示敏感，而《罗伯特法语大词典》直接走向概念更新，这种概念的更新通过一系列的动词“把握、联系、区别、认同”等表现出来。在紧接着的评注中，“认识”这个术语借助于“记忆、判断、行动”这三部曲被重新整合进这些行动的后续部分中。我们不能不了解这个最初释义的模糊性，对这个释义的概念澄清已有很
31 多。它包含一种内在分化，这种分化通过其细致的拼写表现出来：“联系”与“区别”不是一回事，“区别”与前者用分号隔开；与“认同”也不是一回事，“认同”通过一个简单的逗号与“区别”隔开。它的这种模糊性、这种变动对于将术语概念化的困难是意味深长的。然而，《罗伯特法语大词典》的第一个释义参照了一种心灵活动、思想活动，这种活动无法归结为对先前的经验，对早已看见的简单的东西，对早已经历过的东西所做的简单重复。在这里，这是一种对概念的最新创造的宝贵指引。反之，人们无法阻止表象社会学（la sociologie des représentation）所归类的东西在从一个词语向另一个词语的初步转变（三代以后）过程中产生的影响，这种社会学可能将此类东西算作比实证主义更有康德主义或新康德主义色彩的理性主义意识形态。这已是人们借释义的机会发现的思想的世

界，这种释义被认为说明了语言共同体所接受的意谓（vouloir-dire）。

至于从第一种基础观念向第二种基础观念的过渡，“接受、当成真的”，在意义的间距的表象之下，是通过关于承认的标记的中间观念来实施的，而对名词“承认”（不同于作为动词的“承认”）的最初释义使这种观念凸显出来。实际上，我们可以读到这样一段话：“RECONNAISSANCE①：Ⅰ．辨认（reconnaître）的行为（1）：有助于辨认（reconnaître）的东西。”这个释义的第二个组成部分使名词能说出动词掩盖的东西，即，从通过心灵、通过思想……来把 32
握一个对象的想法转变为通过辨认的标记的观念把某种东西当成真的想法。

关于第三种基础的、奇怪的观念，在“感谢”意义上的“reconnaissance”（人们以英国和德国的方式谈到这一点），是通过受惠的观念而从前一种观念中暗中产生的。就假设的真理在于要求以供认的形式予以赞同的价值观念而言，受惠的观念类似于关于接受、接纳的先决观念的言下之意。这样，我们就有一系列的词语：“接受，当成真的，承认，赞成，受惠于，感谢”。尽管派生过程非常严密，它在某种程度上仍是非连续的、随机的。这里有语词的词汇结构的残存之谜，而词典将这些词搜罗起来并加以分析。字母排序早就是随机的。每一个词义的内在派生过程也是以更为内在的方式而非外在的方式展开的。

如果现在有人考虑意义的种类和亚种，那么，“意义Ⅱ”之下存在着最为丰富的树状结构。

然而，“核心意义Ⅰ”（我们已经强调了其原始复杂性）适合于进行一种有趣的分解，这种分解将以下的观念置于意义系列的首位，这种观念设想（现有的对象）已被心灵所把握，这就是作为回想，回忆的承认（reconnaissance）。这种 princeps（最初）意义的从属关系将成为柏格森之后的概念语义学的重大问题。既然某物是

① 此词有“辨认”“承认”“感谢”等意思。

33 某人，并且这个某人在当前或在对过去的记忆中是另一个人或他自身，这里涉及的就远不只是种与属的关系。在正文中，对柏格森所做的引用早就把概念工具转变成了概念的难题，而词汇语义学不足以确定这个概念难题的范围。

的确，“意义Ⅰ，2”涉及的完全是另一回事，“意义Ⅰ，2”展现了属的意义的最重要含义：“借助于已经得到确认的共同特征，通过确定一个对象、知觉、意象……和另一个对象、知觉、意象之间的同一性关系，辨认出（某物）；认为、断定（一个对象、概念）包含在一个范畴（种、属）中，或包含在一个一般普遍观念中。”类似的情况是很多的（认识、辨认和归摄、发现、证明等）。对平行的名词“承认”（reconnaissance）的词汇学考察增加了相互认同的例子：“被承认的行为（Ⅰ，1和2），相互认同的行为，广而言之，在长期分离后互相承认。”人们借以辨认的标记被引入了同样的意义领域中：“识别（reconnaissance）的标记，互不认识的人们（或很长时间未见面的人们）可以通过识别标记得到辨认。”（Ⅰ，2）一种关于承认的哲学给这种隶属的意义提供了广阔的空间，词典仅限于标出它在更广大的意义空间中的位置。但我们从现在起可
34 以赋予“识别的标记”以暗含的中介角色，这种角色远超次要的派生词义的角色，这个中介角色就是桥梁观念的角色，这座桥梁架设在心灵把握的第一个基础观念和第二个观念（即被接受，当成真的）之间。

如前所述，基础观念Ⅱ的分支是很丰富的。首先是供认：“承认、供认有人犯了（可被谴责的行为、错误）。”紧接着是以双箭头引入的类似情况“供认，坦白，承担，谴责”。但我们通过一种真正的跳跃转向“意义Ⅱ，2”：“承认（一个人）是首领、主人”；然后，进而转向“意义Ⅱ，3”：“承认一个上帝，两个神”，紧随着的是“坦白”的重要类似词：“承认一个忏悔，一个信仰，一个信念。”因此，人们正是通过某种对供认的对象的人格化，从承认的观念过渡到供认的意义，过渡到“承认（一个人）是首领、主人”；指称似乎是一种暗示，它将严重地困扰着我们，在这里它仍然是言

下之意，即，对某种优越性的指称。这将是我们在对权威进行反思的过程中的负担。

通过“意义 4”，我们又向前迈出了一步：“在否定后或在怀疑后承认——为真实的；尽管迟疑，但仍然接受。”借助于“寻找”（意义 5）这一关键的观念，借助于“力求认识、确定”（意义 6）这层意义，以及关于未知、危险的附属观念，这种对犹豫、迟疑的暗 35
示对于我们来说将尤其值得发展（它强调迟疑、犹豫、事先的沉默）。在“承认权利”这一司法意义上的承认更难以服从和协调。通过合法性的观念和优越性的观念［暗含于“当做真实的（tenir pour vrai）”的观念中］，派生意义似乎成了为一种价值观念而被默默提出的真理，这种价值的优越性只是道德上的优越性。这里需要的关于派生意义的概念性工作显得很重要，除了类比关系，这些例子和被引用的引文仍然丰富了这种派生意义，并使之复杂化。对债务的承认，对承认—接纳（reconnaisaance-admission）的最终的合适规定，显得最接近第三个基础观念，即承认—感谢。但权威概念的谜团首先隐隐约约地显示出来，这种权威隐藏在“形式上、司法上的承认”意义上的“承认”之下，隐藏在“正式承认……的司法存在”（意义 7）意义上的“承认”之下（不论涉及的是政府、权利、继承人、签字）了。对于我们来说，这将是通过以下的尝试而进行的主要考验，即，在哲学层面上组成承认观念的 Begriffssystem（概念系统），而在词典编纂的层面上，这一概念体系仍属于初步的东西。

在审视这个词典编纂的过程结束时，提出来这样一个问题：我们如何从自然语言的语词的有规则的多义性领域过渡到适合出现于承认理论中的哲学论题的形成呢？

我们一开始应该放弃改善词汇工作的计划，例如，通过用增加 36
新意义的办法来填补部分释义之间的鸿沟，这些新意义被当成先前被释义者的言下之意。这样的尝试除了无止境地重写词典外，会一无所获。哲学并不来自这类词汇的改善，这种词汇交由人们根据共同的实践对日常语言的描述。它来自哲学固有问题的出现，这些哲学问题与通过它自身的使用对日常语言进行的简单调整形成对照。

我们想起苏格拉底用这类问题招呼他的同胞：……是什么？德性、勇敢、虔诚是什么？在一些高层次上问题完全脱离了熟悉的用法，这些问题有：存在是什么？认识、意见、知识、真理是什么？客体、主体是什么？先天是什么？思想是什么？回到这些问题的观念的历史不再处于心理的历史、表象的历史中，甚至也不处于观念的历史中。这就是关于哲学提问的哲学史。由此可见，存在于日常语言的语词的使用价值与由哲学问题在它内部产生的意义之间的间距本身构成了一个哲学问题。一个问题的出现不管怎样仍是无法预料的，这个问题的出现是作为思想事件而存在的。

37 这些思想事件的不连续特征增加了我们对我们的事业的可靠性的困惑。哲学的问题化似乎的确有助于词典编纂的派生秩序的某种解体，以至于在相同语词的区域中靠得很近的世代似乎废弃了表面上离得最远的意义。这种解体的后果跃入最无经验的观察者的眼帘，它大体上解释了为什么缺乏一种有关承认的重要的统一哲学。乍一看，至少三个哲学焦点被粗略地区分开来，它们似乎没有任何共同的指称。首先，这里有康德意义上的焦点，在《纯粹理性批判》第一版中，它处在 Rekognition（认知）这个语词之下；其次，这里有以《记忆的承认》为题的柏格森的焦点；最后是黑格尔的焦点，它处在 Anerkennung（承认）这个语词之下，它始于黑格尔在耶拿撰写《实在哲学》的时期，而在今天得到了充分发展。很清楚，这种解体状况的原因应该到始终占主导地位的问题中去寻找。正是在对客观知识的先天可能性条件进行研究的先验哲学的背景中，可以给康德的“认知”赋予一种哲学意义。接着，在一种接近反思心理学（这种心理学热衷于重新表述就心身关系而进行的古老
38 争论的术语）的哲学中，对记忆的承认在柏格森那里变成了一个主要问题，并且这个问题又与残存的记忆结合在一起。最后，对黑格尔来说，不再在理性批判的语境中，而是在自由的“真正”实现的语境中（自由首先是观念），“承认”可以在这种实现、完成的过程中占有其地位，并且具有我们熟悉的“为承认而斗争”“要求得到

承认”的形式。在康德的认知、柏格森的承认、黑格尔和后黑格尔的 Anerkennung（承认）（法语将这些都置于同一个语词“承认”之下）之间存在着怎样的关系呢？哲学的问题化似乎已经使想在哲学的层面上产生一种派生系统的全部事业失败了，这种从复杂性、有机的结合和叠合派生的系统可与词典编纂者重构的系统相媲美。

我的工作假设基于一种信念：哲学家不应该放弃构造名副其实的承认理论，在这样的理论中，人们所说的质疑活动所产生的意义间距既被承认又被超越。哲学探索者的责任就是构造一系列高度复杂的概念意义，在这种意义之链中，由不同问题支配的各种意义之间的间距会得到考虑，而哲学探索者通过涉及问题的哲学史的训练 39
来培养，这种哲学史是通过著作的历史和学说的历史而完成的。

哲学家可以从寻找各种关键词义[①]的词典编纂者那里发现勇气——我们已经谈到了暗含的意义，谈到了言下之意——它们确保了从一个释义过渡到另一个释义。这些关键意义应该既创造又超越那种不断从以前的意义出发产生新意义的过程所掩盖的间距。我们将尝试在概念层面上对暗含的意义和言下之意进行相似的讨论，并充满了这样的希望：以在哲学论题之间进行协调的效果去弥补问题化（problématisation）导致的最初的解体效果，而对各种过渡的讨论恰恰使这些哲学论题相一致。

通过发挥这种信念的作用，我的涉及意义在概念层面上的可能派生过程的假设在把动词作为动词来陈述的重要方面获得了鼓舞和支持，这种动词的使用要么采取主动语态——承认某种东西、对象、人、自我、他者，相互承认——要么是被动语态——被承认、要求被承认。我的假设是：动词“承认”的潜在哲学用法可以按照从主动语态用法到被动语态用法的轨迹加以排序。这种在语法层面上的倒转或许具有在哲学层面上相同范围的颠倒的痕迹。作为行动的承认（reconnaître）表达了对意义领域，对有意义的“断定”领 40
域进行理智控制的一种企图、一种要求。在轨迹的相反一极，承认

① tenon，字面意义为“榫头”。

（reconnaissance）的要求表达了一种期待，这种期待只有作为相互承认才能得到满足，不管相互承认仍是一个达不到的梦想，还是要求把承认提升到政治层面的各种程序和制度。

这样的倒转如此重要，以至于它引起了对中间意义的精心探究，我们说过，这些中间意义产生了间距，它们同时有助于超越这种间距。我们已经匆忙刻画了三个点——康德、柏格森、黑格尔——的轮廓，这三个点就被众多山峰所环绕，这些山峰体现了从“承认”的主动行为向“要求被承认”的转移。这种颠倒必然影响这个动词所表示的对行为的控制，词典是在不考虑主动语态或被动语态的情况下对这个动词进行陈述的。在这方面，古典哲学的反思不太熟悉的各种用法，甚至被认为完全偏离了已传授的哲学的各种用法，是特别有效的意义的传播者。表面上远离频繁的哲学考察的诸种问题甚至有时会在合作的大成果的构建中成为一个重要角色，这样的成果应该值得被命名为承认理论。

我们的工作假设的另一种含义是：在从主动语态倒转到被动语态的
41 情况下，在与渐占上风的相互承认问题相结合的情况下，“承认”（reconnaissance）取得了越来越独立于“认知”的地位，这种认知是作为单纯的认识而存在的。在这个过程的最初阶段，承认行为所特有的这种技巧与附属于主动语态的动词“认识”的技巧没有根本区别。然而，使得“承认”这个词在某些语境中的使用具有正当性的特征将更加宝贵和值得严肃审查。康德有关“认知”的事例在这方面将是典范，在他之前，“承认”这个词偷偷出现在笛卡尔的《沉思录》的法文版中。

但我认为，还有其他原因使我们停留在我们研究的第一阶段。这个原因涉及前一假设的补充假设，前一假设依赖于陈述的语法方面，而对陈述的词形方面我们已进行过考察。新的假设涉及词义的意义内容。它以如下的方式产生于最初的假设：对主动语态的动词的使用似乎附属于理智活动，这种活动标志着心灵的创造性。这位词汇学家本人帮助我们迈出了这一步。我回想起了《罗伯特法语大词典》中的第一个关键意义的释义：“通过把对象的意象连接起来，
42 将与对象相关的知觉连接起来，心灵、思想把握（一个对象）；通

过记忆、判断或行动进行区别、认同、认识。”

我持有这样的建议（我们将要考察的某些第一哲学使人们相信这种建议），我也打算将“认同/区别”作为首要的哲学词义。承认某种东西是同一种东西，是与自身等同的东西，而不是区别于自身的他物，意味着把这种东西与所有其他东西区别开来。这种最初的哲学词义证明了两个语义特征，我们已经发现这两个特征附属于动词的主动语态的用法，即心灵在把握意义时的主动性，以及在“承认”（reconnaître）和“认识”（connaitre）之间的初步混同（quasi-indistinction）。

在“认同/区别”的意义上，“承认”这个词的词义会因为一系列原因（从最全面的原因到最根本的原因）而被当成第一个词义。哲学论题标志着支配“承认”这个词的用法的思想事件，按照这些思想事件的年代顺序，康德的“认知”优先于柏格森的“承认”和黑格尔的“Anerkennung”（承认）。这种仍被相关问题出现的偶然性标示的编年次序让位于主题次序上的优先性。的确，princeps（最初的）意义将不会被后续的意义所排除，而是始终伴随着我们的审视过程，而这是以重大改变为代价的。这里恰恰涉及作为自我承认的同一性。以个性的形式而存在的同一性既构成这种承认的关 43
键也构成聚集在这个名称下的多种问题之间的联系。至于第三个主题，即置于相互承认名称下的主题，我们从现在起可以说，同一性问题将随它一起到达顶点：这是我们的最真实的同一性，这样的同一性使我们成为我们所是的人，这样的同一性也要求得到承认。给“承认”一词的哲学意义之间的这种主题顺序赋予优先性的补充理由是：“承认”概念（相较于认识概念）的不断解放将标志着朝此方向取得的进步。在最后阶段，承认不仅与认识分离，而且打开了通向认识的道路。

我们或许触及我们对“承认”（认同/区别意义上的 reconnaissance）进行优先考察的最有约束性的理由，我们这样做是出于以下的考虑：在我们的审视过程的最初阶段，“承认”所涉及的“性质”（quoi）仍是没有区别的；在词汇层面，前面提到的 princeps（最初的）释义早就谈到通过心灵把握“一个对象”，换言之，把握一个“某物”。康德的“认知”所适用的思想行动将不排除承认的“性质”的这种不确定性。这种不确定将在我们的分析过程中被逐渐排除。从我们第一研究的最后一个部分开始，我们将要指出，相较于
44 对问题的先验探讨，思想革命会付出什么样的代价来考虑得到辨认（reconnaissance）的“事物本身”，以及其中的人，而人自身将成为我们进展的第二阶段和第三阶段的关键。

◇ **注释** ◇

[1] 利特雷已经在列举的词义的末尾印证了这些用法，表面上，这些用法只是通过被列举的意义的语法结构来加以区别。在从一幅肖像、一面镜子中发现相似性的意义上“进行辨认”（这附属于第 2 种意义：根据标记认出某人）。此处增加了指向自我的反思活动；如果有人考虑到对记忆的承认（没有被利特雷强调），这不值得大惊小怪。在柏格森之前早就如此！随之而来的是第 1 种意义的附属意义，在那里，承认和认识是重叠的：“将人们认识并在其中重逢的场所置于自己的观念中”；人们在那里认出他自己，但借助于一种场合的标记：人们在这里相认。如果不涉及自我，“在……上认出自己”没有在“据某种标记认出（reconnaître á quelque marque）……”上增加什么。同样，“被承认为这样”属于“供认”：承认“自我的某种性质”（意义 21）。由此引出了以下词义，它将重点放在了对错误的供认上：“22. 认识到我们犯罪、犯错误。”

[2]《罗伯特法语大词典》，第一卷，第二版序言（由阿兰·雷伊所作），33 页。

第一研究　作为认同的承认

“误解的本质在于没有认识误解。” 45

——帕斯卡，《与德·萨西先生（M. de Saci）先生谈爱比克泰德和蒙田》，1655 年。

根据我们关于“承认”这个动词从主动语态用法倒转为被动语 47
态用法的工作假设，我们的研究应该从哲学表达式入手，这些表达式特别标志着精神的首创性。

因此，毫不迟疑地走向康德的 recognition（认知）理论似乎是合适的，因为在康德的 recognition（认知）理论中，我们的语词第一次出现在哲学词典中，这部词典在理论领域具有特殊功能。这位词典编纂者本人没有以他的方式对承认的纯粹概念进行释义来帮助我们迈出这一步吗？我想起了《罗伯特法语大词典》：“通过把对象的意象连接起来，将与对象相关的知觉连接起来，心灵、思想把握（一个对象）；通过记忆、判断或行动进行区别、认同、认识。”我们没有忘记强调这一系列的动词所传达的主动和坚定性。当词典将意义Ⅰ放在“意义Ⅰ，1”详加说明，以便在确定一个东西与另一 48
个东西之间的同一性关系的意义上强调动词“identifier”（认同）时，我们也没有忘记指出理性主义者的语调，这一语调接近批判哲学的语调。我们也将沿着这样的方向迈进。

但这不会是以词汇层面和哲学话语层面之间的短路为代价。况且，《罗伯特法语大词典》的纯粹释义产生了操作上的多样性，这些操作要求挑选并且要进行额外的鉴别工作。“释义Ⅰ，2”首先含有“认同”之意，我们已对它给予特别的关注，这层释义散见于几个派生意义之间。

从词汇的语言地位转变为批判，似乎要求绕过某些基本概念，这些概念能够在话语层次之间造成断裂。在最初的近似中，先验式的批判哲学所依据的最引人瞩目的前提在于判断概念，这一概念既要在能力（或才能）的意义又要在能力的运用（或操作）的意义上去理解。如果这个概念在等级上最接近批判用法，可以肯定，笛卡尔在《谈谈方法》《第一哲学沉思录》《规则》《异议和答辩》中提出的判断理论应该首先得到考察。这一理论不仅仅得益于年代上的优先性，而且得益于主题上和系统上不可否认的优先性（即使动词
49 “承认”和名词“承认”只是断断续续地出现在笛卡尔的文本中）。

如果追溯到批判的主题之外的过程在笛卡尔这里做了短暂的停留，那么，逆向反思不应该停留于笛卡尔对判断的理解上。这里预设了一个更为原始的概念手段：在笛卡尔通过区别对与错的能力而对判断活动进行定义时，我们可以发现对它的要求。就这个动词要求一个补语（这个补语有效地采取二者择一的形式：对/错）而言，区分真假的能力与判断结合起来了。该补语乃是选择性的形容词的携带者，它迫使我们从某个事物的方面看问题，这个事物是动词“承认”（reconnaître）的主动语态的及物用法所要求的。况且，语词的释义考虑到这种及物性，它借助于一种审慎的插入语：“心灵、思想把握（一个对象）”；更确切地说，借助于“认同（某物）”这个插入语。一个对象，某种事物，就是促使我们将“区别”和“认同”联系起来的面对面的客体。因此，正是对这一某物的确定构成了回溯到最终假定的最后关键。辨出这个事物，不管它是观念、东西或人，就是认同它。

这样一来，两种活动，即区别和认同就被作为判断行为的基础。《罗伯特法语大词典》的释义“Ⅰ，2”谨慎地将两个词“区别、认同”放在一起。哲学研究为这个释义给出了理由：认同和区
50 别构成了一对不可分的语词。为了认同，必须进行区别；在区别时，人们进行认同。这个要求不仅支配了一种限制在理论层面的承

认理论；它将以同样的坚持支配源于从承认回到被承认的全部用法：受辱的人渴望着被区别和被认同。在这个意义上，区别和认同行动的“逻辑”用法将永远无法超越，但在现存的用法中事先假定了这种逻辑用法，并包含了这种用法。而现存的用法肯定会处于不断丰富中，不管涉及的区别与认同是适用于与自己相关或与其他人相关，还是从他们的相互关系来理解。“的确”，这里始终会预设一种区别、一种认同，即使这只是借助于根据善和公正而做的估计与评价：这些估计与评价不断包含认同和区别的行动。

对于现代人来说，如果判断是解决承认—认同问题的不二法门，那么，为了衡量这个处于主导地位的判断事件的时代特征，在跨越这个门廊之前停滞不前是无益的。我们没有忘记在前言中宣布“他者”这个词，在一个可以追溯到前苏格拉底的思想时期，这个词成了一种辛辣的辩证法的对象。柏拉图在那些所谓的形而上学对 51
话中，在《斐利布篇》《巴门尼德篇》《泰阿泰德篇》《智者篇》这一系列著作中，给这种辩证法带来了新的气息。我们这些困惑和不耐烦的读者，除了把柏拉图的辩证法给予我于斯坦尼斯拉斯·布雷顿（Stanislas Breton）之后归属于最高思辨的 méta-[①]功能的东西外，没有其他办法。这位哲学家在此提出了第二级的存在论，这种本体论凸显于“理型”理论或“理念”理论之上。柏拉图在这样的框架内表示他称之为“最重要的种”的那些实体。不仅存在概念和非—存在概念，而且几个其他的大类都属于这种高级存在论，自与智者们的争论以来，存在与非—存在概念就一直出现在柏拉图的论著中，而其他大类包含在“分有”一级种的活动中。下面这一点并非无关紧要：这些“重要的种”的提及（首先是存在和非—存在）应该是引起措辞辛辣的辩证法（如《巴门尼德篇》的辩证法，以及它的后续的令人生畏的“假设”）的重要疑难的场合。可是，一与多的理念、同与异的理念属于这同样的“重要的种”的循环，而同与异的理念引起了隐藏于最小的述谓行动中的一系列结合和分离的行动，

① 法语前缀，表示“超越”的意思。

因为给另一个理念的术语配上谓语就是“使一个理念分享另一个理念”。在提出某些很“重要的种”之间的派生顺序时，《智者篇》[1]这
52 篇对话仍然强调话语层次的重叠；这样，因为“同”（même）应该既通过“相较于自身”又通过“相较于其他东西”而加以定义，同与异这两极在存在的辩证法中交织在一起。

仅就“认同”概念指“相较于同自身”而言［“相较于同自身”附属于与“相较于不同于‘同’的其他事物”的区别（relativement à autre chose que le même）的区别］[2]，我们在这里被引向了“认同”概念的根基。这就使我们远离了“理型的目标”的朴素本质主义，这种本质主义经常充当所谓的柏拉图主义的范式和延续几个世纪的所有后继者的范式。

我们现代人的关于判断的问题在各个方面都是这种高级思辨的继承者。如前所述，对柏拉图而言，问题在于回击巴门尼德宣布的下述禁令，即，禁止将“异”这个形容词加诸“同”这个主体。简言之，禁止着手进行述谓。这位哲学家通过“通种”论回应这样的挑战，而“通种”也被称为“分有”，换言之，是种的相互结合。可以毫不夸张地说，我们的承认—认同问题是柏拉图的“通种”问题在另一个思想时代的悠久的继承者。如果不提奥古斯特·迪埃兹对《智者篇》所做的注释的富有灵感的表述，我们还能够谈论认同吗（这个表述是：“就存在的东西被辨认出而言，它是自我对立的，如果没有不同于其他东西，没有什么是自身”）？

53 人们将允许我们补充说，古人的这一支持构成了将承认—认同的主题置于我们过程的开端的补充理由。参照另一思想时代同时包含了一种警告：事实上我们被要求意识到有关判断问题那同样具有时代意义的特征。在主体时代，我们是意义的主人。除了这种警告，还要增加鼓励。面对源于哥白尼革命（康德的认知与它密切相关）的思想模型的疑难，我们可以提提对这种古代辩证法的回忆，而这种辩证法没有突出主体性的首要地位。从此以后，这使我们可以问自己，这个被重新唤回的记忆是否层层包含着通过第二次革命对哥白尼革命进行回击的可能性，是否包含着从“事情本身”寻找

一种关于承认的哲学的发展根源的可能性，而这种哲学逐渐服从认识论的监护。

这种警告和鼓励一旦得到保留，就让我们由衷地跨过判断的皇家门廊吧。

两种关于判断的哲学支配着两个不同的认同观念，我们将对这两种哲学进行考察，它们是笛卡尔的哲学和康德的哲学。从它们这里产生了关于承认问题的两个时代。对于前者来说，完全根据以前对同和异的考虑，认同与区别相得益彰。相对于笛卡尔的方法，康德通过使 54
认同服从于联系，进行了意义转移。在某种意义上，这种转移通过词典所说明的那些日常语言的用法而得到传播；但词典把两个释义并列，必要时置于同一个标题下，我们在《罗伯特法语大词典》中就看到了这种情况。将两种用法分开，并将它们归于思想事件是哲学反思的责任，这类思想事件导致了从一种认同观念向另一种认同观念的转移。

这里提到的思想事件影响了关于判断的哲学的核心。如果我们真的应该把与传统的决裂，并由此把与日常语言实践的决裂归于方法的主题，那么，笛卡尔有关判断的理论就构成了一种理性心理学。就理性心理学让位于思想运动而言，它在我们眼中并非没有优点，而这种思想运动为暗中求助于“承认”这个词及其适当的使用（在我将要谈到的条件下）而提供了根据。

在康德那里，从理性心理学向先验方法的转变支配着对认识的注释，在某些方面，它是这个第一研究的目标。就“承认”（recognition）仍然是认识论中的次要部分而言，我们可以预先说，这是令人失望的目标，而认识理论没有在这方面给承认的自主性任何位置。

I 笛卡尔：“区分真假”

笛卡尔肯定不是第一个提出判断（心灵的主要活动）理论的 55
人。但他是第一个从断裂行动入手进行这种分析的人，我把这种决裂行为和我对间距的看法联系起来，这种间距存在于对两个领域的共同概念的词汇考察和哲学考察之间。笛卡尔在《谈谈方法》[3]的第一部分中，以他称作学生年代的“传奇”的方式提供了对这种断裂的传记式叙述；然后，他在第二部分中对它做了认识论的考察，这种考察与方法的观念相联系。第一个说法很重要，因为它叙述了以什么方式与传统的知识教育决裂，而传统教育以记忆和文献为标志；这位词典编纂者不仅在他的被考察的引文中，而且在他的所有
56 释义中依靠同样的语言资源。可是，笛卡尔说，“从我是孩子时，我就从文学中汲取营养，并且因为人们劝导我说，通过他们的方法，人们可以获得所有对我们生活有益的清晰和确定的意义，我有了掌握它们的强烈愿望”（笛卡尔，《谈谈方法》，《哲学著作》第一卷，571 页）①。还有：“因为，同古人交谈有如旅行异域。”（同前书，573 页）②

的确，在“道德规定”的情况下或在考虑《灵魂的激情》、考虑《关于人生准则的信》时，笛卡尔不会忘记重建与日常交谈的接触，他没有忘记求助于第六“沉思”中有关灵魂与身体的实体性结合的“自然教导”。但这种对常用意义的利用是从决裂行为开篇的论著③的迟到的好处。

在认识论的层面上，方法是在此考察的论著的象征性标题。这个举动是一个与严重的精神暴力决裂的举动：“当考虑如何才会有触及一个内容的各种意见时（这些意见应该得到博学之士的肯定，但又只有一种意见是正确的），我把所有或然的东西几乎看作错误。”（同前书，576 页）④ 在定义前，我们不能更强烈地选择区分。的确，获得实证知识仍然是目标：“为了看清楚我的行动并且自信地从事这种生活，我总是非常渴望学会区分真假”；“看清楚”“自
57 信”，表达了肯定的方面，正如前面的“几乎当成错的加以拒绝”表达了否定的方面，这种方式是定义和区分互相呼应的方式。至于

---

① 译文请参阅《谈谈方法》，王太庆译，5 页，北京，商务印书馆，2000。

② 同上书，7 页。

③ 指《谈谈方法》。

④ 《谈谈方法》，8 页。

支配这一工作的首创性标志，它通过一个强有力的动词“接受”来表达：“因为我相信而接受”。这个动词包括了拒绝和容纳的所有形态。我们可以在这里看到“承认”的基础，在《沉思录》中，承认将短暂出现。

这种积极的“接受”处于有关方法的四条箴言的第一条的核心。这条箴言可以表述如下：“第一条就是决不把我没有明确认识到是真的东西作为真的加以接受：即，仔细地避免仓促和偏见；除了如此清楚明白地出现在我的心灵中以致我没有任何机会加以怀疑的东西外，不把其他东西纳入我的判断中。”一方面，从第一条原文开始，这个计划的果断特征显露出来了；另一方面，在“承认”这个动词的主动语态的用法中确定性的证明已经获得了语法表达。在我们研究的这个阶段，承认仍然是简单地认识，但这个仍然默默无声的语词，充分表达了此处发表的谈话在陈述上的强烈程度，而以后的哲学使我们注意到这个语词。另一方面，对承认的依赖（我们将看到承认只是以短暂的方式出现在《沉思录》的进程中）从现 58
在起似乎适合于谈话的各种情境，而人类理智的脆弱性在这里显露无遗，这种脆弱性集中体现在使笛卡尔的这篇论述失效的常见错误中。在第一条关于方法的规则中提到的怀疑早就暗示了一种已被克服的犹豫不决。我所说的确实性的证明的东西使承认成了证实，这种确实性的证明，如果需要的话，还有对认识力量的重申，已在笛卡尔的《谈谈方法》第一部分所做的叙述中起作用，而这个叙述涉及他与死记硬背的知识教育的决裂。第二部分提供了这种决裂的认识论的方式。方法将是思想的训练，这种训练服务于这个“达到我们的心灵能够把握的一切事物的认识”的大胆计划。至于支配这项工作的首创性的标志，它通过强有力的动词“接受”来表达，我们刚刚引用了在有关方法的第一条规则中涉及“接受”的说明文字。

有关这种接受的内容，它的自明性只能通过简单观念的特征“清楚和分明”来定义。我们可以说，清楚和分明之间的这种联系相当于定义和区别之间的联系。我们可以通过这些对立面看清这一点：清楚的对立面是模糊，即，无法通过可辨别的轮廓界定；分明

的对立面是混乱，这时，“同”无法区别于“异”。四条箴言只是根据顺序的规则将从简单到复杂的观念等级化。对思想的控制通过这
59 种规则得到证明。处于“对方法的探求”这个标题下的全部工作得到坚决的勇敢的强调；这令人想起苏格拉底有关 zètèsis 即“探究”的主题，它以理智的勇气为标志。

然而，为什么在这个阶段承认不能有别于认识呢？这是出于一个根本原因。正如本研究的后续部分表明的那样，正是从各种事物及其与变化的不同关系着手（根据它们是普通的客体、各种生物或人来确定的），承认以决定性的方式区别于认识，以至于超过认识。可是，对于笛卡尔来说，从《谈谈方法》到《沉思录》再到《原理》①，“作为真的加以接受”只以观念作为对象。的确，观念是它代表的某种东西的观念。但根据被代表的东西的种类，这个某物的分化对于观念的代表性价值的定性并不重要：只有它的清楚、它的分明和它在从简到繁的顺序中的位置是重要的。[4]

《沉思录》在决心方面没有减少多少。然而，证明的艰难性在前三个沉思中限于三个论断——我存在，上帝存在，心灵与身体具有实质性的区别，证明的这种艰难性让一个令人不安的基础出现了漏洞，这个基础证明，我们把供认对获得真理进行的特殊抵制与承认的观念联系在一起是有根据的。稍前，我已经提到常常出现的错误。它使得“第四沉思”失去了意义，第四个沉思恰恰是讨论判断
60 的，而这种心灵的活动刚刚是以“接受”这个词来表示的（“决不接受任何不是真的东西为真”）。以真为假的可能性显示为这高傲的接受的负面阴影。从这里出现了再保证的语调，“第四沉思”就开始于这样的再保证。它开始于对前几个沉思得到的东西进行的仔细总结。可是，动词“承认”至少在《沉思录》的法语版中突然出现在这个简单检查的过程中。以前，在提到邪恶天才的论据时（这对发现第一真理是如此重要），这位作者停顿了一下并评论道：“因为[……]我承认（从拉丁语 agnosco 而来）我比任何时候都不可能犯

---

① 指《哲学原理》。

错”（同前书，456页）。译者选择的恰当性似乎与校订的功能和被赋予这长长开场白的概述密切相关。事实上，停顿不久就取得了进展，“我尝试”（experiencior）这个短语强调了这种进展：“在我身上尝试了某种判断能力后……”（出处同上）。《沉思录》从此后已经找到了它的重心。

“承认”语词的第二次出现一样意味深长。在着手区别认识和选择两种能力之前（这两种能力是理智能力和意志能力），笛卡尔排除了断言存在着一种可能来自上帝的失误力量的猜测，这种力量就好像辨别真伪的力量一样。我的意图不允许我专注于激烈的讨论，在这样的讨论中，“某种关于虚无的消极观念”、关于“缺乏” 61
的观念、关于“剥夺”的观念相继受到检验。一个与帕斯卡相称的结果与这种观念一起出现，根据这种观念，“我是上帝和虚无之间的一个中介体”。这样的观念给双重的供认提供了本体论的基础，这种供认是：我们良好的判断能力可能犯错误——但这样的缺点属于我们的行为。《沉思录》的后续部分对此进行了评论。可是，通过对这一论证进行修正，我们的译者重新采纳了“承认”这个词：“因为早就知道我的本性是很懦弱和有限的，相反，上帝的本性是广大的、晦涩的和无限的，我毫不困难地承认（ex hos satis etiam scio），事物的力量是无限性的，其原因超出了我的精神范围。”（同前书，458页）[①] 正如在第一种情况中，这不再表示在发现的真相期间推迟了对真相的供认，相反，它暗示了在获得确实性方面的犹豫：“我已经发现了排除对我的下述信仰的充足理由（satis etiam scio）：上帝本可能赐予我犯错误的能力。”

“承认”这个词的第三次出现同样是有启发性的。这个词位于“尽管”和“然而”编织的网络中，它表现了对犯错误的挥之不去的恐惧：“尽管自从我已经有了怀疑一切的打算，我肯定只认识我的存在和上帝的存在，可是，既然我已经承认了（animadverti）上帝的无限能力，我就不能否认它已经创造了许多其他东西，或至少 62

① 译文请参见《第一哲学沉思集》，庞景仁译，58页，北京，商务印书馆，1986。

它能够创造许多其他东西，因此，我存在并应该置身于世界中，作为所有存在物的总体的组成部分。"[5]（同前书，459 页）①

我们应该等待"第四沉思"对进行判断的思想活动展开分析；在那里，《谈谈方法》用"接受"这个词表示的思想行动得到了确定，而没有考虑与观念对应的"某种事物"；批判哲学将与之决裂的这种主体性就是在对判断行为的构成部分的分析中确定下来的，但这是以我们将就给予动词"承认"的新语义所谈到的那些后果为代价的。

我希望收罗笛卡尔的文本中"承认"这个词出现的几种情况。它们与人们所谓的运用判断的偶然情形有这样或那样的关系。在这些情形（它强化了常见的错误）中，我察觉到了我在后面的研究中一直关注的承认观念的危机的先兆。对判断的众所周知的分析注定会明确消除从犯错误的现存能力中不断重生的怀疑，而判断介于进行构思的理智和进行选择的意志之间，它也是"肯定"和"否定"共有的行动。选择能力的使用取决于自我，并且仅仅取决于自我。这样，"承认"这个术语再一次出现了："据此我承认（ex his autem percipio）：没有什么意愿的能力（我从上帝那里得到了这种能力）会
63 自行成为我错误的原因，因为它在那种情况下太广大和太完美；理解或构思的能力也是如此：因为只能通过上帝赐予我的设想能力进行设想，毫无疑问（procul dubio），我要像我必须做的那样设想我所设想的一切东西，在这点上，我不可能弄错。"（同前书，462—463 页）②这样一来，肯定纯粹构思层面上不可能犯错误无疑（sine dubio）得到了有力的强调，而 sine dubio 的法语对应词——"无疑"（sans doute）——没有表达出它的全部力量。

动词"承认"所表达的那种肯定给业已完成的整个过程打上了一枚无法抹去的确定性的印记。

我很喜欢笛卡尔的判断哲学的松散性：而康德的判断哲学恰恰

① 《第一哲学沉思集》，58—59 页。

② 同上书，61 页。

会排除这些特征和所有属于“理性心理学”的东西，康德使“理性心理学”服从“先验辩证论的谬误推理”。但这正是与简单的认识观念相分离的承认观念的相关特征。“将一个观念作为真的加以接受”的行动动员了一个主体，为了不归结为名叫笛卡尔的人，这个主体就是我们可以称为范例的我（je），这个“我”证明了第一条真理：“我是，我存在。”另外，这是求助于本书读者的主体：笛卡尔，首次将“异议”及其“答复”附在《沉思录》之后。这些一起出版的不同文本组成了“共同的哲学研究”，它与探寻方法的坚定 64
的主体一样具有示范性。在不属于哲学范围的自传与康德所说的先验意识在数量上的统一之间，存在着一个对错误负责并因此对“将它作为真的加以接受”负责的主体的地位。正是这个进行承认的主体本身稍后要求承认自己。

就我而言，我将因为我们归之于笛卡尔的关于判断的现象学的因素而主动支持笛卡尔，这与因先验哲学排除了判断行为的经验的某些主要特征而造成的贫乏截然相反。在这方面，“承认”这个动词出现在《沉思录》的法文译者笔下是特别可贵的。我们已经注意到这种使用的情况：暗中供认对真理的发现的迟到证实，对在真正肯定确定性之前的犹豫、怀疑、抵抗的暗示。《谈谈方法》不是把对有关方法的箴言的陈述置于“探寻方法”的保护之下吗？我们重新发现了苏格拉底古老的 zètèsis：为了发现而寻找。我们可以在这个意义上谈论一种关于判断的现象学，这种现象学会避免在经验心理学和先验分析之间做出选择。它以“接受”这个动词为中心，65
“体验”“发现”，当然还有“怀疑”这些术语属于同样的循环。我们认为“第四沉思”就是要分析对真理的探求的内在历史，经常出现的错误则将这一历史戏剧化了。

或许我们应该更进一步：在把“作为真的加以接受”这一表述中动词“接受”不是保留着超越了定义/区别这类简单活动的各种描述的资源吗？而这些资源被“同”与“异”的高级辩证法支配。总而言之，笛卡尔的判断理论，依靠一种能力心理学，保留了在“承认”两种词义之间的一种过渡的概念，《罗伯特法语大词典》将这两种词义置于词汇之树的两个不同分枝上："心灵、思想把握（一个对象）"并把"作为真的（或这样的）加以接受"。我乐于称为笛卡尔的判断现象学的东西不是促使我们把它们在哲学层面上联系起来吗？而词典似乎已经在日常用法层面上把它们分开了。因此，此处的矛盾是：笛卡尔哲学出现在哲学的天空中构成了一种思想事件，与这一思想事件相联系的问题化不仅有助于扩散的效果，我认为这是因为哲学问题在自然语言的使用中不断涌现，其结果难道不是保留只在哲学的其他总体构成中被重新采纳的特征吗？

然而，还应说说为什么一种关于承认的哲学不能在笛卡尔的土壤
66 上全面展现出来。为了使认识和承认之间的区别变得稳定，仅从主观出发粗略地描述一下怀疑与不安之间的距离是不够的。正如我们后面的研究将要确定的那样，我们是从客观方面出发使承认名副其实。我们可以预先说，由于发生了犹豫、怀疑（它使承认具有戏剧化的特点），这种变化应该给世界的存在物打上烙印，并且也以意味深长的方式，给人类存在打上烙印；因此，正是无知（méconnaissance）的可能性给承认带来了充分的自主性。无知乃是现存和世俗的形式，误解（即不安的更具理论性的形式）不能穷尽它的意义。

Ⅱ　康德：在时间条件下的连接

67 通过康德的认知（德语 Rekognition）概念，我们把一个术语带到了哲学词典中，在许多方面，这个术语在以前的传统中没有先例。的确，如果判断的优势地位在笛卡尔那里是以《谈谈方法》中的方法的名义、然后以"第四沉思"中的主题的名义而获得的，判断的另一种功能在康德那里登上舞台，它引起了一场涉及意义的革命，这种意义被赋予具有这种功能的主体性。对于笛卡尔和康德来说，承认——不管这个词被说出与否——就是认同，就是通过心灵来把握一个意义的统一体。但对于笛卡尔，认同与区别不可分，即，将"同"与"异"分离开来，结束了与模糊性相联系的混乱；从这里产生了"将作为真的加以接受"的观念的自明性。对于康德

来说，认同就是连接。如果我们重回日常语言的词汇（重回使用意
义的源头），我们重新发现了这种与我们先前分离出来的意义相并 68
列的意义。让我们回忆一下《罗伯特法语大词典》的第一个释义：
“通过把对象的意象连接起来，将与对象相关的知觉连接起来，心
灵、思想把握（一个对象）；通过记忆、判断或行动进行区别、认
同、认识。”“连接”处于光荣的位置；但它可以在英语的经验论的
意义上使用，也在我们将要详加说明的先验意义上使用。

不仅仅联系功能、连接功能、综合功能的提升能描述康德对一
种重要的承认哲学的独特贡献；此外还应该考虑时间的综合作用，
更一般而言，考虑感性的综合作用，而认知以我们将要谈到的方式
增强这种综合作用。这种将判断置于“人类知识的两种基础”的交
叉点的方式是没有先例的，这两种基础是接受能力和思维能力，前
者被赋予感性，后者被赋予知性。对此，康德在《纯粹理性批判》[6]
导言的结尾做了这样的表述：“人类知识有两个基础，它们或许来
自共同的根源但不为我们所知，这两个基础是感性和知性；通过前
者，对象被给予我们。通过后者，对象被思想。”（A15，B30）① 判
断的这种情形带有批判哲学的标志。因此，如果我们可以把连接取
代区别当成向判断理论内部的一种转移，那么，将时间和感性归并 69
到判断问题中则构成了对这个问题的空前扩大。

相反，笛卡尔的判断理论使我们能粗略描述承认与认识之间的区别，这种理论的所有特征随理性心理学的工具被从批判哲学的领域里排除出去，以至我们可以肯定：承认就是认识。尽管它事关重大，认知（recognition）理论并不否认这种等式。

两个观点支配了对理性心理学的这种排除：首先是肯定认识的上述两个“基础”的最初异质性，这种肯定把判断理论和认知理论置于这两种源泉的交汇点。其次是区分先验观点与经验观点，这种区分将先天（a priori）置于经验的领域之外。

---

① 译文请参阅《纯粹理性批判》，邓晓芒译，21—22 页，北京，人民出版社，2004。

这两个主要区分的前所未有的相互交错构成了批判哲学的基本思想的状况，一种区分涉及人类认识的基础，一种区分涉及意义构成的层次。在《纯粹理性批判》导言的最后几行这样写道："可是，就感性应该包含先天的表象（这些先天表象构成了对象被给予我们的条件）而言，它属于先验哲学。"（A16，B34）[1] "可是"是唯一
70 的修辞标志，它提示着这个原初的和本原的（séminale[2]）（如果我可以这样说的话）决定的重大程度。在这方面，从此以后支配了这部论著的术语定义表现出来的语调是无可辩驳的："我把这类表象称为纯粹的（在先验意义上），在这类表象中，人们不能发现属于感觉的东西"（A20，B34）[3]；"我把某种先天的感性原理的科学称为先验感性论"（A21，B34）；"经验直观的不确定的对象被称为现象"（A20，B34）。

1. ……在时间的条件下

先验感性论的公认的优先地位很早就被肯定了："关于感性的先验理论应该属于关于原理的科学的第一部分，因为仅仅人类认识的对象被给予时所依赖的条件先于这些对象被思维时所依赖的条件。"（A16，B30）[4] "先验感性论"先于"先验分析论"以及先验的观点优于经验的观点一下子就得到了肯定。先验与经验的这种分离不仅触及空间理论，而且尤其触及时间理论，我们已经在我们的研究领域中提高了进入这种理论的门槛。时间不是一个从感性经验
71 中得到的经验概念，而是一个先天的表象，在先验感性论的地位得以明确的同时这一点就被决定了：先验的方法以某种方式自己超越自己。在对象造成的全部影响中，将感性材料、先天的给予性以及使得"各种现象可以根据某些关系加以整理"（《先验感性论》，§1）的形式区别开来应该是可能的。先验感性论被称为关于感性

① 《纯粹理性批判》，22 页。

② séminale，字面意思是"精液的""种子的"，根据上下文，译成"本原的"。

③ 《纯粹理性批判》，26 页。

④ 同上书，22 页。

的所有先天原理的科学。这些原理不应是知性的概念、推理的概念，如因果性范畴，而应是感性的原理，但这些原理又非来自经验，这就是康德重要的新发现，也是在认知理论的序言中提出的重大谜团。

先验感性论的时间既不是心灵经历的时间，也不是在世界中变化的时间，而是内感觉的形式，正如空间是外感觉的形式。最后，因为所有的表象经过内感觉，时间乃是两者的形式："时间只是内感觉的形式，是对我们自身的直观和我们内部状态的形式。"（《先验感性论》，§6b）①

用肯定的说法就是："时间是所有一般现象的先天的形式条件。"（§6a）可是，这种表述不单单是改写否定性的论证，它增加了一个人们未曾料到的特征，正是这个特征给围绕内感觉的争论提供了重要的信念。时间不仅仅是全部内感觉的纯形式，也是全部外 72
感觉的纯形式；不管它们是否有外在事物作为对象，所有表象"自身作为心灵的规定性永远属于内部状态"（§6c）。由此可见，时间是一般全部现象的先天条件，直接地看是内感觉的条件，间接地看是外感觉的条件。注释者们已经强调了这种还原为内感觉的时间形式的重要性，在过去，这种还原具有深入了解心灵秘密、它的实体实在性、它的自由的企图。

将作为自我实体的显示者、作为独立的心灵的显示者（在笛卡尔，以及洛克、莱布尼兹和沃尔夫那里，这种实体是在理性心理学的范围内阐述的）的内感觉予以取消成了一场革命，今天的读者难以衡量这场革命的重大程度。时间形式从此以后占据了直到那时被内感觉所占据的战略位置。相反，由于没有与空间几何学（动力学?）的同样分量的对称性，在时间方面的先验论证的脆弱性说明，为捍卫时间形式的理想性而进行的战斗在批判哲学的每一个领域继续进行：因为内感觉不再能保证自由主体的实在性，自由在先验辩证论中就陷入了因果性方面的二律背反。但是，在考虑宇宙论方面

① 《纯粹理性批判》，36 页。

73 的二律背反之前，摧毁内感觉的独断论的行动已在“理性心理学的谬误推理”的层面上进行。在空间中，一切事物在先验感性论的层面上发挥作用，但只有对时间而言，而非对空间而言才需要一种训练有素的协作，这种训练热衷于揭示理性的幻觉，而理性不断尝试摆脱其限制。

对于我们的研究而言，最富意义的特征是对时间的证明模仿了对空间的证明。作为形式的时间被归结为连续性和同时性的关系，这种关系将时间变成了线性的量，而时间的各个部分在单一的、无限的（在没有界限的意义上）时间之内被区别开来。我们将要谈论的认知就是在这样的时间上起作用。纯粹策略性的唯一让步应该加以注意：如果批判拒绝时间的绝对实在性，那么它就赋予时间一种经验的实在性，即，“一种相对于所有可以给予我们感觉的对象的客观有效性”（A35，B52）。然而，胜利不是在未遭抵抗的情况下获得的：在题为“辩释”的第七节中，康德抨击他的那些读者，这些读者据说被空间的理想性的论点所征服，却固执反对时间的理想性的论点。康德以他们的名义表达了这样的反对。以下就是对这种反对的表述：“存在着真正的变化（这就是我自己的表象的变化所证
74 明的东西，即使我们否定所有的外在现象及其变化）。可是变化只有在时间中才可能，因此，时间是某种实在的东西。”（A38，B53）[1] 我们可能认为，康德的固执的回答只是成功地填补了被变化问题打开的裂缝。（“它的经验实在性因此一直是我们一切经验的条件。如前所述，无法给它赋予绝对的实在性。它只是我们内部直观的形式。如果我们去除我们感性的特殊条件，时间概念也就消失了；它决不内在于对象本身中，而仅仅内在于直觉这些对象的主体中。”）（A38，B54）[2] 从胡塞尔开始，一种所谓的先验的现象学填补了这种论证的漏洞，但它能够在一种“生活世界”的哲学范围内将某物作为“在—世”（包含实在的变化）的时间加以主题化。

---

① 《纯粹理性批判》，38—39 页。

② 同上书，39 页。

2. 连接

正是在先验逻辑的框架内，在《纯粹理性批判》的导言中被宣布的感性层面和知性层面的合作成了主题，通过感性，对象被给予；通过知性，对象被思考。从批判的视角看，感性和知性之间的认识分裂与先验视角和经验视角之间的区别重新交织在一起。[7] 75

尽管概念的分析论被赋予优先地位，而概念分析论包含了将范畴应用于经验的全部根据，判断仍然是《纯粹理性批判》的中心。连接的行动，是将感性的接受性和知性的自发性结合起来的独特活动，它是判断的基本行动。在着手将知性能力本身分解成纯粹概念以后（我们把范畴表归功于这种分解），康德宣称："可是，知性除了依靠概念进行判断之外，对这些概念不能有其他用法。正如没有任何表象（如果不是直观）与一个对象直接相关，没有一个概念与对象直接相关，而是与对象的某种其他表象相关（不管表象是直观或者本身就是概念）。因此判断是对对象间接的认识，是对象的表象的表象。"（A68，B93）① 这一段话将是我们的后续分析的指南。判断当然不是把连接的能力和接收观念的能力结合在一起，正如在笛卡尔那里把意志和知性组合在一起，判断是把感性直观置于一个概念之下，简言之：是统摄（subsumer）。

判断的这种支配地位是全面的。著名的范畴表是规则表，在它上面集中了"判断的统一功能"（出处同上）。康德给这样的行动取了一个名称，即综合活动："包括经验判断在内的所有判断，都是 76
这种综合活动的行动。它们只是把各种感性形式与知性形式或范畴结合起来。在这种被纯化的形式下，接受性和自发性之间的关系因为缺乏经验内容被归结为从此以后被称作'杂多的综合'的东西。"（A78，B104）在这个逆喻（oxymore）形式的简略术语下，一个重大的谜团被提出来。在提出它的解决方案之前，康德估计到其难度：提出的问题不是事实问题，而是权利问题；重要的不是描述人

① 《纯粹理性批判》，63 页。

的心灵最终如何，或在什么“场合”，做出了什么“努力”，使这种散乱状态变得井井有条，正如第一版中“著名的洛克”致力于这样的工作一样。用法学家的词汇说（他们把揭露一种意图的正当性或合法性的学科称为演绎），我们把形式上的综合的两个不同成分的协调工作所提出的谜团（这个谜团被带到了形式的层面）的解决称为先验演绎。

这里涉及的是一种新颖的中介，一种可与柏拉图以“通种”的名义或以“分有”“种”的名义所追求的重要性相比的重要性，这种“分有”是以众所周知的疑难为代价，《巴门尼德篇》则大量增加了这类疑难。康德花了多年时间在这场巨人与神的战斗中争取胜
77 利，这场战斗是在同样的思想行动中由感性的接受性和理智的自发性的对立引起的。

正是在这里，《纯粹理性批判》的第一版提出了著名的三种综合，认知就是第三种综合。对我们而言，问题在于承认概念的一种变体最初被提升到哲学论题的行列。但这也是我们研究中“承认”与“认识”无法分开的阶段。承认只能借助于它的疑难来宣布一场革命，这场革命使得承认问题与认识问题的分离成为可能。

我马上要谈谈导致我解读三种综合的东西：这就是此类综合的连续形态促使那个出自先验感性论的时间概念发生变动的方式，这三类综合被称为“直观中领会的综合”“想象中再生的综合”“概念中认知的综合”。

首先来看看在“直观中领会的综合”。时间作为连续的系列包含在各种印象影响心灵的方式中。内感觉再一次被称为心灵的变化所归属的东西。所有分析作为综合活动的对立面是以多样性为前提的，它表现为瞬间的分散性、“片刻”的分散性，我们每次只能像谈论“绝对的统一体”那样谈论它的每一种分散性。可是，这就是
78 论证：如果意识是可能的，那么，“首先就必须概观杂多，然后聚集它们”（A99）。这里提到的必然性属于形式的论证：如果不……因此不。但这种必然性没有好好地掩盖“概观”和“聚集”这些词表达的真正发现。它们以这样的方式出现在文本中，呼应了《纯粹

理性批判》的导言的结尾提出的建议，这一建议将一直被保留到关于与知性的图型论相联系的创造性想象的出色篇章中：如果人类知识的“基础”是两个，感性和知性，“它们或许来自共同的但不为我们所知的根源”（A15，B29）。三种综合所依靠的这些中介项对这种“共同的但不为我们所知的根源”没有说些什么吗？进而言之：它们没有涉及超越了连续性与同时性的简单关系的时间性质吗？让我们保留这个在合适时将提升承认现象学声誉的建议吧。没有添加的综合，就不能“概观和聚集”时间本身吗？杂多性，一直地被预设为先验自我（je）的对称极，它难道不属于它的不可发现的方面吗？

这里提出的建议在对第二种综合的描述中得到了强化，这第二种综合就是“想象中再生”的综合。归谬法的论证又一次发挥了充分作用：如果现象是如此多变以致我们不能把什么想象为再生的东 79
西，“如果我永远让先前的表象逃脱我的思想，如果我不再造它们”——关于连续性的观念事后使这样做成为可能——简言之，“如果我不能再造它们，当我转入后续表象时，我可能不会把任何对象再现为同一个对象”。一个新的语词已经出现在对自发性接受的缝隙中：“再造”（reproduction）。我提出这个问题：再造被补充到时间—连续性上，抑或它本身在某个方面早就是时间吗？人们可能根据承认以柏格森的方式使之涉及这个方面。但第二个术语被连接到了“再造”上，这就是“想象”，观念的联系是“想象”的经验复制品。我们在这里处于三种综合的中心。真正说来，这个术语涵盖了全部综合活动。我们刚刚提的建议重新具有了力量：这种中介活动与人类认识的两个基础的“不为我们所知”的根源有关吗？

严格意义上的认知（recognition）出现了，其代价是失望，我们曾用一个词来表达这种失望，但“认知”这个名称使我们充满了欲望。前面的论据又回来了：这是关于各种印象的无穷新颖性的荒谬假设，也是有关遗忘的新增统一性的荒谬假设。还要补充一个新特征（我们的失望就在这里）：使得表象成为一个配得上概念称号的表象的统一性，来自意识独一无二的统一性。概念上的承认没有 80

给先前基于想象的综合的方法增加任何东西，这就是我们的失望。这里概括和表明了所有先验演绎：没有综合，就没有联系；但没有统一，就没有综合；没有意识，就没有统一。归属于承认的唯一优点是揭示这种关于对象的意识统一性。这就是谈论通过概念而进行的认知的原因。换言之，认知在于唯一的意识只是通过打上了必然性和统一性印记的表象而被客观领会的东西。尽管康德没有明确使用“客观性”这个词，但这个词在这方面是恰当的；他把对象说成是“人们面对的东西”（A104）。人们承认这个唯一的意识“产生了”这种统一性，这种统一性构成了对象的概念（A105）。关于这种统一性的产生谈得很少，而这种统一性如果没有证明认知在处理各种印象（这是身体概念的情形）时与规则观念的联系，至少证明了认知的新用法：“但它之所以能够成为直观的一条规则，只是因为它在被给予的现象中代表了对它们的杂多性的必然再造，因此代表了我们对它们的意识的综合统一。因此，物体的概念在于我们对某种事物的知觉中，使得广延的表象成为必要，并且使得对不可入性的表象、对形式的表象等成为必然。”（A106）[1] 再生和产生就这
81 样通过一与多之间的中介行动而联系起来，因为产生把统一性的音符加到了再生上，而再生要通过不忘记先前的东西及其在累积的表象中的保留物来定义。重要的是，为了使自身得到认识（reconnaître），意识的统一形成于概念中。

以这样的方式提出的根本问题是：一种有关想象的重要哲学不是在这些真正新颖的语词下表现出来的吗？这些语词是：概观、聚集、在想象中的再生、在概念中的产生。有个方面不是因此被提升到《纯粹理性批判》导言中提到的人类认识的第三个众所周知的“根源”或“基础”的地位吗？反过来，这种重要的想象哲学的展开不是被表象在概念中的统一这个经常出现的主题所阻止吗？而这种统一是以宣告先验意识的统一为模型的。

在此，我不想讨论从 15 节到 24 节的先验演绎的第二版在许多

---

① 《纯粹理性批判》，119 页。

方面取代这几页精彩文字的原因。我觉得对贝克莱主观唯心主义的谴责是不可思议的，因为强调的重点已经落在先验意识的统一上。对这种怀疑的回应大概属于当代人对《纯粹理性批判》的接受的历史。对于那些只想知道出版的文本的人来说，摆在阅读面前的东西，是从一个版本的策略向另一版本策略的转变。从“先验演绎”的新编辑的15节开始，综合仅仅是这种统一的果实，这种统一处在 82
比一切“联系”和“综合”的中介活动更高的层次上。这些综合来自这种只能自我保证的统觉的原始综合统一。（§16）根据一种从高到低的演绎要求，在第一版中发挥作用的中介概念在演绎的结束处只以“将范畴应用到一般意义的对象”这样的标题重新出现；它们在“形象的综合”这个谦逊的标题下再次出现。（§24）然而，想象在“创造性想象的先验综合”的语词下仍保持着荣誉，这样就可以将它与再生的想象区分开来，再生的想象在联想法则的支配下只属于经验论的经验。但产生是什么呢?

正是在《纯粹理性批判》第二版的一页中，我们读到了对想象的著名宣示：“一般的综合，正如我们以后会见到的那样，是想象的单纯效果，是灵魂的一种功能，盲目但又必需，没有它，我们完全不可能有知识，但我们很少意识到它。”（B103）[①] 在什么方面显得盲目呢？很少能获得知识吗？这是心灵的功能吗？这样的宣示因为新的演绎没有关注心理化方面的活动而更令人惊讶，它之所以没有关注这种活动，是为了集中于从统觉的自身同一性开始进行在对象方面的各种综合的演绎，而统觉的彻底主体性被伴随我们全部表 83
象的“我思”能力所强化，正如在题为“论统觉的本原的综合统一”（B131）的第16节一开始所肯定的那样。

但最后一个词还没有讲出来。老实说，创造性想象不应该在概念分析论（先验演绎处于它的中心）框架内加以处理，而只应放在原理分析论中加以处理，因为原理分析论在我们可称为具体逻辑的东西中承担了将概念有效地应用到经验的责任，这样就可以把具体

---

① 《纯粹理性批判》，70页。

逻辑和围绕范畴的抽象逻辑区别开来。在这个意义上，只有在这种原理分析论中有效的归属活动才能进行到底，而归属就是判断本身。

正是在这里，图型论的主题出现了，这个主题是康德体系的更加重大的薄弱环节，在这里，所有关注的目光都集中于涉及感性与知性这两极之间的中介的烦人问题。

从一种分析论向另一种分析论的过渡借应用的名义而加以实施。对我们而言，最重要之点恰恰在这里：建立关系的行动在康德那里规定了认同的理念，我们正是通过认同理念来刻画承认的第一种形态——尽管承认的第一种形态与简单的认识难以区分——这样的行动只是在原理分析论中真正完成，而图型论是原理分析论的最
84 引人瞩目的部分。另外，正如这种连接的行动只是在时间条件下完成一样，在后续的发展中，我们也将关注时间概念的丰富内容。

一个打破一切障碍的词出现了：这个词就是“同质性”（A137，B176）。在这个词中，问题和解决同时得到了表达。为使人们能够说“一个对象被涵盖在概念之下”（出处同上）——统摄（subsomption）准确地表示的东西——其应用需要以第三项为中介，这个第三项一方面应该与范畴同质，另一方面与现象同质：“这种中介的表象应该是纯粹的（没有任何经验的东西），然而，它既有理智的一面，也有感性的另一面。这样的表象就是先验图型。”（A138，B177）[①]

为了把握这种图型论的全部力量和范围，不应该忘记把涉及图型论这一章和涉及原理这一章联系起来，而涉及原理的这一章紧接着图型论，也因此成了这项工作的最后关键。自从我们从图型论的一般理论过渡到图型的列举（与范畴的列举并行）时，这种联系就确定下来了。可是，有关时间的精确说明正是在这种情况下提出的，这些精确说明以意味深长的方式丰富了出自感性论的诸多看法。因此，关于图型的理论（la théorie du schème）和关于图型论的理论（la théorie du schématisme）在名为“知性纯粹概念的图型

① 《纯粹理性批判》，139页。

论”的“原理分析论”第一章那令人惊讶的几页文字中尚未完成。

这个理论是从对图型和图型论的区分开始的。我们把限制概念 85
使用的混合形式称为图型，把“知性就这些图型所采取的态度”（A140，B178）称为图型论。通过图型，想象重回舞台：图型被说成是想象的产物；但就意象每次都是特殊的而言，图型不是意象；图型毋宁是给概念提供意象的方法。因为这个原因，意象只表现为知性所追随的过程：图型论是知性的图型论。

正是在进行这种精确说明时，在文本中出现了这样一个异乎寻常的句子，这个句子对上述的类似宣言做出了呼应：“这种纯粹知性的图型论，为现象及其单纯形式而存在，它是隐藏在人类心灵深处的艺术，我们难以从本性中得到它的功能的秘密，并将它们置于众目睽睽之下。”（A141，B180—181）[①]

应该评估这种使得第三项成为演绎性和直观性的结合物的矛盾。我们不是指向了《纯粹理性批判》导言中提到的这种“共同根源”吗？这个谜一样的句子的每一个词以奇怪的方式发出回响：“被隐藏的艺术”“心灵深处”“秘密本性”“从本性中得到”，就好像“自然喜欢隐藏起来”的格言从遥远的过去又回来了。值得注意的是，康德不理睬刚刚提到的谜团可能产生的承认，他致力于研究 86
图型和图型论的细致的类型学。读者被迫在主要的图型表和它们在题为“纯粹知性的原理体系”的下一章中的有效应用之间往来反复。这些原理的确是在图型引导下范畴的使用的第一命题。因此我们与两个平行而又互补的分类打交道，即和图型与原理打交道。

范畴表，作为概念分析论的构成的杰作，为相继地建立图型表和原理表提供了指导线索，而图型表和原理表恰当地发展了对范畴表的应用。概念分析论按照判断表将范畴分成四组：量、质、关系、样式。对主要图型的列举悄悄地进入这种模式中。

这一章中对图型论进行粗略的分析，但要在讨论关于原理的下一章中进行更详细的考察。这样，直观的公理与量的图型对应，知

① 《纯粹理性批判》，141 页。

觉的预测与质的图型对应，经验的类比与关系的图型对应，而对经验的处理将决定理性在试图超越感性经验的界限时的命运。最后，
87 一般经验思维的公设与样式的图型对应。

我将不进入这个复杂的建筑，我将集中于一点：时间的先验概念在这一过程中的变化过程。

时间首先作为大小在量的标志下凝固了。它显得适合量的图型（即数）。其次，这个图型与量同质，而量乃是“包含了单位的连续相加的表象”（B182）的。应该强调的是，加法运算所特有的推论性与我们所说的时间累积的特征之间的一致性：这种与领会的综合（前面考虑的三个“主观综合”的第一个）有关的特征首次被觉察到。同样的表述在这个新的语境中出现并不令人奇怪：“我在直观的领会中产生时间本身。”（A143，B182）换言之，我在计算时产生时间。时间的这种累积特征借直观的公理而被再次肯定，而直观的公理（包含在数的图型中）在追溯具体综合的根源的那一章得到了发挥：“一切直观都是广延的量。”这里预设了广延的时间本身：即，时间不仅是时时刻刻的流程，而且是累积的。

88 质的图型突出了时间的另一方面：根据时间是充满还是空缺，它与时间中的存在有关，而这不是简单的连续性所要表达的。知觉的预期通过引入内涵的量即程度，在这里提供了一种宝贵的补充。空虚的时间和充满的时间之间的对立在知觉的预期中占据了首要位置：“值得注意的是，我们在一般的量中只能先天地认识单一的质，即连续性，在一切质中（现象中的实在者），只先天地认识它的内涵的量，即它有程度；其他的一切都留给了经验。”（A176，B218）[1]

在进入关系的图型时，康德首先关注它的第一个形式，实体。时间再一次被要求发挥作用：实体的图型事实上被表述为“实在”在时间中的持存性，并且还有持存的东西和变化的东西的对立这样的结果。由此，时间的这种“不变和固定”的特征显现了出来，而

① 《纯粹理性批判》，165页。

万事万物都在它这里流逝。时间的这种“持存”似乎绝没有包含在关于连续性的丰富观念中。然而，就在经验的第一个类比的框架内进行的讨论而言，这个特征是基本的。我们诧异地读到“时间的三种样式是持存性、连续性、同时性”（A176，B219）。这三个样式中的第一个（似乎是第一次提到）与实体观念的讨论有关，而实体观念被当成了变化的东西和不变化的东西之间的一种关系。时间的持 89
存性特征增强了：除非“从根本上讲有始终存在的东西，即，某种持存和永远不变的东西”（A182，B225），否则就没有什么东西是同时或连续的。因此，就持存性、连续性和同时性之间的关系这一点而言，实体的图型引起了对感性论的这种重新解读。在存在中不变现象方面，即实体，对应于时间的这种“持存”。

关系的第二个子范畴是因果性，它出现在对宇宙论问题的讨论中，这种问题属于“幻象的逻辑”。先验辩证法因此与经过了一种关系图型（有规则的连续性）的时间有一种特殊的关系。关于“第二类比”所说明的时间，有一些重要的话要说：“一切变化都根据原因和结果的联系的法则而发生。”（A189，B233）想象的综合能力被说成“决定相对于时间关系的内在意义”（A189，B232）。连续性的前后相继不能是混乱的，事物的发生不能没有缘由；在这个意义上，不存在绝对的诞生这样的事情：“因此，对一个事件的所有领会是接着另一知觉的知觉。”（出处同上）诞生的唯一事实是呼吁寻找事件的原因。对纯粹连续性的正常要求是如此意味深长，以至于 90
康德被迫把现象的客观连续性和“领会的主观连续性”（A193，B236）对立起来。主观连续性是任意的。“因此客观连续性将在于各种现象的秩序，因为这种秩序，对一个现象（发生的事件）的领会按照规则跟随对另一现象（继起的事件）的领会。”（出处同上）这种对事件观念、诞生观念、起源观念的诱惑的警惕同时标志着康德与前面讨论的三种综合保持一定距离：如果先验演绎的第一版可以被怀疑是主观唯心主义，部分原因是缺乏对主观连续与客观连续的这种区别。一个事件的重要之处，不是它发生了，而是它前面应有的事件。因此，仅有连续并不足以刻画时间，因为仅靠领会本身就可以引起“一些表象的作用，这种作用应该与任何对象无关，即，通过我们的知觉，一个现象在时间关系下决不能与其他一切现象区分开来”（A194，B239）。人们会说，在康德那里，时间期待着次序但憎恨事件。

在“概念分析论”中被定义成“共通性”，或“能动者和受动者之间的相互作用”的关系的第三个子范畴，与在“原理分析论”中的著名图型“实体与偶性的相互因果性”（A144，B183）相对应。
91 这个图型，和它在原理层面上的发展，揭示了时间对于同时性的一个新方面，这种同时性在多种现实事物之间发挥作用，或根据康德的说法，在“受调节的规定性”之间发挥作用。在第三类比中（它对应于共通性图型），作者强调了空间中的同时性，而“普遍的相互作用”（A211，B256）就在于这种同时性。在这里有意义的，不仅是在行动方面的交互性（这种交互性观念的命运在以后提到的其他哲学语境中将是很重要的），而且是交互作用观念的普遍影响，牛顿的体系很出色地说明了这一点。这种普遍性完成了因果关系的客观性，再一次损害了对“同时”（以单纯的同时性为特征）的单纯主观性的领会。同时思考两件事情，不是提出一种“相互作用的普遍共通性”（A213，B260）。康德意识到，他没有穷尽 Gemeinschaft（共同体）这个词的根源，这个词相当于拉丁文 communio 或 commercium。存在于同一地点还不够：实体之间真实的交流只满足相互作用的原则。至于这里预设的时间，它提供了连续性和同时性之间和解的可能性，相互性（mutualité）和交互性（réciprocité）这样的观念表达了这种和解：这两个概念的历程在这里被接纳的同时又被打断了。我们的后续研究将在相互承认的形式下赋予相互作用以丰富的维度。

92 还有与模态范畴有关的三个图型。关于它们，我们记住它们没有为被表象的内容增加什么。正因如此，没有什么重要的东西与关于原理的那一章相对应。然而，一些关于时间的重要观念对应着根据可能性、现存性和必然性而来的模态变化，即，在“任一时间”中存在的观念（可能性），“在一切时间”中存在的观念（必然性），在“一定的时间”中存在的观念（现实性）（A144，B184）。但现象的客观性没有受到任何影响。

从这种对图型和原理的系统的快速浏览看，康德保留了它们对时间概念本身的影响，这种时间概念是连续地从“时间系列”（量）的观点，从“时间内容”（质）的观点，从“时间秩序”（关系）的观点，最后从“时间总体”（模态）的观点（A145，B184—185）加以考虑的。时间问题的这种丰富性使得内感觉必须面对统觉的统一。在这两极之间，异质性同样占据上风。最后，认同（被理解为时间内的联结）的观念的命运不是在关于认知的章节中发挥作用，而是在属于原理分析论的应用中发挥作用，正是借助于这种应用，对任一对象的认同才会发生作用。对于我们来说，这或许是对认同的这种注解的最重要结果，而认同被理解为在时间条件下确立联系。它将给我们提供机会与康德一道在两条战线展开英勇的战斗，93
一方面是先验的观点和经验的观点之间的绝对鸿沟；另一方面是人类知识的两个源泉（即感性和知性）的原始异质性。在这方面，康德将为我们树立毫不退让地进行战斗的榜样。

Ⅲ 表象的没落

康德主义的出路问题是一个难题。有两条路到了尽头：零敲碎 95
打地讨论和对体系的一般修正。一方面，即使为了重新给这些出色的分析定位而以不同的方法把它们作为对三种综合和图型论的分析［除此之外还应该加上“对观念论的反驳”和在第二版中对 Selbstaffektion（自爱）的补充］而加以保留，应该加以改正的也不是这样或那样的论证。这些部分与核心论证非常吻合，以致无法单独抽离出来。另一方面，修正，要么在实证主义的意义上，要么在新康德主义的意义上，将先验哲学归结为一种认识论，并因此消除了使之变得重要的矛盾与谜团，这些矛盾和谜团涉及自在之物，涉及本体性的自我，更根本地，涉及 Denken（思想）和 Erkennen（认识）之间不可缩小的差距，这种差距使三大《批判》的展开成为可能。

96 人们只能一下子离开先验观念论，就像他们只能一下子进入先验观念论一样。要指出人们与什么决裂，决裂到何种程度，就应该知道辨别这个界限。我要说的是，正是在 Vorstellung，即“表象”概念的层面上，人们与先验观念论决裂，而我们已经几次使用“表象”这个概念但从来没有对它进行阐释。真正说来，康德也没有证明这个概念的合理性，他只是假定这个概念以便能够表述我们已在分析开始时就提出两个假设：先验观点与经验观点的分离，人类知识的两种源泉（接受性和自发性的源泉）的原始异质性，预设了表象的概念。我们已经看到，先天综合的问题出现在这两个 requisit（要求）的交叉点上，并引起了先验演绎提出的 quaestio juris（正当性问题）。应该追溯到这两个假设，以将 Vorstellung（表象）这个特别有争议的概念作为讨论的主题。[8]

这方面的标准文本是《纯粹理性批判》第二版的序言（1787 年的 B）。整个先验的观点正是从这里以革命的名义被引入哲学层面，这种革命可与哥白尼在宇宙论上的革命相比。在这里，我们是突然发生的真正思想事件的见证人。这里的语调与笛卡尔在《谈谈方法》中的语调一样坚定和果断。它对支离破碎的形而上学的前景表
97 现出同样的失望。它突然提出了这样的要求：人们“承认”对批判哲学的奠基活动的根本颠倒：“迄今为止我们应该承认我们的所有知识应该符合对象；但所有通过概念在对象那里确立某种先天的东西的尝试（通过这种尝试，我们的知识可能得到扩展），都在这种假设中失败了。”（B XVI）① 紧接着的是回忆哥白尼颠倒地球和太阳关系的例子：“对于对象直观的主题，我们可以在形而上学中进行同样的尝试。”（B XVII）② 正是在这样的背景中，Vorstellung（表象）这个词作为表示哲学姿态的象征性术语登上舞台，这种姿态首先表现为对“承认”的要求，其次表现为“尝试”。以革命性假设开始的替代性要求是要知道，对象是否“不符合对象的本性，而是

①② 《纯粹理性批判》，15 页。

符合我们直观能力的本性”（出处同上）。这就是“表象”这个词出现的因由：为了使直觉成为知识，“我应该把作为表象的直观与作为对象的某种事物联系起来，并且通过直观确定对象”（出处同上）。Vorstellung 这个词因此变成了“思想方式变化”的象征（B XVIII），康德用一个表达式来概括：“我们先天地只认识我们安置在我们心中的东西”（出处同上）。进而言之：“这种对纯粹思辨理性的批判的任务在于这种改变在形而上学中迄今被遵循的方法的尝试，这种形而上学以几何学家和物理学家为榜样在方法上进行一场 98
彻底的革命。”（B XXII）[①]

“表象”这个词是在采取这种举措之后确立的。对理性企图认识无条件者进行遣责是这种颠倒的必然后果，而“表象”这个词显得是打在这种排除举措上的烙印，这一举措决定了独断论的命运：“可是，如果假定我们的感性认识符合作为物自身的对象，无条件性就不能没有矛盾地被思考；如果相反，我们关于事物的表象（如事物被给予我们的那样）不是符合作为物自身的事物，而是这些作为现象的对象符合我们表象的方式，矛盾就消失了。”（B XX）[②] 随着矛盾的消失，假设一下子变成了命题：“很明显，我们原来只作为尝试承认的东西现在得到了证明。”（出处同上）从此以后，在表象描画的重要领域内，我们的整个分析涉及的知性和感性之间的关系发挥作用，综合行动得以实现，而根据综合行动，创造性想象是作为第三项而出现的。我们刚刚称之为表象领域的东西只是哥白尼倒转的文字的形象化表达，它使得“作为现象的对象符合我们的表象模式”（出处同上）。

从此以后，脱离康德主义意味着以同样的方式拒绝哥白尼倒转 99
并离开表象的神奇领域。通过这种举动，“在—世”的基本经验作为一切特殊经验的最终参照被提了出来，而这些特殊经验可以在这个基础上清楚地显示出来。

---

① 《纯粹理性批判》，18 页。

② 同上书，17 页。

因为它的突然性，这个姿态性举动与康德的举动有一个共同特征：人们要求承认的首先是一个命题，这是一个试验、尝试、假设。这种“承认”（Annahme），这种“尝试”（Versuch）只是通过实行它们开启的探索程序而得到证明。康德把科学知识的先天特征及其系统化的证明的雄心当成模式，与康德不同的是，关于“在—世”的哲学只能是问题，这不是仅对依赖于它的主题的理性而言的，而且是对依赖于哲学家的介入的理性而言的，这位哲学家传授关于“在—世”的哲学并接受与其非科学性不可分离的争论的不确定性。因为同样的原因，问题是零散的和不可总体化的，这种哲学也将这样。它的大师们永远不会像康德一样写道：“显而易见，我们原来只作为尝试承认的东西现在被证明了”。这种哲学是从作为尝试而开始的，这种哲学也将永远是尝试。

在勾勒一种关于承认的独特哲学的初步轮廓前，我想提到某些参照文本，从这些文本中，我们可以发现与下述姿态相对立的哲学
100 姿态：那种姿态把表象作为象征性术语接受下来。

与其一下子跃入海德格尔的基础存在论中，我还不如在胡塞尔的《危机》[9]中寻找我最初的支撑点。这位哲学家仍然依靠一种先验哲学，在这种哲学中，自我拥有构造的计划，而意义赋予（Sinngebung）的基本行动在构造中得到了说明；但面对着“欧洲科学的危机”，他一开始就把他的哲学描述为“欧洲人的生活的根本危机的表达”。他只是在第三和最后部分对抗康德和他的根本选择：这一部分题为“从追问（Rückfrage）预先给定的生活世界出发而达到先验哲学的道路”。断裂就受到这种追问的影响。康德“没有认识到，按照他的哲学研究的方法，他同样立足于一块未经质疑的前提的土地上［……］，这些前提有助于决定他的问题的意义”（胡塞尔，《批判》，118 页）①。胡塞尔把这块土地称作“被视为‘在者’的日常生活的周围世界，我们（每次都包括进行哲学研究的‘自我’）

① 译文请参阅《欧洲科学的危机与超越论的现象学》，王炳文译，126 页，北京，商务印书馆，2001。

在这个世界中拥有一种有意识的存在，拥有作为这个世界的文化事实的诸科学，以及它们的科学家和理论”（同前书，119 页）。正是在这样的语境中，Leiblichkeit（身体性）概念，以及 Leib（身体） 101
和 Körper（躯体）的区别、Lebenswelt（生活世界）概念、Zusammenleben（共同生活）概念被构想出来了（同前书，123 页）。

列维纳斯在胡塞尔诞辰一百周年时发表了一篇文章，我们可以与列维纳斯一起说，胡塞尔的晚期哲学宣告了“表象的没落[10]”。列维纳斯从胡塞尔现象学的重要主题即意向性主题的内部，发掘了这个新生的主题体系，这个体系宣告了“表象的没落”（同前书，173 页以下）。这个主题就是有关知觉中暗含性的东西（implicite）的主题，是关于未被察觉的潜在性的主题，是指向未被支配的视域的通道的主题（知觉被理解成向事物显现）：“这种暗含的意义和这种视域结构使得我思倾注于其中的全部‘意义’始终超越刚刚作为明确所指被给予的东西。”（同前书，180 页）“这种在意向本身中对意向的超越”摧毁了主体和客体之间的关系的观念，仿佛这里的客体应该“始终是主体当前想到的那样”（出处同上）。因此，“胡塞尔质疑表象的自主性”（同前书，181 页），恰恰涉及纯逻辑结构，简言之，“涉及一般‘某物’的纯形式，在这些纯形式中，没有任何情感发挥作用，没有任何东西被提供给意志，然而，这些形式仅仅揭示被重新置于它们视域下的真理”（出处同上）。“在意向本身中超越意向”（同前书，182 页），在这个举动中，与康德的假设的决裂在它出现时就完成了。我们还应该从在意向性中的视域观念过 102
渡到主体处境的观念和处境中的主体的观念。至少，“通向关于身体本身的哲学的道路已被开辟出来，在这种哲学中，意向性显示了它真正的本质，因为它朝向被表象者的运动扎根于具体化的实存的所有内在的（未被表现出来的）视域中”（同前书，183 页）。

即使我们认为，只有海德格尔的存在论展开了胡塞尔的契机的所有来源，胡塞尔的这一契机也是非常宝贵的。我与 1949 年的列维纳斯一样承认，“在摆脱先验观念论与‘介于世界’之间犹豫不决（人们以此指责胡塞尔），不是他的弱点而是他的力量”（同前书，

184页)。有关Sinngebung(意义赋予)的持续唯心主义立场最终应该把武器交还到它战斗的土地上，以便能够宣布说“世界不仅仅是被构成的，而且在起构成作用”(同前书，185页)。“构成”这个词是安全的，但它自身的毁坏随表象的毁坏而出现。

海德尔在他著名的《康德书》[11]中专注于表象观念与作为表象的世界之间的正面冲突。海德格尔没有限于用基础存在论的观点取代批判哲学的观点，而是从著名的第三项、图型、图型论、先验想
103 象出发重新解释感性和知性的综合问题。我参照了题为“作为两种根源的先验想象”(§28—31)部分。海德格尔在这里没有完全关注人们可能认为属于枉费心机的两种行动的任何一种，没有局部地修改康德的文本，没有广泛地改进它：他从《纯粹理性批判》的谜团和疑难出发，通过把它们重新纳入一种突然破裂的前景，恢复它们的奠基价值，这种前景被表述为“形而上学的奠基”。(参阅§3的标题)[12]

Ⅳ 防止难以辨认(méconnaissable)的承认

105 我想从确认了表象的没落的倒转中取得有关承认的哲学的最初结果。这种新一轮的分析证明了前面所做的评论，即：我们被打上“在—世”标记的研究因为不再符合科学知识的标准，而宁可愿意成为有问题和零散的东西。我想强调第二个特点，这里涉及的不是重写《危机》和《存在与时间》，而是更为谦逊地，以尝试的方式重新聚集某些最有意义的经验，这些经验证明了承认和认识之间的间距，但还没有放弃通过认同观念对承认观念进行规定。

正是作为“在—世”的方式，这些经验才是有意义的，它想要表达的是：承认和认识之间的间距首先不应到判断主体的方面去寻
106 找(正如一些批评促使人们所做的那样，动词“承认”在笛卡尔的论著的某些战略性部分悄悄出现引发了这样的批评)，而要从“事情本身”去寻找。我们还记得，笛卡尔和康德都未详细说明那个“某物”，这个“某物”要么通过区分的步骤来加以鉴别，要么通过

建立联系的步骤来加以鉴别。对于笛卡尔来说，重要的只是表象的价值，它给观念赋予了一种存在，赋予观念的客观存在；但这同样适用于科学实体、直觉对象、人，最后适用于至高无上的上帝。对于康德来说，只有数学实体和物理实体能满足被先验观点界定的客观性标准，人相对于事物的独特地位则交给实践哲学去处理。相反，世界上的事物的存在方式的多样化对于有关"在—世"的哲学很重要。

这些存在方式为展开各种承认活动而应该分享的共同特征在我看来似乎就是变化。这种表面上简单和平静的肯定标志着根据关于时间的先验感性论观点而进行的决定性颠倒。时间的形式特征，作为外感觉和内感觉的直观感受的主观条件，正如我们观察到的那样，意味着时间对变化的优先地位。只有当变化事先满足属于感性论的时间形式的主观条件时它才位于关系的各个范畴之下。这种颠 *107*
倒恢复了变化对于时间的优先地位，它意味着一种对时间的"去形式化"（déformalisation），而这种去形式化把时间从被归结为连续性和同时性的先天标准中解放出来。从此以后，各种时间化伴随着各种变化，正是这多种多样的变化和时间化构成认同和承认的场所。

时间化的这种多样性表现了戏剧化的不同程度，这一点有赖于"承认"经过日益增长的误解而走向不承认（méconnaissance）。关于"在—世"的哲学要求，应该首先从客观方面（a parte objecti）看待这种渐渐的变化。我们因此提出这样的问题：在改变事物的方式中，什么东西可以最终使事物变得不可认识？

因此承认从此以后将与"难以认识"形成对照，就好像与误解的极限状态形成对照一样。

在我们的考察过程的开始，当我们处于知觉判断的范围内，我们可以重新发现在知觉现象学中得到处理的熟悉的例子，尤其是梅洛-庞蒂在《知觉现象学》第二部分"被感知的世界"中考察过的例子，尤其是在题为"事物与自然界"[13]这一章中。中止这一过程的第一个现象是被感知事物的特征或性质的稳定性现象。被知觉的事物出现在我们不依靠对象而设置的可变化的视角之下。人们都知道 *108*

骰子的例子，人们永远不能同时感知它的所有侧面；在这方面胡塞尔谈到了轮廓、草图。但只要视角的变化没有威胁几近瞬时的认同过程，我们就仍然不能谈论承认，而这种认同是在观看的前述谓层面上起作用。对象的呈现、目光的指向以及对世界进行积极—消极探索的整个身体一起汇合到这种认同中。因此，认同有赖于依靠知觉恒量，这些知觉恒量不仅涉及形式和大小，而且涉及一切感官领域，涉及从颜色到声音、从味觉到触觉、从重量到运动的感觉。[14]只要那些变形没有使认同成为问题，认同就是理所当然的。为了表达对事物稳定性的信任，我们可以对于这一经验整体表明“原初的信念”（同前书，371 页）。梅洛-庞蒂说：“自然界是交互感受（intersensoriel）关系的典型。”（同前书，377 页）但我们应该立即补充说，在这种与事物的熟悉关系中，人们没有理由谈论“承认”。一种误解的可能性已经变得明确：我将用同样的名称称呼这个轮廓的后续部分吗？正如笛卡尔的一个文本已经暗示的那样，我们只是吞吞吐吐地谈到承认；因此我们承认的东西，是一种风格，是事物稳定的基础。困难可能仍然来自不确定的或许令人不安的外围部分
109 的假设；这样的苦恼取决于知觉的视域结构。时间就这样发挥作用：但这不是没有流逝的抽象时间。通过谈论对外围（部分）的探索所引起的视域综合，梅洛-庞蒂宣称这种综合基本上是时间性的。它不应该超越时间，“而是与时间借以流逝的运动本身混合在一起”（同前书，381 页）。

最后的这个评论针对知觉的情境和承认的情境，在这些情境中，变化和流逝的时间合为一体，典型的例子就是以下的例子：我们前面称为知觉信念的东西与这样的辩证法发生冲突，这种辩证法涉及人们假定的同一事物的出现、消失和再现。一个物体、一个动物、一个属于我们环境的人进入我们的视野中，突然离开，过了一段时间后，重新出现，我们说：这是同一个东西，这是同一个人。动物的来来往往是这种熟悉经验的一般情况。与先前的经验相比，时间的作用已经改变了：连续性不再包含在对不断受到关注的多个侧面的参考过程中，而这种未中断的关注将手指触动的对象置于它

的保护下。对象突然消失使它离开了注视的范围，并引入了一个知觉主体没有控制的看不见的阶段，威胁形成了：如果物体、动物、人不重新出现怎么办呢？正如年青的巴尔图斯（Balthus）在哀婉动 110
人的绘画［这些画是里尔克（Rainer Maria Rilke）[15]的乐趣所在］中悲叹的那样，丢失一只猫，可以象征一切丧失，包括那些不能回来的人们的死亡：因为逃跑或失踪而消失的人，已故的人。死亡阴影笼罩在全部消失的东西之上。动物简单的来来往往使我们在不同程度上免除了对不再返回、最后消失的焦虑的折磨。存在着一种“想要”回返的事物的恩惠；但同样存在着按它们意愿消失和再现的事物的幻想：房屋的钥匙或汽车的钥匙，诸如此类的东西。在最有利的情况下，在熟悉的来来往往的情况下——通常是在家庭的情况下——出现、消失和再现的链条是如此纠结，以致它给知觉的同一性提供了一种对于知觉信念的保证外观，甚至提供了对这种信念的再保证的外观；事物的消失所拉长和膨胀的时间距离通过相异性被归并到同一性。暂时躲避关注的持续性使得同一件事的再现成为一件小小的奇迹。

我将把以下的情形当成更复杂的时间经验：在那里，消亡的阶段导致了在再现的事物的表面发生这样一些变化，以致我们因此谈论歪曲。正是在这种情况下，我们开始有分寸地使用“承认”这个词，而它或许在先前的知觉情境中就显得不合适了。康德在先验感性论的第 7 节，在“时间”这部分中，考虑了反对意见是对的，这 111
些反对意见源于变化的现象，它针对的是对时间的观念性的主张；通过承认时间的经验实在性，他认为清除了反对意见，而没有在基本点上做出让步：即事物在本身不变化的时间中变化。可是，生动的经验提出了一个例子，在这个例子中，有威胁的方面既附属于变化也附属于流逝的时间。这个方面给承认赋予了一种悲怆维度，文学探索着这种悲怆维度，而我们的词汇也没有忽视这一维度。

在这方面，对人的承认明显有别于对物的承认，而对物的承认与“某物”的不确定性形成鲜明对照，笛卡尔和康德用“某物”表示思想活动的对象。对于这些事物，承认它们在很大程度上就是通过它们的一般性或特殊性识别它们；但某种熟悉对象对于我们来说具有一种人格，这种人格使得承认它们就是在一种不仅属于信任而且属于共谋的关系中与它们相互感受。相反，人主要通过他的个体性而得到承认。与人的长期分离显示了这种破坏力量，古代智者给时间赋予了这种破坏力量，亚里士多德也提到了这种破坏力。[16]衰老的事例在这方面具有象征价值。

112 我们看到，普鲁斯特在《追忆逝水年华》[17]中，花了几页的篇幅来描述残酷的美，这几页文字专门讨论了在叙述者以计算的精确性所报道的环境中出现的承认的不确定性：他在 Guermantes 王子书房的孤独状态中，构思尚在计划中的著作的开头，他突然停止了思考，眼前浮现出一场晚宴的情景，所有出席的客人曾经占据着他的孤独和与他共度社交的夜晚，他们历经沧桑，尽显老态。对这场晚宴的叙述足以为一篇关于承认的短文提供素材。

强调的重点突然落在对承认屋子主人和这些访客的犹疑不决上。“每个人似乎都涂脂抹粉，他们完全变了样。”（普鲁斯特，《追忆逝水年华》，227 页）承认工作以后就与频频出现的“难以认识”（在上书中多个地方）相冲突。这就好比那些主角伪装自己，图谋欺骗。这个人“用白胡子打扮得怪里怪气，胡子一直垂到脚边，使其变得累赘，如同鞋底灌铅，人们似乎认为这代表了‘人生的一个阶段’”（出处同上）。的确，年龄给时间恰恰赋予了可见性［普鲁斯特保留了时间（Temps）的大写字母］。这些面庞有如“将时间外在化的玩偶，时间通常是看不见的，为了成为时间就得求助于形
113 体，凡在遇到形体的地方，时间都要征服它们，以在它们上面放映幻灯”（同前书，231 页）。在这样的条件下，承认要求进行推理，“这种推理依据的是某些特征与人的同一性的简单相似性”的推理（同前书，227 页）；这种推理应该全面审视一张脸的连续状态。使得这一个妇女的面容变得“难以认识”（同前书，231 页）的异化现象使这种全面的推理去解决同一存在物的两种状态之间的矛盾。《追忆逝水年华》的结尾有许多机智而宝贵的表白，普鲁斯特冒险总结说：“的确，承认某人，进而言之，在未曾承认他以后，认同

他，就是在唯一的名称下思考两个对立的事物，就是承认：在这里存在过的东西、人们还记得不再存在的东西以及依然在这里存在的东西，乃是人们不认识的存在物；应该思考与死亡的神秘几乎一样麻烦的神秘，况且，这种神秘乃是死亡的前奏和预兆。因为这些变化，我知道他们想表达的意思，知道他们为之准备的东西。”（同前书，246页）可是，最后一个词不是留给推理的；推理仅仅重复了时间的工作。时间（年龄将可见性赋予时间）显示了双重因素，不承认和承认的因素。我们知道关于“时间艺术家”的这一页文字：“我们曾给您做了像您父亲那样的鹰钩鼻，而不是您现在这样漂亮的挺直鼻子，而我在您身上永远认不出您父亲。的确，这是一个全新的和家族的鼻子。总之，时间，作为艺术家，已经以这样的方式‘提供’了所有这些模型，以至于它们是可以辨认的，但它们并不 114
相像，这不是因为它要让他们显得更漂亮，而是因为它使他们变老。况且，这个艺术家做事很慢。”（同前书，241页）读者如何与叙述者本人一样不对伪装的场景感到“困惑”呢？而被年龄蹂躏的脸庞蒙上了伪装。当基于“难以认识的东西”而获得承认时，承认，至少作为认同，会到达顶点吗？关于出现、消失、再现的这一普通的、小小辩证法通过反思采取了与变老的情景几乎一样麻烦的策略，而死亡就显示在变老的情景中。

然而，我们没有因回忆这种“神秘”而被剥夺话语权。普鲁斯特的叙述本身打开了另一个视域，这个领域不同于荒凉的沉思领域。读者沉浸在晚宴场面的回忆中，他发现，在被叙述前，这个著名的场面被宣布为“剧情突变”，对此，以第一人称来表达自己的叙述者宣布：他“将对我的事业提出最强烈的异议”（同前书，227页）。

什么样的事业呢？是写作著作的事业，它的意义刚刚借助于在王子书房中突如其来的启迪被揭示出来。可是，这种揭示本身处在承认的氛围中，但这是另一种承认的氛围；不是对我们刚刚提到的叙述的这些主角的承认，而是对读者本人的承认——“我的读者”——在阅读时，被要求成为“对自身的阅读者”（同前书，217 115
页）。的确，“作家的作品只是一种视觉工具，为了让读者分辨出没有这本书他自己或许发现不了的东西，作家把这种视觉工具提供给读者。读者本身对书本表达的东西的承认是对书本真理的证明，反之亦然，至少在某种程度上是如此，因为两种文本之间的区别可能经常不被归因于作者，而是归因于它的读者”（同前书，218 页）。这就是晚宴场面的剧情突变将要提出“最强烈的异议”的事业。

什么样的异议呢？在什么事情上，这个难以忍受的场面会反对这个叙述者提供给读者的写作计划，以便它在这里得到承认呢？在这样一件事情上：岁月的摧残的场景具有一种死亡隐喻的意义，也正是岁月的摧残使那些宾客“难以辨认”。对于我们这些最终写成的书本的读者，每个受邀者似乎“化了妆”的场面再也无法“反对”一项能进行到底的事业，相反，根据我的解释，这个场面可以作为对难以认识的事物的承认的有限经验而起作用，在某种意义上也作为这样一种经验起作用，这种经验接近于卡尔·雅斯贝尔斯在他的存在哲学中给予“有限处境”（如死亡、苦难、战争、错误）概念的有限经验。这个场面得到写作的挽救，但它从此以后属于在
116 书房中突然来临的启示所宣布的另一种承认，“读者对书本所表达的东西的实质上的承认”。

接下来的研究将通过对生活本身的解读对“实质上”的承认进行公正的评价。

◇ 注释 ◇

[1]《智者篇》，奥古斯特·迪埃兹（Auguste Diès）审定和翻译的文本，巴黎，纯文学出版社，1925 年。我们在此引用的就是这个译本。

[2]《智者篇》继续写道，因此，人们说，“运动”（被考虑的第一个重要的种）不同于“静止”或“存在”。柏拉图说：这种“异”的元范畴“散布于它们所有的东西中”。“的确，它们中的每一个不同于其他，这一点不是由于它自己的本性，而是由于这样的事实：它分有‘异’的形式。”（255e）这种不依赖后一个“种”、不依赖另外任何一个“种”的重复使得在《智者篇》这谜一般的一页文字中的“异”（autre）成为这一系列“种”的第五个和最后一个“种”。柏拉图强调了这个“重要的种”的神圣性：“在（这些‘种’的）全部后续部分，‘异’的本性使得它们中的每一个不同于‘存在’，通过‘同’，又使得它们不同于‘非-存在’。”（256e）因此，只有当存在被最不可把握的范畴

所取代，它才会成为相对于变化和持久性的最高的哲学概念。存在只是因为有第五个“种”，即“异”，才成为第三个“种”。

[3] 我引用了费迪南德·阿利齐（Ferdinand Alquié）编纂的笛卡尔《哲学著作》第一卷和第二卷中的句子，加尼耶出版社，1964 年。

[4] 然而，我们没有谈论观念及其与被定义者［用三个形容词（简单的、清楚的和分明的）表示］的关系。不要忘记，观念是“关于事物的观念”。除了显现于心灵之外，它们还有表象的价值，这种价值使人们能谈论“关于事物的观念”的指代性价值：“在我的思想中，一些思想如同事物的意象，观念的名称正好适合于这些意象：当我表象一个人，或一头怪物，或天空，或一个天使，或上帝本身”（“第三沉思”，《哲学著作》第一卷，433 页）时就是如此。另外，“客观实在性”“客观存在”这样的术语被赋予“表象”这个术语，通过这两个术语，观念享有明显的本体论的地位。这一地位是如此重要以至它充当“第三沉思”论证的前提，在“第三沉思”中，上帝存在从这样一个观念得到证明：这种观念的“客观实在性”表现了各种完善程度：“那些向我表现了实体的观念无疑义是某种事物，并且在自身内包含了（可以说）更多的客观实在性，即，通过表象比向我表现了种种样式或属性的观念更多地分享了存在和完满性”（同前书，437　438 页）。因此，上帝的观念“肯定比有限的实体向我表现的观念有更多的实在性”（出处同上）。后面的论证，在于将因果性的推理应用到这种客观实在性上并且得出这样的结论，根据这个结论，我具有的关于上帝的观念不能只是源于我自身（因为我是不完满的），而源于上帝本身。这个论证不是我的意图。我的意图限于肯定：依附于观念（作为某物的观念）的客观实在性的那种完满性构成了清晰观念的被定义者，我们刚刚致力于寻找这种被定义者。在“清楚/分明”这一对概念与“定义/区别”这一对概念之间的关联就这样完成了，而我把定义/区别当成关于承认的完整概念的最初近似性。

[5] 动词“承认”还多次出现在《沉思录》中。在“第二沉思”中，它就出现了一次，它出现的语境与“第四沉思”的语境相似。笛卡尔刚刚表明，对于心灵而言，存在就是思想。但他稍显谨慎地说：“还有，为了探寻我是否不再是某种事物，我将发挥我的想象力。我不是这个人们称作人体的各种部分的汇聚；我不是散落在所有这些部分的稀薄但具穿透力的空气；我不是一阵风，一口气，一股蒸汽，不是所有这些我继而虚构或想象的东西，既然我已经假设了这没什么，在不改变这一假设的情况下，我发现我不是一直肯定我是某种东西。”这位哲学家紧接着这些否认后写道：“我已经承认我一直存在，我探问着我是什么，我已经承认存在的这个我是什么。”（novi me existere：quaero quis

sim ego ille quem novi)（同前书，419 页）Novi（承认）一词为过去完成时。这是与“认识”（connaître）相关的“承认”（reconnaître）一词出现的情形。我们在别处发现动词“承认”也多次出现，它涉及有关“承认”的标志的观念。在对第二个《异议》的答复中，我们读到这一点：“如果我表明如何应该将心灵的属性和性质与身体的属性和性质区分开来，以及如何应该承认它们，我想我可能还是做了一些事情。”（同前书，553 页）稍后，在讨论一个无神论者是否可以清楚地认识到三角形的内角和等于两直角之和这个问题时，笛卡尔排除了过度的暗示，而是坚持认为，他不是通过一门真正的和确定的科学认识到：他将一直面临受到他觉得很明显的事物的欺骗的危险，并且“无法摆脱他首先不能认出上帝这一［混乱的］危险”（同前书，565 页）。在最后的那些引文中，我们重新发现关于承认的日常词汇的种种用法。

［6］我引用由 J. 巴尼（J. Barni）翻译的《纯粹理性批判》的法文本，选自七星诗社丛书版本（la Bibliothèque de La Pléiade）。这个本子由 A. J. -L. 德拉马赫（A. J. -L. Delamarre）和 F. 马蒂（F. Marty）校勘、润色和修订。根据柏林皇家科学院原版的拼写法，第一版出版于 1781 年，以字母 A 标注（俗称 A 版。——译者注），第二版于 1787 年问世，以字母 B 标注（俗称 B 版。——译者注）。

［7］让我们回想一下《纯粹理性批判》的十分专门的术语：“逻辑”是给予一般知性规则的科学的名称（A52）。只考虑它们之间的认识关系的形式，“即，一般思想的形式”的逻辑被称为“先验逻辑”（A55）。在谈到真理（通常定义为认识与其对象的符合）时，在这个严格的框架中，涉及的只是知性的规则与感性的原理之间相符的标准，而排除了经验命题的具体真理。像这样缩小先验层面的真理领域与摧毁空洞的断言相对应，这种断言就是：心灵在先验感性论（即，涉及时空中的某物）界定的领域之外被铸造出来。因此，一种现象逻辑将重复先验逻辑。先验逻辑分为概念分析论和原理分析论，概念分析论讨论的是知性如何分解成许多形式的原理，即范畴，而原理分析论则讨论判断的能力。前者只是根据后者才有意义，后者则以判断重新取代属于它自己的光荣地位。

［8］我保留德语词 Vorstellung（这个词传统上译为“表象”），以便不损害“表象”这个词的某些词义的其他用法，正如在我自己的著作中那样，这些词义不能归结为康德的用法。

［9］我引用的胡塞尔 *Die Krisis der europaischen Wissenschaften und die transzcendentale Phaenomenologie*（《欧洲科学危机与先验现象学》）（Gesammelte Werke, Husserliana, Dordrecht, Kluwer, 1950, vol. VI）的法文本是由热拉尔·格拉内尔（Gérard Granel）翻译的，法文本的名称为 *La Crise des sciences européennes et la Phénoménologie transcendantale*（《欧洲科学危机与先验现象学》），比梅尔译，海牙，尼霍夫出版社，1962 年，1976 年；巴黎，伽利玛出版社，1976 年。

[10] 列维纳斯《表象的没落》一文重刊于《与胡塞尔和海德格尔一起发现实存》，这本书初版于 1949 年，巴黎，弗兰出版社，2001 年第三版。

[11] 海德格尔，《康德和形而上学问题》，法兰克福，克罗斯特曼（Klostermann）出版社，1965 年；法文本由阿尔方斯·德·瓦尔昂（Alphonse de Waelhens）和沃尔特·比梅尔（Walter Biemel）翻译，巴黎，伽利玛出版社，1953 年。

[12] 我们将在收入《林中路》的文章《世界图像的时代》中读到同样的正面决裂的另一种形式，法兰克福，克罗斯特曼出版社，1950 年；法文本由沃尔夫冈·布罗克迈（Wolfang Brokmeir）翻译，*L'époque des conception du monde*（《世界构想的时代》），《此路不通》，巴黎，伽利玛出版社，《新法兰西杂志》（*NRF*），1962 年，69—100 页。

[13] 梅洛-庞蒂，《知觉现象学》，巴黎，伽利玛出版社，1945 年，345—398 页。

[14] “对一个东西的所有知觉［……］，所有的知觉稳定都涉及一个世界和一个经验系统的地位，在那里，我们的身体与现象密切相关。”（梅洛-庞蒂，《知觉现象学》，350 页。）

[15] 里尔克，巴尔图斯，《致一位年轻画家的信》，马克·德·洛奈（Marc de Launay）作序，巴黎，贝约与海滨出版社（Payot et Rivages），《海滨文库》丛书，2001 年。

[16] “时间必然同样产生某种激情；这样，我们习惯于说：时间吞噬一切，在时间作用下，一切变老；在时间作用下，一切都消逝了。但我们不说，人们学会年轻和美丽或人们变得年轻和美丽；既然时间是运动的数量，而运动摧毁那些已完成的东西，时间本身就是毁灭的原因。”亚里士多德，《物理学》IV，221a 30—221 b 2，法文本由卡尔泰隆（Carteron）翻译，巴黎，纯文学出版社，1952 年。

[17] 普鲁斯特，《追忆逝水年华》，第三卷，“重新找回的时光”（1927 年），巴黎，伽利玛出版社，《经典文库》丛书，1989 年。

第二研究　自我承认

117 “我被承认为诗人。”

——阿瑟·兰波（Arthur Rimbaud），《致乔治·伊扎巴赫（Georges Izambard）的信》，1871年5月13日。

119 对于“活跃而又遭受苦难”的人们来说，这是一条漫漫长路，这条路的终点是承认他确实是一位有某些成就的“有能力”的人。在缺乏这种相互承认时（这种相互承认是完全交互性的，正如第三研究表明的那样，它使得每一个伙伴得到承认），这样的自我承认在每个阶段还要求得到别人的帮助。本研究将涉及的自我承认不仅没有完成（相互承认也的确如此），而且因为与他人的关系（以帮助为典型，也以真正的妨碍为典型）的持续不对称性而更加受到伤害。

Ⅰ　希腊的基础：行动及其动因

121 我在古希腊文化中寻找我的出发点。但我不是在一种进步观念（这种观念或许强调希腊的落后，并且主要涉及在语法上以“自我”这个自反代词来标明的自我指称）中寻找这种出发点，相反是在一种深刻的亲缘关系的观念中寻找这种出发点。这种观念存在于伯纳德·威廉斯（Bernard Williams）在《耻辱和必然性》一书的第二章中毫不犹豫地称为的“对责任的承认”这样的层面中。我随这位哲学家，高兴地提到“某些不被承认的相似性”[1]，这是些“当我们解释我们自己的情感和行动，并且解释他人的情感和行动时，涉及我们使用的概念”的相似性（同前书，9 页）。古希腊人“属于我们的文化祖先，我们形成对他们的印象与我们对自身的印象紧密联系在一起”（出处同上）。问题恰恰在于“行动中责任的观念、正义观念
和动机观念，这些动机引导个人完成将得到赞赏和尊重的行为” 122
（同前书，11 页）。这种将古代文化从我们哲学家所说的“进步主义”的偏见中解放出来的做法，远没有使我们减少属于自我承认概念的新颖性（我们应把这些概念归于奥古斯丁、约翰·洛克、柏格森），而是让我们把这些概念作为思想事件相联系的革新，而这些思想事件与古希腊伦理观念出现于相同主题的演化轨迹（trajectoir）中，伯纳德·威廉斯的整本著作就是谈论这个问题的。从这本研究的头几行起，我就冒险把这个共同的轨迹刻画为活跃而又遭受苦难的人对下述命题的承认：他是能取得某些成就的人。我们可以像伯纳德·威廉斯一样，没有时代错误地将这种承认置于“对责任的承认”（同前书，71—103 页）的氛围中。

如果我们将荷马的世界当成轨迹的出发点（terminus a quo），这样的轨迹描绘了在希腊的天空中对责任的承认的曲线，这是因为，我们可以表明：人们已经超越了界限，对慎思进行反省，亚里士多德的例子就是如此。我从伯纳德·威廉斯那里借用了这个对荷马笔下的人物的一般评论。他评论道：这些人物“不停地自忖着他们将要做什么，他们在行动前不停地得出这些结论”（同前书，34 页）。这种能力必须以人的最低限度的一贯性为条件，这种一贯性
让我们能辨别人，并把他当成真正的“决定中心”（这是伯纳德· 123
威廉斯的著作第一章的标题）。尤利西斯寻思着是否离开诺西卡（Nausicaa），后者后悔他的离去，赫克托耳（Hector）则沉思死亡，阿基里斯（Achille）反思着他的愤怒。情感（thumos）和情绪（noos）这些词证明了这种担心，即，我们可以把涉及人类行为的主要范畴说成是前理论的。人们将会反对说，“无数次地提到神的干预妨碍自主实体的建立，至少在我们的意义上并且对我们来说是如此”吗？可以肯定。而更奇怪的是，“神的行为产生效果的领域是

行动者思想的领域”（同前书，47 页）[2]。我们可以肯定地说，它们缺乏在我们看来显得重要的心理学范畴。但我们可以合理地证实，“在这些西方文学的开端，它们拥有我们需要的基本因素，同时，它们也缺乏我们不需要的某些基本因素，尤其缺乏这样的幻想：精神力量内在地与一种伦理结构联系起来”（同前书，65—66 页）。总之，英雄的决定被叙述成由他们的名字所代表的人物的决定。现代读者将会说，会期待他们的适当理论的决定。确实如此。但这里涉及的是同质性方面的一种发展。亚里士多德将在《尼各马可伦理学》第三卷中提出关于 délibération（慎思）的理论，正如荷马笔下的人物实践着慎思一样。

124 这些人物表现为“决定的中心”但又对此没有任何概念——承认这一点是远远不够的；承认这些英雄们不停地谈论并给心灵的情绪（它们将他们的行为区分开来）赋予名称，承认这一点也是远远不够的。当涉及阿伽门农（Agamemnon）、埃阿斯（Ajax）和其他人时，他们有时会以第一人称的方式自称动因（aition）（这个词与原因概念有关），有时会用 hekôn（“审慎地”）和 akôn（“勉强地”）这样的副词修饰语描述他们的行动。更何况，如果神已经剥夺了一个人的理性，这同一个人可以把自己当成动因并同时认为他违背意愿地行动着；然而，他对与他难脱干系的行为负责。关于行动的内在理论属于“生活的习以为常的事实”（同前书，78 页），这一理论早就找到了一些我们可以轻易使用“原因”“意向”“正常状态”或“反常状态”“必要性的弥补”（责备、惩罚、补偿）来翻译的语词。我依然赞成伯纳德·威廉斯的说法，这是些“普通的材料”（同前书，79 页）。不管一个行动者是不是导致了这样一个独一无二的事实——新的事态通过他的行动而出现，人们都会为此谴责他并要求他赔偿，然而，他已经通过诅咒、污点、超自然的原因，不正常地开展行动：这个困难使得事态复杂化了，但行动者仍然是动因。哲学应该把意向问题作为一个独特的问题加以阐释，并且有意使它显得深刻，这种深刻性最终是由恶的问题和意志自由的相关问题赋予的。[3]

1. 使尤利西斯得到承认

有关尤利西斯回到 Ithaque（伊萨卡）[4]的著名叙述无疑是关于 125
承认的叙述，英雄既是这个叙述的主角又是受益者。公正地说，他得到其他伙伴的承认，是根据一种得到巧妙组织的渐进方式和评论家们常常评论的推迟技巧而出现的。为什么这样一种叙述不能作为我们以后对相互承认的反思的突破口呢？有几个原因：首先，尽管在各种人物中存在角色的分配，但其中首先有一个独特的因素，即，尤利西斯回到 Ithaque，这个因素是承认的关键。其他的主角确实满足了前面提到的“对责任的承认”标准，但他们的被假设的身份本身并不起作用。这个叙述不是有关相互承认的叙述。但有一个更关键的理由阻止了这个叙述跨过交互性（réciprocité）的门槛：承认的场景标志着一个不变的主人重新获得了他自己的宫殿，牺牲了以合法夫妻财产的觊觎者的面目出现的侵占者。这种暴力状况使得承认的历史与报复的历史错综复杂地交织在一起。正是第二种历史 126
的节奏支配了承认本身的历史，以至于承认的不同程度是报复之路的不同阶段，这条报复之路结束于一场冷酷的大屠杀。一对夫妇得到承认，但一位主人将顺势重新建立他的全部统治。

总之，尤利西斯得到亲友的承认进展缓慢，这对于我们的探讨极有教益。这一点并非无关紧要：尤利西斯最初是得到儿子的承认，如果我们相信注释者，最后是得到了父亲的承认，即使戏剧的高潮是夫妻相认的场景（在这个场景中，前面强调的不对称性几乎让位于相互承认这样的事情）。同样并非无关紧要的是，借助于荷马叙述特有的推迟策略，其他的主角共同组成了包括多种角色的整个家庭结构。

因为不希望停留于相遇的景象中，我将保留能够丰富我们的研究的三个特点：承认的动词形式，标志着承认的角色，伪装的角色。

在《奥德赛》第十六卷，父子相遇是在猪倌和活蹦乱跳的狗面前进行的：尤利西斯被当成了一个“陌生人”，但被作为“宾客”款待。他的儿子给他穿上新衣服，女神使他容光焕发，他一开始被

127 当成了神。尤利西斯接着大声叫道："我不是神……我是你父亲"，"我正是你的父亲"（《奥德赛》，第十六卷，87页）。得到别人承认，首先意味着引起误解，随后指出错误；这是计谋的一部分。应该注意的是，我们的译者在希腊人拥有几个动词 idesthai、gignôskein（第十七卷，265、273页）的地方使用"承认"这个动词。诗人使用后一个词（gignôskein）来简单概括忠实的狗 Argos 对尤利西斯的直接承认："它认出（enoèsen）来的人是尤利西斯，摆动着尾巴，垂下双耳。它没有力气接近它的主人"（第十七卷，301页）。这个被喂饱的动物很快就将死去："Argos 去世了，死亡的阴影早就布满了它的双眼，而这双眼睛在二十年后重新看到尤利西斯"（第十七卷，326页）。尤利西斯扮作乞丐进入被求婚者包围的宫殿，不久，尤利西斯就用弓箭战胜了这些求婚者。最初的承认是报复之路上的一个阶段。在为尤利西斯这个"陌生人"洗脚时，年老的仆人根据伤口的疤痕认出了他的主人（第十六卷）："尤利西斯，是你！——Nourrice，是你！"在仆人面前，尤利西斯采取主动，他宣布说："瞧，如果您需要一个确定的标记（sèma），您的内心会毫不迟疑地把我认出来。""他说着说着，扯开他的衣服，把很大的伤疤给牧羊人看"（第十六卷，22页）。这个象征是强烈的：伤疤的标记作为伪
128 装的对应物而出现。标记是身上的标志，伪装是合适的遮蔽物。只是在大屠杀后——"这件事已经完成"——诗人展示了诱惑的大把戏，佩涅洛佩（Pénélope）在夫妻相认场景的一开始主导了这出大戏。她根据几个特点认出（esidesken）了尤利西斯，她自己假装不知道，因为她的内心充满了自信："如果尤利西斯真的回到他的家里，我们会毫不迟疑地相认（gnôsometh' allèlôn kai lôïon），因为所有其他人不知道我们之间的这些秘密标志（sèmata）"（第二十三卷，109—110页）。"标志"的确比"大伤疤"更加隐秘：这个标志就是婚床。佩涅洛佩将制作床的命令变成对英雄的考验。因为尤利西斯知道，他用栽在土壤中的橄榄树的树根部制作了婚床。这是值得羡慕的被分享的秘密标记："制作这张床的方式，就是我的重要秘密。"（第二十三卷，187页）

承认的过程结束了吗？一丝阴影掠过爱情之夜的喜悦：“喔，妇人，不相信考验已经结束！我还有待于某一天从事一项工作（ponos），这是项复杂的、艰难的、不可衡量的工作。”（第二十三卷，249页）佩涅洛佩只有一个微弱的回答：“如果在我们旧日时光中确实保有幸福，希望我们可以躲避不幸的日子。”（第二十三卷，286页）

注释者们已经在这一承认过程中加上了最后的场景［他们给这最后的场景取了 anagnôrismon 这个很难理解的名称，这个名称接近于亚里士多德在《诗学》中谈论突然的插曲时所用的 anagnôrisis *129*
（发现）这个词，在这样的插曲中，不承认（méconnaissance）的情形被颠倒为承认］。这将是尤利西斯得到他父亲 Laërte 的承认，最初的承认不是儿子对父亲的承认吗？由儿子对父亲的承认所开始的承认过程结束了血缘关系的承认过程，而这中间经过了夫妻关系的承认。父子还是根据一个标志（sèma）来相认：对十三棵梨树、四十棵无花果树、十棵苹果树的描述，这些树从前是作为礼物或承诺而提供的：“但 Laërte，因为这些语词，他的膝盖和内心退缩了。他已确认（anagnontos）尤利西斯给他的标记（sèmata）的真实性。”（第二十四卷，345页）

有什么东西留给我们研究呢？荷马笔下的那些人物（我们已承认这些人物表现为“决定的中心”和“被承认为是负责的”）也能够得到别人的承认，但再也不能说这种承认是相互的，它以唯一的主角为中心，并限于传统赋予主人周围的每个人的角色。对于这位主人来说，得到承认就是恢复以前受到威胁的控制力。报复的历史与承认的历史的相互交织证明了荷马留下的这一使命的限度，这种报复的历史与我们在下一研究中所说的“为承认而斗争”差之千里。至少，我们能够在承认的神话中保留对于“伪装”的角色和 *130*
“标志”的相反角色的宝贵评论。

2. 在科洛那，俄狄浦斯被否认

我的第二个例子取自《希腊悲剧集》[5]。出于我们研究的兴趣，史诗和悲剧在戏剧层面上的差别不是很重要：无论行动是通过别人的嘴述说出来还是在我们的眼前“发生”，这样的差别都不影响两者对被再现的行为的模仿特征，尤其不影响无论在行动上还是在人物上给这个神话赋予的类似角色。尤为意味深长的是歌德和席勒在1797年四月间的通信，在这个通信中，他们注意到史诗特有的推迟效果（尤利西斯的故事就说明了这样的效果）与悲剧特有的紧张效果之间的差别。

我之所以选择《俄狄浦斯在科洛那》，是因为在这个事例中，紧张的效果源于由俄狄浦斯第二部悲剧在对责任承认的层面上实施的颠倒，而第一部悲剧《俄狄浦斯王》则归纳了对责任的承认。一个悲剧颠倒为另一悲剧相当于同一个人否认二十年前针对自己的谴责。从戏剧的观点看，一部俄狄浦斯的戏剧与另一部俄狄浦斯戏剧
131 的关系与情节在同一悲剧中引起的关系具有相同的性质，亚里士多德在《诗学》中将这种关系置于两个相关的范畴之下，这两个范畴是“突转”（peripeteia）和“承认”（anagnôrisis）。“突转”就是行为朝相反方向倒转，而“承认”被定义成从不知道转变成知道，“在那些注定幸福或不幸的人那里”（《诗学》，第11章），这种转变导致了从仇恨向友谊的转变或相反。可是，亚里士多德恰巧把俄狄浦斯的悲剧作为例子：“最好的承认是伴随着突变的承认，例如，在《俄狄浦斯》中人们可以看到这种争议。”（1452a33）神话在同一悲剧内部产生双重效果，《俄狄浦斯在科洛那》产生了这种效果。这样的承认（在这个词的戏剧意义上），不再在一部悲剧内进行，而是在两部悲剧之间进行，它具有在对责任的承认层面上的否定意义，而对责任的承认正是我们这几页的主题。被这种完全的改变引起的紧张导致了恐惧与怜悯，所有悲剧恰恰引发了这样的紧张，这是《俄狄浦斯在科洛那》的结局给这些悲剧激情赋予的色彩。

如果《俄狄浦斯在科洛那》证明了一件事情，这件事情就是，虽然悲剧人物也应该屈服于对那种支配了人类命运的超自然力量的不可抗拒性的感受，这个悲剧人物仍是这个隐秘行动的行为人（尤其在自我反省时，这个行为人将评估他的行为）。如果不幸是悲剧《俄狄浦斯在科洛那》的主调，以至于到了否认古人的罪行的程度，

这个不幸就变成了以一种负责的方式加以忍受的行动自身的一个维 132 度。在忍受的过程中，从忍受不幸到承担不幸的发展过程在一幕幕进行。正是从谴责倒转到辩白使忍受的隐秘发展富有节奏。年老的俄狄浦斯，又瞎又可怜，由他的女儿安提戈涅（Antigone）搀扶着，不久他的女儿伊斯墨涅（Ismène）也与他相聚。他首先面对着流放和错乱的考验——“噢，陌生人，我是一个流放者”（207）。但许多“标记”（94）使他能“认出”（96）这个神圣地方，在这里，他的脚步引着他去“结束他的生命”（104）；因为“知识（mathein）对于审慎行事是必需的”（115）。这种 mathein（知识）将受难变为行动（116）。是的，这是“被强加在他身上的行动”（172），安提戈涅这样宣布，并预料着父亲会否认。俄狄浦斯毫不迟疑地否定：“我的行为，引起你对于我的恐惧，我不是有意（dedrakota）这样做的，我忍受着（peponthota）这些行为。”（267）［我们在荷马那里重新发现了人们早就遇到过的术语：akôn（自愿地）］“如果我凭良心（phronôn）做事，我甚至可能是免罪的（kakos）。”（271）“神圣，无辜”（287），年老的忏悔者就这样把善行带给这个国家的居民。

我们会说，古希腊人不知道自我意识吗？在反思和思辨的形式下确实如此，但不是在自发的形式下。年老的俄狄浦斯宣称：“事实上，人们不是有理由思考自己吗？”（309）

俄狄浦斯应该拒绝他什么样的过去呢？首先是“愤怒” 133 （mokhthos）和“激动”（thumos）（437—438）。过度的愤怒和激动已经使他挖掉了自己的双眼：在最后的诗句中（1410 以下），俄狄浦斯王已经给这种暴力作了一个可怕的辩白。但更根本的，被承认的错误本身引起了过度惩罚。面对着领唱者：“我充满了不幸，陌生人，是的，我并非自愿地（hekôn）充满了不幸；不管神是否知道这一点，所有这一切都不是自愿的。”（421—422）还有：“这座城市把我与这桩致命的婚姻联系起来，与这场被诅咒的结合联系起来，我对此一无所知。”（326）这里，在被忍受的不幸和错误之间的症结一下子解决了：“（俄狄浦斯）我承受了这些难忘的不幸。——（领唱者）你做了……——（俄狄浦斯）：我没有做什么。”他进一步说：“我杀了人，我夺走了生命，但我不知道（anous）我做的事情。可是，根据法律，我是无辜的：我在犯罪时不知道我的罪行。”（546）克瑞翁（Créon），自己也变老了，他接受了这位年老的瞎子的抗议：“你的嘴责备我谋杀、不公正和我经受的种种不幸，我是多么不幸，它们违反了我的意愿（akôn）。”（964）同一个词——akôn——出现了两次，它涉及乱伦。“但有一件事我知道得很清楚：你故意唤起这些针对我和她的恐怖，而我是违反我的意愿（akôn）结婚的。如前所述，这是违反我的意愿（akôn）的。但我对这场婚姻将永远不认罪，也不就杀死我父亲认罪。关于这一点，你一直严厉地攻击我，一直谴责我。”（985—
134 990）俄狄浦斯从此以后可以将罪行归于 Érinye：“我首先谴责你对它的诅咒，另外，我听到众神对我说：事情就是这样”（1298—1299）。还有：“神引导了一切。”（998）

这样一来，著名的对责任的承认会怎样呢？像伯纳德·威廉斯一样，我认为这种谴责（它具有辩白的价值）处于与日常思考相同的人类行为的空间中。它使得供认复杂化，但没有废弃人的主动性。在这个意义上，《俄狄浦斯在科洛那》没有废弃《俄狄浦斯王》的供认：“只有我的手敲了门”，人们在《俄狄浦斯王》中读到这句话（1331）。从行动到受罪的倒转处于行动意义的空间中：“我被迫采取这些行动，而非主动做这些事。”（《俄狄浦斯在科洛那》，437以下）不管古老的信条给血亲犯罪的压力有多大，有一点是千真万确的：正是他做了这些事。伯纳德·威廉斯证明说，“我们理解这点，因为我们知道，在生命的整个历程中，存在着对人们做的事情感到内疚的情形，而不仅仅存在对人们有意而为的事感到内疚”（伯纳德·威廉斯，《耻辱和必然性》，96页）。人们表达自己的懊悔之情吗？年老的俄狄浦斯能够感受到的东西仍然是“一个行动者的后悔”（同前书，97页）。“发生在他身上的可怕事情是他做了这件事，虽然他本身没有错误。”（出处同上）从此以后，他可以忍受他的不幸直到他平静地死去：“我的孩子们，我生命的终点已经来到，

我再也不能回避它。”（《俄狄浦斯在科洛那》，1472—1473）这寓言 135
可以在结尾处加上美妙的笔调：俄狄浦斯淡出了我们的视线。这个既有罪又无辜的老人留给他女儿的爱的话语在耳边回响：“没有谁比这位父亲更爱你们，你们的余生将不会再有这位父亲。”（1615—1619）

为了使故事继续下去，俄狄浦斯在他身后只留下了厄忒俄克勒斯（Étéocle）和波吕涅克斯（Polynice）之间骨肉相残的仇恨。

《俄狄浦斯在科洛那》保留这样的信息就足够了：同一个遭受苦难的人，自己承认是行动者。

3. 亚里士多德：决定

在荷马、悲剧和亚里士多德[6]之间，存在着一种主题的强烈的连续性，这种连续性表现在这些词中：aition、akôn、hekôn、phronein。哲学家，就像史诗诗人和悲剧诗人一样，但也像在进行公开演讲的受过修辞训练的演说家一样，谈论着各种各样的人物。用伯纳德·威廉斯的术语说，这些人物是“决定的中心”和能够“承认责任”的存在者。与诗人和演说家的决裂主要不是在主题的层面上进行的，根据我们熟悉的表述，这种决裂是在“思想事件”的层面进行的，这样的“思想事件”开创了追问的新方式。亚里士多德带来的思想事件就体现在我们将要参考的重要著作的书名《伦理
学》(*Éthique*)①中，“伦理的”（Éthique）这个形容词要么添加到中 136
性词 biblia 上，要么添加到阴性词 theoria 上。在这方面，亚里士多德可以被当成道德理论的术语和概念的创始人，而道德理论是区别于形而上学、物理学的学科，也是区别于灵魂论的学科，甚至是区别于政治学的学科，尽管伦理学和政治学很接近，甚至前者被包含在后者中。

在《尼各马可伦理学》的一开始，作者提出了区别的三条标准：通过对象来区别，通过推理的类型来区别，通过与听众的关系

① 指《尼各马可伦理学》。

来区别，所有这些预防措施是诗人不需要的。就对对象的简洁定义而言，首先是公众的意见引起了对概念的推敲：一开始，对对象的最初描述接近常识："所有人可以证明，每种技艺和每种科学学科，同样地，人的行动和道德意向，都以某种善为目的。"（亚里士多德，《尼各马可伦理学》，1094a1）至于方法，"一个有教养的人的标志，就是仅仅根据每种题材来要求那种题材的本性所包容的严格性"（1094b23）[①]。至于听众，需要的不是法官，而是在"这方面有教养的人"（1094b27）；在这方面，哲学家要求一位合适的听众，他担心的不是理论知识，而是行动。

这位行动哲学家不是一步跨向我们所说的明智行为的结构。他
137 只是在第三卷，在两个主要问题上阐明了自己的观点后，才这样做的。关于这两个主要问题，他需要在流行的意见之间开辟自己的道路，在概念化的尝试（其中就有柏拉图和他的弟子们的尝试）之间开辟道路。这两个引起争论的问题是与幸福有关的善的定义问题，以及作为追求幸福的必要途径的道德德性的问题。

我们在序言中说到了这个"善"，所有的知识和意向以某种方式趋于这个善，那么，这个善是什么呢？更准确地说，能够成为人类行为的目的的一切善中的至善是什么呢？事实上，如果我们不知道把人类行为的不同结构置于最高善的目标的长长轨道上，处理人类行为的结构问题就太早了。我们像大多数人一样承认，这个最高的善有一个名称：幸福。但关于它是什么，有很多讨论：这是智者的事情，即知识渊博的人的事情。为了在争论中确定方向，这位哲学家重新梳理了一下"生活方式"——快乐的生活，奉献于政治的生活，沉思的生活。正是对后一种生活方式的解释强迫我们在两种态度间表态，一种是让最为人喜欢的善处于分散状态，没有最高的标记，另一种是将最高的善变成与我们无关的独立自为的东西。与我们对行为结构的探究直接有关的宣示凸显出来了：在所有特殊任务之外，并超越特殊任务，人类还有一种任务，一种 ergon（目的），

① 译文请参阅《尼各马可伦理学》，廖申白译，3 页，北京，商务印书馆，2003。

它就是过一种“最完善的”生活（1098a16）。德性问题正是嫁接在 138
这一固有任务的观念上，嫁接在这一人类任务的、仍然不确定的观念上，而德性问题是作为能够同时勾勒、决定、构成幸福的目标和人类固有任务的最美丽的东西。因此让我们说“人类的善将是灵魂根据德性而活动，如果存在着几种德性，就根据最好和最完善的德性”而活动。同时，这样的观念被排除了，即幸福完全来自神的恩宠和幸运：它来源于我们，存在于我们的活动中。在这里存在着我们所说的对自身承认的最原始的条件。根本的可能性是使幸福的目标立足于各种活动中，这些活动构成了人类任务本身，构成了我们的任务。

因此，德性是作为幸福的组成部分而被探索的：“既然幸福是灵魂根据完善的德性而活动，我们现在应该处理德性问题：这不就是旨在知道幸福本身的最好方法吗?”（1102a5—6）[1] 再者，“人类的德性问题应得到处理”——作者重复了这一点：“因为我们寻找的善是人类的善，我们寻找的幸福是人类的幸福。”（1112a13—15）[2] 一个很大的迂回将是必需的，这个迂回经过对灵魂划分的研究，旨在把这个“有规则”的非理性部分剥离出来，即，把以某种方式分享规则的表示欲望的部分剥离出来，“因为这一部分遵守和
服从规则”（1102b28）。德性属于我们身上的这个部分。它们的要 139
求以赞美的语言传遍四面八方：“然而，我们也因为这位哲学家在习惯状态下拥有的那种哲学而赞美他；可是，我们把可赞美的习惯状态称为德性。”（1103a13）[3] 对德性研究的实践目的（非思辨目的）很容易得到证实：“我们现在的研究与其他研究不同，它不是思辨的：我们从事我们的探索，不是要知道德性是什么——因为我们的研究没有任何用处，而是为了使自己合乎道德。因此，我们应该研究行动的性质，研究我们怎样完成这样的行动：如前所述，这不就是能够确定我们性格的习惯状态性质的决定性因素吗?”

① 《尼各马可伦理学》，32 页。

② 这里利科引文的页码有误，应为 1102a13—15。同上书，32 页。

③ 《尼各马可伦理学》，34 页。

(1103b26—30)[①]

在《尼各马可伦理学》第二卷第四、第五章对德性概念的详细考察中，亚里士多德的行动理论的主要概念从此以后是可以预期的，这一点不令人吃惊："德性在某种程度上是有意的决定。或更准确地说，没有有意的决定，就没有德性。"（1106a2）几行以后，与德性观念不可分割的人类的 ergon（目的）就变成了这样的提醒："人类的德性也将是使一个人良善和使他出色完成自己工作的状态
140 （正如视觉使得眼睛看得清楚）。"（1106a22）[②] 接下来的是对每种德性在过度与不足之间的中道的思考。这是为了将讨论延伸到德性的定义的核心：这个定义超过了前面的一切概述，使用了我们不久将要谈论的行动结构："由上可见，德性是一种指导决定（hexis prohairetikè）的习惯状态，它在于与我们相关的中道，它的准则就是道德的规则，即，明智的人（phronimos）可能给予他的准则本身。"（1106b30）[③] 在这一主要文本中，引人瞩目的不仅仅是习惯状态（hexis）和决定（prohairesis）之间的接近关系，而且是将准则归于明智之人，而明智之人是做出明智判断的人，第六卷就是以 phronèsis（实践知识）的名义讨论判断中的明智：phronimos（明智之人）是这种理智德性的独特主体，他出现于将被视为性格的德性（下一卷就是讨论这个问题）和理智德性（第六卷就是以此为主题）区别开来的难点上。从第二卷起就提到的 phronimos 将预示着反思的自我形象，而对责任的承认与反思的自我相关。我们不能肯定说他自己表示自己：但德性的完整定义把这种分界线确定为过度和不足的活的标准，这条分界线界定了所有德性所特有的中道。

对明智行动的结构的描述正是凸显在这些定义的广阔背景中，
141 而整个伦理计划就出现于这样的背景中：这种描述在决定（décision）概念（我们用决定这个词翻译希腊文 prohairesis）中找到了它的节点，并附带在希望概念中找到了它的节点。在决定中，

① 《尼各马可伦理学》，37 页。

② 同上书，45 页。

③ 同上书，47—48 页。

对责任的承认（我们已经在史诗和悲剧中辨别了它的轮廓）找到了它的指导性概念。在前面刚刚提到的德性定义中作者已预先提到“决定”。它现在处于《尼各马可伦理学》第三卷的核心位置。

亚里士多德没有正面涉及 prohairesis（决定）概念，而是将它置于更广阔的领域中，即“自愿”（hekôn）和“不情愿”（akôn）的领域中，从对荷马和悲剧进行解读以来，我们对这两个表述已很熟悉了。在面对苏格拉底的格言“没有人自愿成为坏人”时，亚里士多德将它们提高到哲学层面。不，亚里士多德反对说，坏人是自愿成为坏人的。如果我们可以这样说的话，苏格拉底举的坏人的例子要求我们从“不情愿”开始；事实上，这里涉及各种各样的借口，坏人可以从强迫和无知的处境中找到这些借口；强迫是展现行动根源（arkhè）的外部特征（与行动者相比较）的缘由（这一行动是由强迫所致），而这样的根源又被称为原因（aitia）。相比之下，出于自愿的行动是这样的行动：“其根源在主体内部，也在主体做或不做这件事的能力中。”（1110a16）en hautô（在主体内部）和 eph'hautô（在主体的能力中）在词汇层面上的联系对我们十分重 142
要。此处的 hautô 预示着在我们以后的词汇中被称为“自我”的东西，在亚里士多德对“自愿”的定义中，hautô 附属于它的双重介词：根源（或原因）在于行动者并依赖于行动者。除了混合性的事例中的强迫的借口，还需去除无知的借口：我们要合理地自发地做我们因为无知所做的事情（不管无知是对事实条件的无知，还是对规则的无知），我们就应该在事后感到后悔。这两种借口策略是相互排斥的，对 hekôn 的上述定义很容易让人接受。

地面一旦被清扫，亚里士多德最重要的概念，即 prohairesis（决定）——或者，如果我们想最接近希腊语的话，是优先选择——被置于尊贵的位置上。有了这个概念，我们就接触到我们意向的深处，而意向比外在行为更能帮助我们判断民族习性（l'ethos）的特征。在陈述它不是的那些东西［欲念、冲动（thumos）、希望］后，应该要说说它是什么了：一种被先前的慎重思考所规定的自愿。在 prédélibéré（慎思之前）的 pré 中可以被重新发现 prohaire-

sis（决定）的 pro①。从我们研究的这部分开始，我们已经到达了我们置于“对责任的承认”这个标题下的东西的核心。我不会参加对亚里士多德的判断最为重要的讨论，即，讨论在什么事情上，我们不加以认真考虑（永恒的事物、不动的事物或习以为常的事物），在什么
143 事情上，我们要加以认真考虑。在第三卷的语境中，加以认真考虑的事情被说成是手段而非目的；在最后一点上，解释者之间爆发了激烈争论，我也将不参与这场争论。我满足于这样的定义：“所有人似乎［……］是他们行动的始因；可是，慎思（délibération）涉及作为其行动对象的东西，而行动是为了其他的目的。结论因此是：慎思的对象将不是目的而是手段。”（1112b32—33）②

如果我们不服从希望（boulèsis）所构成的决定的补充部分，对明智行为的组成部分的描述就将是不完整的。亚里士多德在对决定的定义之后提到了这一点：“因此，既然‘已决定的’就是‘有意识地向往的’，当然涉及的是我们力所能及的某种事情，决定也将是对我们力所能及的事物的有意识向往的决定。因为，在经过考虑做出判断后，我们根据希望进行祈求。”（1113a9—11）③ 既然大家承认，我们思考的是手段而非目的，这样的联系就是可预期的。如果我们可以这样说的话，希望承载着目的，自从柏拉图《高尔吉亚篇》以后，人们就知道如此。不涉及希望，对“有意识的向往”的描述从此以后就是不完整的。而且，如果希望的对象被归结为对我们来说显得美好的东西，希望大概落在理性伦理学的领域之外；我们或许只会徒劳地与柏拉图及其对至善的辩护背道而驰。如果实行
144 公正判断的标准（在所有道德活动的分支中因为道德高尚而出现这类情况），这样的结论就可以避免，所谓道德高尚就是“médiété”（中道）规定的对个人的要求，前面考察的在第四和第五卷之间的每种德性事例就涉及这种中道。在每个事例中，标准不再是人，而是道德高尚。在这里被预期的东西，是有关 phronèsis，即实践睿智

① 指“前”。

② 《尼各马可伦理学》，69 页。

③ 同上书，70 页。

的学说，或如我们传统翻译的那样，是有关审慎的学说；这种实践知识对于我们自己的一系列研究是一种主要参考。

因此，正因为有了 phronèsis（实践睿智）这个概念，我们在承认责任的氛围中不再借用亚里士多德的道德行为概念。在定义德性时已经预示它的出现："指导决定的习惯状态，存在于一种相对于我们的中道中，它的准则就是道德规则，即，将明智（phronimos）赋予他的准则。"（1106b36—38）但为了将 phronèsis 作为主题，就必须改变层次，从道德的所谓德性或性格德性过渡到理智德性。这种层次的转变对我们很重要，因为有了这样的转变，分析就可以提升到我们早就说过的反思的水平。但值得注意的是，对这种德性的对象进行定义不能脱离它的主体（明智的人）。médiété 问题——对中道的评价——在论证中确保了两种德性之间的转换：如果中道在道德德性中由公正的规则（orthos logos）决 145
定［这样的规则也被称为准则（horos）］，公正的规则就是实践睿智的成果。

与第二卷关于德性的论文的联系通过参照人之为人的使命（ergon）得到保证。在这里，论证过程从种进展到属差：种是习惯状态，而属差恰恰是工作概念。约里夫在他对理智德性的注释部分评论道："理智德性，就像道德德性一样，应该使它的主体出色地完成他的工作。"（《尼各马可伦理学》，第三卷，443 页）因此，对真理目标的阐明在理智德性的层面上占据了中道概念在性格德性层面上所占据的位置。通过判断行为，决定从此以后扎根于实践理智的活力中。欲望追求的东西，思想阐明的东西，即目的，是同一种东西。约里夫继续写道："亚里士多德教导说，当思想是真实的，即，当思想所说的目的真是目的时，欲望就是道德高尚的，并且欲望是公正的，即，欲望追求的东西恰恰是通过思想与真理一起被陈述的目的；思想的肯定和欲望的追求因此完全吻合。"（同前书，447 页）在慎思（délibération）是否针对方法这点上不再有必要将第六卷和第二卷对立起来。重心转移到这个问题上：在确定中道时，"如前所述，按照公正的规则行动"（1138b18） 146

意味着什么呢？确定内在于这种公正规则的准则要求被称为计算的理性部分与处于习惯状态的欲望之间共同作用。这就是有意识的欲望观念所表达的实际思想：这种实际思想是快乐行为的关键，在思想层面上的实际真理是对欲望的补充。

我们研究最为关切的明智的特征涉及 phronimos（明智）在 phronèsis 中的含义："掌握明智是什么的最好方法，就是考察语言将什么样的性质归属于 phronimos。"（1140a24）① 这样的宣布构成了我们研究中的重要里程碑，它关注在描述明智行为时主体观点的出现。通过考察语言，这位哲学家深化了它的证明。他不仅仅考察语言，而且考察某些典范人物的证据，如伯里克利的证据。这位哲学家仅仅给论证提供了实际的三段论的格式（这种论证将明智之人的观念作为"经过思考的善"确定为主要的观念，将不确定的处境的观念确定为次要的观念），其最终目的是将明智定义为"真实的、以理性为基础的（meta logou）习惯状态，它指导着行为，并将对于人类的好事和坏事作为对象"（1140b4—6）。实践判断给适合于
147 人类的 ergon（使命）的观念赋予了丰富的内容。在这方面，正如伯里克利这个例子所证明的那样，实践的明智与政治的联系要超过与思辨哲学的联系。

亚里士多德最后回到对 phronèsis（实践睿智）的定义，它以"慎思的善"这一主题为基础，但这是为了给它补充一个与我们有关的特征：为了指导行动，实践的明智应该从一般的认识发展到特殊的认识。在这条重要的评论中，我察觉到了对下述事情的预示：我们今天把它形容为"适宜的行为"。实践的明智是这种察觉，是这种对不确定处境的一瞥，它瞄准的是适宜的行为。适宜的行为与我们所说的是谨慎的行为主体不可分离：如果他有时有"好主意"，这似乎是因为他是一位专家，能够辨别"他自己的利益"（1141b33），或如特里科（Tricot）喜欢翻译的那样，"知道适合于自己的好处"（出处同上）。［伽达默尔把 to hautô eidenai 翻译成 Sichwissen（自

① 《尼各马可伦理学》，172 页。

识)，(《真理与方法》，298 页。)〕的确，亚里士多德没有牺牲政治，让这种自我反思的明智占据所有场所。但如果他不知道“克己自制”(1142a10)，明智之人如何可能在他自己的范围之外有“好主意”呢?(特里科译文)

我在这里不再引用从荷马到亚里士多德的希腊的基本资源。我们将坚持宣称希腊人忽略了意志的概念、自由意志的概念、自我意识的概念吗?是的，他们在那些已成为我们的范畴的名义下忽略了 *148*
它们;但他们在道德理解(在这里围绕对社会行为的细致分析)的层面上已经在他们与我们之间建立紧密联系。在这方面，亚里士多德关于性格德性和理智德性的论述属于 phronèsis(实践睿智)，这种实践睿智既构成了人们所说的德性之一，又构成了史诗模式、悲剧模式，最后构成了伦理的哲学模式之上的话语持续性的内在原则。哲学家是讲出这种难于理解的明智话语的 phronimos(明智的人)，他在明智行动问题上重走从荷马到亚里士多德这些希腊人走过的道路，而人们承认采取这种明智行动的人是负责任的。

Ⅱ 关于有能力的人的现象学

如果这是现代思想沿着古希腊关于自我承认思想前进的标志 *149*
点，这主要不是在主题层面上，即，对责任的承认的主题层面上，而是在这种承认所涉及的自身的反思意识的层面上。让我们给这种反思本身取一个名称，即“自我性”(ipséité)，这个词在法语中相当于英语的 self 和 selfhood。的确，希腊人已经知道使用自反代词 hautô/heauto，我们已经举的许多例子表明了这一点。但在日常语言的范围内，就像我们一直做的那样，这种使用是自发的使用。为了属于他们的哲学的宇宙论和本体论表述的各种理由，他们没有构思一种反思理论，在这样的反思理论中，重点将从行动、从它的结构和德性转移到行动者的要求，有关 phronèsis(实践睿智)的理论可能导致这样的结果，在 phronèsis 理论中，我们很想通过回顾看 *150*
到反思哲学的轮廓。

有一点是无疑的：我们应把在我们所说的自我解释学方向上决定性的动力归功于笛卡尔哲学的我思（cogito）和洛克的反省理论。在这方面，笛卡尔“我思”的出现构成了主要的思想事件，自此以后，我们以另一种方式思考问题，对自我的反思被史无前例地提高到主题的高度。正如我们在我们考察承认/认同的第一研究中采取的措施一样，这种反思的转变首先在理论领域得到表现。继笛卡尔之后，康德和费希特的先验哲学具有使我（je）及其固有的反思性成为理论哲学基石的效果。第二个方面的动力涉及将反思问题扩展到实践领域：我们将它归于《批判》在理论理性与实践理性之间的复制。但这种复制不是为了行动理论的利益，而是为了道德哲学和法权哲学的利益。尽管康德伦理学强烈要求的自律要求（与他律的概念相对）中明确提到自我，这两项围绕责任和权利的广泛发挥几
151 乎没有给作为单独话语要求的自我承认主题留下任何空间。自律的自我在这里并不以其自我指称的能力为特点，而是作为主宰的同义词，在隐藏于自律概念的综合判断中，这样的主宰与法则的理念联系在一起。自律的“自身”（auto）只在这种先天（a priori）综合中才有意义，自身一直没有被主题化。它因此表现为法则的 ratio essendi，而规律变成了主宰的 ratio cognoscendi。这样，自律的“自身”就没有被强调为发生这种关联之时的自我。

如何解释在对待道德自律时抹去“自我性”呢？我想回答说：这是由于缺乏作为实践领域（被置于准则的王国之下）的行动的一种主题化。我在康德对绝对命令的考察中发现了对这种缺乏的证明：如前所述，它的绝对特征的标准存在于普遍性中，而普遍性存在于我们通过普遍性检验的行动准则的能力中。但我们不说准则来自何方。然而，正是在这里，预示着行动的理论。

我的问题由此产生了：在反思哲学的背景中，如何用亚里士多德的理性欲望的概念继续进行他对行动的分析？笛卡尔和洛克开创了这种反思哲学，然后这种哲学又在康德第二《批判》中通过实践的维度得以展开，并被费希特提高到先天力量的极致。

通过对能力（capacités）的反思（这些能力在整体上勾画出有

能力的人类的肖像)，我试图回应这种挑战。这种反思可能既是新 152
亚里士多德主义的，又是后康德的，但不能说是后黑格尔主义的，我在第三研究中已承认这一点。“我能够”最引人瞩目的系列形象在我看来构成了反思分析的脊梁，在反思分析中，在其应用的各种变化中加以考虑的“我能够”赋予曾被希腊人作为主题的行动概念以它的最大范围。

采纳对能力的这种分析构成了自我承认概念的一种正当的财富，这一点在下述两者之间的语义亲缘性中获得了证明：一边是确实性和信心所固有的认识方式，而自信伴随着情态动词“我能”的各种形式所特有的断定；另一边是动词“承认”在词典学层面上的主要语义之一，即“将……当成真实的”，《罗伯特法语大词典》将其置于“认作、坦承、赞成”等一系列变体的首位。从第一研究起，我们已经与辨认—认同（reconnaissance-identification）向承认—供认（reconnaissance-aveu）的意义过渡擦肩而过，后者借助于笛卡尔的这一表述，即，“满怀信心地加以接受”，动词“接受”构成了一系列词义的突出部分（tenon）。在《作为他者的自身》[7]中，我用“证明”这个词描述属于能力范畴的“断定”的认识方式；它完美地表达了依附于形式断定（“我相信我能够”）的信念的形式，并将它与意见式的信念区别开来，这种意见式的信念是理论知识的弱形式。依附于断定的确信（这种断定是通过“我能”的模 153
态形式引入的）不是怀疑的对立面，而是猜测，但这种猜测只能通过一种重新确信才能反驳，这种重新确信是对与被质疑的确定性相同的认识内容的重新确信。

在这个层面上，我的观点是：作为被希腊人（从荷马和索福克勒斯直到亚里士多德）归属于行动主体的“对责任的承认”的延伸，在证明与自我承认之间存在一种语义上的紧密联系：在承认已经采取这样的举动时，行动者内在地证明了他们对此是有能力的。古人与我们之间的重大区别在于，我们已经把证明与承认（在“当成真实的”意义上）之间的结合提高到反思的阶段。

可是，在证明和承认之间存在着一种意义的间距，这是因为它们属于不同词类。证明与见证（le témoignage）属于同类，后者分化为几种词义：从这个词在日常对话中的用法，走到它在历史编纂中的用法，再到法庭上的用法，最后到它在宗教领域中的用法。根据纳贝尔在他的遗著《神的欲望》[8]中的表述，在宗教中，见证的价值被赋予这些偶然迹象，这些偶然迹象是绝对（absolu）自身在历史中给予的：人们因此谈论“绝对的证据”，因为如同这个词表明的那样，见证由此变成了批判性转向的一种“神的标准理论”的实
154 在补充。在它那里，对自我的承认属于它与承认—认同和承认—Anerkennung（肯定）相吻合的语义领域。在分割为确定性和“我能”的确信时，“证明”和“自我承认”这两个语义领域表现出它们各自的和谐，因此给我打算称之为承认—证明的东西带来了丰富性和深度。由模态动词“我能够”引入断定的确定性属于这种混合物。

对得到证明和承认的能力的后续分析将几种原始特征归于它的反思策略：首先，这是属于曾被希腊人首次作为主题的行动观念的形式的范围和变化。

但与希腊人的分析相比较，这种分析的新颖性不限于“我能够”的一系列语式（figure）的广度和有序特征，而在于其在间接特征、中间特征方面的次要地位，这种特征在我看来描述了在各种反思哲学中的一种解释学方法。在这方面，我要感谢纳贝尔[9]，因为他关注从经验（他从发挥能力的观点来看待这些经验）的“客体”方面所做的迂回。我觉得，在回到“谁”之前，自我的反思特征本身明确地要求经过“什么”和“怎样”的迂回，而自我，在自我指称时，自己承认自己。

155 在自我解释学的两种最初的特征，即，除了对能力进行考虑（这些能力通过“我能够”的模态形式来表达）和经过客体的迂回（为了将反思价值赋予自身），还要加上第三种特征，这种特征是由同一性和相异性的辩证法构成的。最后一种因素对关于承认的哲学所显示的雄心最为重要（我为那种哲学做辩护）。在承认/认同的自主行动开辟的轨道上（这一点已在第一研究中讨论），自我承认根

据这最后的辩证法提出了有关“得到承认”的问题，第三研究所讨论的相互承认的要求包含这一问题。在这个意义上，自身的承认占据着这条长长轨道上的中间位置，而原因恰恰在于相异性的种种特点。在“我能够”的语法指出的具有种种能力的主体的自我指称的中心，相异性与前面强调的其他两种特征结合了。这两种特征就是：以它们所发挥的能力来描绘行为的特点，通过被考察的经验的客观方面对反思进行迂回。

1. 能够说

与读者可能的期待相反，我将不按照从古希腊的基础中得到的那些例子直接进入与行动相关的能力（就行为介入世界而言），而 156
是一开始从做事的能力（pouvoir faire）回溯到话语的使用所涉及的能力。这种“我能够”的领域的扩展，以及在此意义上的行动的扩展，以我所说的行动的类比为根据，而这种类比确保了做事的能力的各种形式之间的意义联系，我要列举和分析的就是这些形式。这种对“我能够谈论”“我能够言说”的被承认的优先性得到了双重的证实。首先，史诗、悲剧和亚里士多德的行动理论中的行动主体和受难主体是一些发言的主体：荷马笔下的人物们，尤其是悲剧英雄们不停地谈论他们的行动。当他们得到承认时，他们就说出自己的名字；当他们被否认时，他们自己就互相招呼；至于决定的主体和希望的主体，它被称为他们所做的事情所依赖的“原因”和“本源”。哲学家让他们谈论他们的行为。但这是有关话语的现代语用学才使之出现的一种理由。这种理由在于：根据哲学家奥斯汀的著名说法，谈话是“用语词做事”[10]。在以说的能力作为能力观念的开端时，我们一下子赋予人类行动的概念以一种外延，这种外延为将我描述为有能力者的人提供了根据，这种自我的诸多能力获得了承认。因此，行动可能是人类学哲学层面上最适合的概念，而这些探索正是处于人类学哲学中；行动概念可能同时属于亚里士多德著名主张的延伸，这种主张涉及基础本体论层面的存在概念，根据这 157
种主张，存在可以多种方式来表述，其中就包括作为能力（duna-

mis）和行为（energeia）的存在。在基础人类学层面上的行动概念处于这种词义系统中，而这种词义系统属于最初的多义性，即存在概念的多义性。由于受到这种无可置疑的保护，将说的能力视为有能力者的杰出能力得到了当代分析所强化的一种优先性的保证，而这种当代分析属于话语语用学。

说的能力比“我能够”的其他使用方式更容易以间接的方式获得，同样，它也适合于在使用严格的语义学方法之后而采用的反思方法，而这种语义学方法的主要概念就是陈述（statement）概念，在模棱两可的事例中，它的意义由于话语的特定语境决定。通过回溯的方式从“客观的”陈述对象进展到陈述活动（énonciation）和它的陈述者，语用学给反思哲学提供了一种宝贵的分析工具。通过话语行为理论，反思方法与指称方法结合起来，从奥斯汀和塞尔（Searle）开始，这种话语行为理论就成了这门学科的经典理论。这种理论首先是作为述行语（performatifs）而保留的，而述行语被称为述行语是为了与述愿语（constatifs）相区别，这种理论延伸到了一切陈述的语旨方面，其中包括以“我肯定……”的形式而存在的述愿语的语旨方面。这样就证明了有能力的人的解释学的第二种特
158 征，即，绕过一种陈述的语义学所追问的“是什么”的问题，达到“谁谈论”这个问题中的“谁”。陈述的陈述者还有待于阐释。对它的指称要通过求助于指示功能来实现，这些指示功能是限于“显示”单一性的语言工具，而单一性超越了属的规定；人称代词，时间副词和地点副词，动词的各种形式，确定的描述，乃是指称的常用方式，说话主体的自我指称就属于这样的指称。在“我说……”这个表达式中，“我”不是语言系统的一个词项，而是作为自我指称的一个表达，通过这样的表达，说话的人使用第一人称单数的人称代词指称自己。因此，它是不可替代的。

我们关于承认的研究尤其对第三个特征感兴趣，通过第三个特征，对说话主体的反思与一种有能力的人的解释学联系起来。说话主体的自我指称产生于交谈的情境中，反思性和相异性正是在这样的情境中结合在一起：一个人宣布的话语面对着另一人的话语；而

且，它可能是对来自另一人追问的回应。就话语涉及说话者和对话者而言，问题—回答的结构就这样构成了话语基础的结构。在这方面，如果话语行为理论没有在这些行为的语旨特征和它们的对话特征之间建立联系，话语行为理论就不是完整的。“我肯定……”这 159
种简单的述愿语支持了它固有的语旨特征，这里的语旨特征是对同意的默默要求的特征，而同意使述愿语更强化了它自身的可信度。自我指称从追问中得到了比语旨力量的增加更多的东西，这是一种基础的角色，因为根据在一个既定的文化中支配姓名分配的约定俗成的规则，专名的归属构成了对说话主体的真正的确立，这个说话主体能说“我，这个人，我叫保罗·利科”。

2. 我能做

模态形式“我能够”的第二种主要用法与在术语的限定意义上的行动本身有关，它表示一种使事件在行动主体的物理和社会环境中发生的能力。从这种“使……发生”中，主体可以在以下形式的宣布中承认自己就是“原因”，这种宣布就是：这件事是我干的。这就是荷马的人物和悲剧英雄们能够肯定的东西。对于我们现代人，这一自居的句子已经失去了它的素朴性；它应该以客观化的行动来重新获得，这些客观化的行动使人们有意使其发生的事件和简单发生的事件相互吻合。我们可以回想一下康德对经验类推的表述（在关于判断的先验分析论部分）：“一切变化皆依据因果联系之法 160
则发生。”某种以前不存在的事情的发生只能意味着根据一种规则紧随着其他事物而来；没有任何客观的差别将“使……发生”与“发生”区分开来。

与“使事情发生”和“事情简单地发生”的相吻合相反，我们可以首先提出对行动语句的语义特征的分析，而行动语句的开放结构有别于封闭的系词命题（A 是 B）。我们可以写道：布鲁图斯于 5 月 15 日在元老院用匕首刺杀了恺撒，等等。在这种行动语句的语义基础上，我们可以提出“因为”的两种意义，这两种意义依附于对“为什么”的问题的回答。第一种意义代表了在有规则的连续意义上的原因，第二种意义代表了行动的理由，代表了一种意向。G. E. M. 安斯康（G. E. M. Anscombe）在《意向》[11]一书中评论道："一个知道如何做事的人对此有一种实际的知识。"一个动机，不同于原因，它就是行动的动机本身：它在逻辑上包含在已做或将做的行动的概念中，动词 wanting（想要）的语法结构就证明了这一点。另外，语句的开放结构让我们根据环境的最大可能的语境，根据一种文化特有的规则和规范，对举止进行解释。

但在"有意识地使发生"和"按因果方式发生"之间的首要对
161 立可能因关于任意事件的本体论而变得微弱。这种本体论就像唐纳德·戴维森（Donald Davidson）的本体论，它使得存在于事件的类别与在固定物体意义上的实体或事态的类别之间的鸿沟被填平。行动属于第一种类别。请保持"意向"的副词用法，即以下表达式："有意识地"做。这种用法往往使得以理由来进行说明成为一种基于事件本体论的因果说明。因此，一个行动的最初理由成了"它的原因"[12]。

如果我们没有回溯到客观化的过程，这样的归属就不可避免，而这种客观化过程将行动语句的什么—为什么和两者与"谁"的关系区分开来。意向的意义既依附它的陈述方面又依附它的描述方面。将属性赋予一个人（我们称之为"归属"）构成了有意识行动的意义。在这方面，对行动语句的逻辑分析（这种语句涉及"什么"和"如何"）不能去除对行动者的指称，这个行动者即是他的行动拥有者。将行动归属于行动者组成了在"使……发生"意义上的行动的意义。

当代的讨论在这里重新发现了亚里士多德的理论，这个理论在对行动的阐释方面将行动对行动者的依赖的标准与它的根源的内在性的标准结合起来。关于归属的当代语法把这种分析提高到语言学层面的讨论所涉及的层次，这种分析接近常识和文学修辞的用法。
162 当"归于"（attribution）这个词涉及行动和行动者之间的关系时（关于这种关系，人们说，行动者拥有行动，这个行动是"他的行动"，它被占有），"归属"这个词强调了"归于"这个词的特殊性。

在仍属话语语用学的词汇中，"归属"意指行动者本身的能力，这个行动者被称为正在行动或已经行动的行动者。它把"什么""如何"与"谁"联系起来。这种"支配的"联系（在希腊人那里，这种联系只找到一些隐喻：领航者、父亲、房屋的主人）似乎反映了一个原始的事实。在《斐多篇》中，当柏拉图解释为什么苏格拉底宁可待在他的牢房中而不是逃走时，他毫不迟疑地将原因理念一分为二。亚里士多德在斯多葛派之前就宣布说：存在着依赖于我们的事物，但也存在着其他事物，这些事物属于传统上被称为自然、必然性和命运的原因："但我们思考我们力所能及的东西，即，思考可以成为行动目标的东西。"（《尼各马可伦理学》，第三卷，5，1112a31—33）[1] 康德（失去所有素朴性）在著名的第三个"纯粹理性的二律背反"中将与物理的因果性相对的著名的自由原因置于相同的宇宙论层面上；引起思索的东西，是"自动（von selbst）地从一系列现象入手的能力"（A448，B478），这一系列现象根据自然法则而展开。对我们而言，困难在于不让这种"原因的自发性"被纳入归罪（imputation）的道德现象中，而做事的能力构成了归罪的根本前提。这种做事的能力限于着手容纳一系列不连贯行动的能 *163* 力，这种能力将一种完整性赋予这一不连贯的行动，而这一完整性以后将在叙述中发现其配置规则。如果缺乏这种配置的行动，开始的效力似乎是无限的，我们追问一个决定的影响时就是如此：历史学家和法学家清楚地认识到从中发展出的矛盾。一个人的行动与另一个人的行动的交错提出了类似的问题。在这样交互作用的复杂情况中，如何限定每个人的部分行动？因此应该信赖行动主体的供词，因为他承担责任并具有主动性，他感到，有能力行动的力量就体现在这种主动性中。

3. 能够叙述和叙述自己

在这个关于有能力的人的现象学中，我把与叙述行为相联系的

---

① 《尼各马可伦理学》，68 页。

人格同一性问题置于第三位。在“叙述自己”（se raconter）的自反（réflexive）形式下，人格的同一性表现为叙述的同一性。

有能力的人的问题表现出来的第三种特征在这个过程的叙述阶段十分显眼，对说话者的反思开启了这一进程，而对行动者的反思使这一进程继续下去。

除了给予能力（与实现相比较）的特权外，经过“外部事物”
164 的迂回在叙述的范畴内通过一种区域符号学（sémiotique régionale），即，叙事学显示出来。我在这里不是想强调这种叙述符号学的原创性，而是强调它与亚里士多德的《政治学》的模式的深刻联系。亚里士多德正是为史诗和悲剧设计了他的“情节”（muthos）概念，这一概念表示对行动的“模仿”（mimèsis）。情节给一种由意向、原因和偶然组成的混合体赋予了整体特征；从中得到的意义的统一建立在一种动态平衡上，这是在和谐的要求与对不和谐的承认之间的平衡，直到叙事结束，这种不和谐将这种独特的同一性置于危险的境地；应用于叙事的断断续续的统一力量就是“诗意”本身。这种赋予轮廓的行动的一个重要内涵与我们直接有关，即，情节既是人物的情节——“个性”——也是行动的情节。人物就是在叙事中行动的人。人物的范畴因此也是一种叙事的范畴，他在叙事中的角色属于和情节本身相同的叙述的理解：我们可以说，人物自身就是情节。

当代叙事学正是建立在这种明显的关联上，我们可以把将这门学科追溯到弗拉基米尔·普罗普（Vladimir Propp）[13]的《叙事形态
165 学》。这位作者努力将“功能”（即行动的重复部分）与人物区分开来，只用一连串的功能来定义故事；通过与功能相比较，人们可以尝试建立一种相对于他们行动领域的角色类型学。

这样的事业，这一延续到格雷马斯[14]及其叙事功能模型的事业，证明了一条直觉的假设，即，情节支配着下述两方面的相互产生过程，即，性格的发展与叙述的故事的发展的相互产生过程。

关于有能力的人的现象学根据叙事学的迂回将牢记这一点：应该由情节和叙述的读者根据布局的模式重塑他自己的期望，而想象

在虚构的层面上产生的情节给他提供这样的布局。一种“接受美学”[如 H. R. 姚斯（H. R. Jauss）[15]的美学]，就这样给根据书写和阅读构成的叙述理论补充新的方面。这样，一个读者可以宣称根据某某情节的某某人物认出了自己（se reconnaître）。还应该补充说，这样的自居作用可以具有多种形式，从依样画葫芦式的模仿的陷阱（如在《包法利夫人》中），经过迷恋、怀疑、拒绝的全部阶段，到寻找认同模型和它们的诱惑力的恰当距离。学会“自述”，可能就是这种批判性自居（appropriation）的好处。学会自述，也是学会以其他方式自述。

通过“以其他方式”（autrement）这个词，一个完整的问题提出来了，这就是与叙述的能力和自述的能力相联系的人格的同一性 166
问题。我提议用叙述的同一性这个术语既描述问题又描述答案。

这个问题是自我和行动本身的时间维度问题，在前面的分析中，这种维度可能已经被忽视了：陈述与陈述者的相关性，行动力量与行动者的相关性，似乎可以描述出来，而不用考虑这样的事实，即，陈述者和行动者有一段历史，他们是他们自己的历史。

正是在这样的范围内，在时间方面考虑的人格同一性可以被定义成叙述的同一性，这种叙述同一性处于情节赋予的一致和由被叙述活动的突变引起的不一致的交叉点上。相应地，叙述同一性的观念导致了接近自我性概念的新方法。不参照叙述同一性，这个新方法就不能展开其特殊的辩证法，即两种同一性之间的关系的辩证法，同样（idem）、相同（même）的不变的同一性，自身、自我（对其历史条件已加以考虑）的流动的同一性。在叙述理论的语境中，相同性和自我性的具体辩证法在通过承诺理论达到其极致之前得到了它最初的发展。

我们的第一个研究，处理了承认和认同之间的关系，只认识到在事物的数量的同一意义上被理解的 idem（同样）的同一性，这种事物在各种情况下被当成是相同的；通过出现、消失、再出现的辩 167
证法，我们已经注意到，重新认同（它相当于标准）可以引起犹疑、怀疑和争辩；因此，为强化数量同一性的假设，我们可以将几种情况之间的酷似作为质的同一性的间接标准。如果没有，被当成相同个体的发展的最初阶段和最后阶段之间的不被中断的连续性可以消除怀疑，并且可以掩饰被抑制在不可认识的事物的动人经验中的威胁，继普鲁斯特在著名的“化妆晚餐”（这一幕在接近《追忆逝水年华》的结尾处被记述）中提到了这些经验之后，我们也想起这样的经验。我们没有因此放弃 idem（同样）的同一性的领域。

可是，叙述同一性没有排除这种同一性，而是把它置于与 ipse（自身）的同一性的辩证关系中。通过由此理解在时间中的持久性特征，我们可以把这第一种同一性归于性格，而这种时间中的持久性的范围从被基因密码（用数字的标记确定，在这些数字标记上，添加相貌、声音、步态）所标识的生物同一性，经过稳定的习惯，或如人们所说，养成的习惯，一直延伸到偶然的标记（通过这种标记，通过尤利西斯的伤疤，一个人得到承认）。至于同一性——ipse
168（自身），正是虚构产生了大量富有想象力的变化，借助于这些变化，人物的变化往往使相同性（même）的同一性成为问题。人物的同一性问题变得如此混乱、如此难以理解，以致人物的同一性问题隐藏在这个赤裸裸的问题中：我是谁？这当然是极端的例子。说到底，不可辨别的东西在失去专名（被简化成首字母）时变得无法称呼。如果这个人回避所有的伦理同一性（在为他的行为负责的能力的意义上）问题，自我性才可能消失。自我性在这个层面，在承诺的能力中，发现了它与相同性的同一性的最终差别。日常经验，更多地受到日常实践的推动，而不是受到出自虚构或故事的叙述模型的推动，它摇摆于相同性和自我性这两极之间。通过全面考察日常实践的叙事化的每一个层面（从短期的行动，经过职业实践、手艺、活动、生活计划），麦金太尔（MacIntyre）提出“生命的叙述统一”的概念。根据麦金太尔的看法，以叙事的形式把生活聚集起来的观念是能给“美好”生活的目标提供一个支点的唯一东西，这种生活目标是他的伦理学的关键，它同样属于我的目标。的确，如果这种生活不能被聚集在叙事形式中，一个行动主体如何能给他自己的生活赋予一种伦理品质？然而，虚构上的差别是很大的，这些

虚构牵涉到生命开端的模糊性，牵涉到不仅笼罩其目的，而且笼罩 169
其简单的持续性的不确定性。无论出生（早就发生），还是预期的死亡（害怕或接受），都不构成叙述的开始和结束。至于生命的变迁，它们仍然寻找叙述的布局。正因如此，我要在环境的挑战下（这种环境将会摧毁相同者的同一性），进一步承诺承担自我性（ipséité）的命运；勇敢的格言“我将坚持”表达了自我性的危险标准，它把自我保持在相同性的安全之外。

我们提到不同于 idem（同样）和 ipse（自身）的辩证法的另一种辩证法，即，与相异性对立的同一性的辩证法，同时，我们将大致描述这一触及叙述的同一性的问题。同一性问题有两个方面，私人的方面和公共的方面。一段生命的故事伴随着别人的故事。著作家威廉·夏普（Wilhelm Schapp）在《陷入历史的泥潭》（*In Geschichten verstrickt*[16]）中甚至主张：历史中的纠葛，远未构成一种次要的复杂情况，它应该被看成在这方面的最初（princeps）经验，被看成是在叙述同一性问题或其他问题之前的历史复杂性。通过考察这部著作，我既努力重视自我同一性与他人的同一性之间的辩证法，又努力重视 idem（同样）与相同之间的辩证法，无论在人物的层面还是在行动的层面都是如此。

这样的错综复杂既可以在个人层面又可以在同一性的集体层面
被观察到。应该在这里预计到人们以后就集体记忆相对于个人记忆 170
的地位所说的一切。就像我主张的那样，如果我们同意将记忆的能力归于所有主体，他在任何人称代词中发现了他们的词汇表达，整个集体就有资格借回忆的特定活动之际说说“我们其他人”。在经受与他者的对立的考验时，叙述的同一性显示出它的脆弱性，而他人是与个人或集体有关的。检验个人同一性或集体同一性的脆弱性的这种威胁不是虚幻的：显而易见的是，自从有可能像上面提到的那样，以其他方式进行叙述以来，权力的意识形态以一种令人不安的成功着手操纵这些脆弱的同一性（它通过行动的象征中介，并主要借助于叙事布局的工作所提供的变化的根源达到这一点）。这样，这些重新配置（reconfiguration）的资源（ressources）就变成了操纵的资源。一种同一性的尝试在这个被破坏的基础上盛极一时，这种尝试在于从 ipse（自身）的同一性后退到 idem（同样）的同一性。

4. 可归罪性

叙述同一性的脆弱性把我们带到了对有能力的人的最后一轮思考的入口。一系列的问题："谁说话""谁行动""谁自述"在"谁
171 能够被归罪"的问题中取得了一个结果。这个概念把我引导到了问题的核心，从提到荷马史诗的时候起，我们把这个问题纳入对责任的承认的术语下。正是在这点上，我们和希腊人之间关于行动概念的主题的联系是最重要的。也是在这点上，我们要求的概念进展是最明显的。归罪的概念本身只能在一种文化中得到澄清，这种文化一方面将对自然现象的因果解释一直推进到人文科学的核心，另一方面设计了一种道德和司法学说，在这个学说中，被制定的法规以责任为中心，这些法规将不法行为和惩罚置于正义的天平上。关于有能力者的现象学突出了在可归罪性中获得它的最合适表达的能力。这个词本身暗示了一种计算的观念，它使得主体对他的行动负责，达到了能够把它们归于自己的程度。这个观念以什么补充归属的观念呢（而归属是将行动归于它的主体的特殊类型）？它增强了承担其行动后果的能力，尤其是那些被当成损害、错误的行为，其他人被看做这些行为的受害者。我们已经发现古人把赞美和谴责加到了对属于优先选择范畴、前思考范畴的行动所做的评价上。
172 赞美和谴责因此属于一些弥补措施组成的更广阔的领域，人们呼吁用这些弥补措施补偿给他人造成的损害。

因此，一道门槛，即权利主体的门槛被跨越了。一个把自己作为有能力的主体的特殊方法隶属于能够客观描述的能力。

让我们从谓词出发，这些谓词被赋予作为可归罪性的行动本身：这些谓词是些伦理道德的谓词，它们要么与善的观念相关，要么与责任的观念相关，这些谓词让我们能判断和评估被允许或禁止的行为；当这些谓词以反思的方式应用到行动者自身时，行动者被

说成是能够归罪的。这样，因为可归罪性，有能力的主体概念达到了它的最高意义，而它包含的自我指称的形式包括 sui-référence（自我指称）的既有形式并以某种方式概述了这些形式。

在一种严格的司法意义上，归罪以全部责任为前提，这些责任以否定的方式通过对违反成文法的行为进行精确列举来加以限定，而弥补所犯错误的民法责任和服从惩罚的刑法责任与此一致。承担弥补损失的责任和忍受惩罚的责任的主体被认为难辞其咎。

一种语义分析首先涉及算账的隐喻——也可以说是将行动记在账本上；这种隐喻暗示了一种关于对优缺点进行道德上的模糊比较的观念，这犹如有两个栏目，即贷方与付方的大账簿，表示一种盈 *173*
亏对照。根据对这种奇怪的记录对照表的解读，这种道德记录（record）的隐喻隐藏于表面陈腐的说明观念中，而且隐藏于表面上更陈腐的在报告、叙述意义上的说明观念中。在这里让我们感兴趣的，是隐喻的司法化（juridisation）。《罗伯特法语大词典》在这方面引用了 1771 年的一段重要的文本（《特雷乌词典》）："把一个行动归因于某人，就是把它归因于一个真正的行为人，也可以说是把责任归咎于他（mettre sur son compte），并使他对此负责。"让我们暂时保留从归罪观念向更大的责任观念的过渡问题。让我们关注将一个行动归于某个真正行为者的观念。我们重新发现了我们在将一个专门谓词（物理的和心理的）归于某人意义上的归属概念，但我们发现这个概念被道德化和法律化了：这里涉及将一个可谴责的行动归于某个真正的行为者。

这种法律化不能掩盖这种归属在它的宇宙论和伦理学的双重表述方面的疑难特征，而古人不能察觉这种归属的深刻性。康德表达二律背反，这种二律背反源于因果性的两种对立意义之间的冲突。在紧接着对自由的因果性论题的陈述的"注释"中，我们可以读到这样一段话："关于自由的先验理念说老实话远远不能形成这个理 *174*
念的心理学概念的全部内容，心理学概念大部分内容是经验的；先验的理念仅仅构成行动的绝对自发性的概念，把它作为行动的可归罪性的基础；但它是哲学真正的妨碍，哲学在承认这种无条件的因果性时发现了无法克服的困难。”（A448，B476）① 有关权利的学说以同样的方式说：“就一个行动在责任的法则下被思考而言，因此就责任的主体从裁决者的自由的观点出发而被思考而言，事实（Tat）就是行动。行动者通过这样的行为被当成了效果的制造者（Urheber），并且假定他事先已经认识了法则，这样的行为，以及行动本身可以被归因于他，而根据这样的法则，一种责任使每件事情都变得沉重……一个人是这样的主体，他的行动是能够归罪的。而事物是不能进行任何归罪的。”[17]可归罪性的被司法化形式导致在报复的外表下掩盖了对道德主体的归属之谜，它处在无条件的因果性的宇宙论层面，这种无条件的因果性被称为“行动的自发性”。[18]

现象学的哲学和解释学的哲学承担了被悬置的关于自我指称的
175 问题，这种自我指称依附于可归罪性（可归罪性是归罪的能力）的观念。从古典的可归罪性观念向更现代的责任观念的过渡在这方面打开了新的视野。这种观念抵制通过危险观念、确保观念、预防观念取消或至少限制过失的观念——这种抵制在这方面是有启发性的。责任观念使可归罪性的观念避免被还原到纯粹的司法形式。它的第一个优点就是强调损害或错误所包含的相异性。并不是因为可归罪性概念对这种关切很陌生，而是因为违反的观念倾向于面对面地只将被违反的法律给予违禁者。人们在康德的权利学说中读到的惩罚理论（以“惩处的权利和特赦的权利”为题）只认识了违反法律的错误，并以报复来定义惩罚，因为罪犯只因为他的违法的罪行就应该被惩处。由此导致像消灭寄生虫一样或者排除对犯人的自行修正的事实的所有考虑，或者取消对保护公民的所有思考。在这种或那种补偿形式下的弥补组成了惩罚的一部分，它的标准就是使罪犯根据他的错误而受苦。这种用使其遭受苦难作为违禁回报的做法往往掩盖最初的苦难，这最初的苦难就是牺牲者的苦难。责任的观念重新使得可归罪性观念指向最初的苦难。可归罪性因此发现了暴力行为的现实的或潜在的受害者的不同方面。

① 《纯粹理性批判》，376—377 页。

这种重新定向的一个方面与将责任范围扩展到损害之外有关，
而这些损害的制造者和受害者被认为是同时期的人；通过引入危害 176
（nuisance）观念，这种观念与在空间和时间中人类对地球和宇宙环
境的影响的扩张有关，汉斯·约纳斯（Hans Jonas）的《责任原
理》[①] 相当于对严格的司法词义上的可归罪性观念重新进行决定性
的道德化。在司法层面上，人们宣布行为人对他行动的已知后果或
预知后果负责，并在预知后果中，为在行动者的直系亲属中引起的
损害负责。在道德层面上，人们被认为要对另一个人、对他人负
责。随着着眼点的转移，脆弱的他人的观念往往代替了处在责任对
象的位置上的受损害的观念。这样的转移通过有关被托付的重担的
邻近观念而变得更方便。我恰对另一个人负责，我对他有责任。这
样的扩展使得易受攻击者和脆弱者（作为被交付给行动者照顾的实
体）成为他的责任的最后对象。这种向脆弱的他人扩展确实包含着
它的固有困难，这些困难涉及关于人类和他的环境的未来脆弱性的
责任范围：我们的力量伸展得有多远，我们的危害能力就伸展得有
多远，我们对损害的责任就伸展得有多远。正是在这里，借助于对
惩罚权利的知识的回忆，即借助于对惩罚的个体化知识的回忆，可
归罪性观念重新找到了它的调节器的角色。归罪也有它的智慧：通
过消除我的行动的“我的”特征，一种无限的责任可能变为冷漠。177
在行动的环境与伤害的可能后果之间的局部的暂时性关系的范围
内，我们应该在逃避责任及其结果与责任的无限膨胀之间发现中
道，并且不让原则—责任长远地来自关于可归罪性的最初概念以及
它补偿痛苦或忍受痛苦的责任。

Ⅲ 记忆和承诺

自我承认的问题通过记忆和承诺同时达到了两个顶点。一个转 179
向过去，一个面向未来。但借助于它们共有的一些性质，它们应该

① 约纳斯为当代德国哲学家，著作有《责任原理》一书。

在自我承认的活生生的现在被一起思考。

首先，它们以原始的方式处于有能力者的能力的阶段：的确，我们如同谈论其他能力一样谈论回忆的能力和承诺的能力，但当每次重点落在实现的契机上时，真正的问题出现了：现在我回忆，现在我承诺。这第一个共同性质为一种处理方式提供了根据，这种处理不同于对前面那种能力的处理。

另一个引人瞩目的性质是：在实现的环节中，记忆和承诺被有
180 区别地置于相同性和自我性（这两种个人同一性的建构性价值观念）之间的辩证法中：通过记忆，虽然通过自我性的同一性特征没有完全缺乏，但主要的重点落在了相同性上；通过承诺，自我性出现的频率是如此巨大，以至人们乐意将承诺作为自我性的范式。

最后，两者都与对意义载体的一种建设性的否定的威胁有关，这个性质不是无足轻重的：为记忆而遗忘，为承诺而背叛。我们准许自己考察能够做事（faire）的各种方式——从能说的能力和能做的能力，从叙述的能力，直到可归罪性，但没有同等地重视与它们相对应的无能。如果我们需要考虑对这些能力的有效使用的心理学维度、社会学维度尤其是教育学的维度，这一点尤其应该受到批评。我们不容许记忆和承诺方面的这种僵局。它们的对立面组成了它们的意义的一部分：回忆，意味着不忘记；坚守承诺，意味着不背叛。这种否定的阴影在对两者分析的领域中将一直伴随着我们的脚步。

1. 我回忆什么？

值得注意的是，正是因为记忆，“承认（reconnaissance）/承认（reconnaître）”[①] 这个词又一次理所当然地凭借对过去意象的承认问
181 题而获得了哲学学说的尊严，而“承认”这个词在词典学的层面上有如此丰富的分支，在哲学语义的层面上又是如此无力地呈现出来。从导言开始，我们已经提到了承认的“柏格森环节”，它处于

① 前一个“承认”是法语的名词形式，后一个“承认”是法语的动词形式。

前一研究涉及 Rekognition（认知）的“康德环节”之后，涉及 Anerkennung（承认）的“黑格尔环节”之前。我们将把这个研究置于柏格森及其“对意象的承认”的主题的广泛庇护下。在柏格森那里，古希腊的 anamnèsis（回忆）概念与它的光荣和陷阱一起恢复了力量。在我进行审视的过程中，“柏格森环节”圆满完成了一系列的分析，这些分析起源于“什么”这样的问题——我回忆了什么？——和“如何回忆”这样的问题——对记忆的回想如何确保回想的动力？正是通过“谁回忆”这个问题，对记忆的承认将等于对自我的承认。柏格森环节将确保这样的结合。

自从在有能力者的标题下展开分析以来（在这些分析中，经过外部事物的迂回有规律地先于返回到自身），我们对“什么”这个问题的优先性已很熟悉了。根据依然作为它的伟大发现的意向性原则，这种秩序还适合于一般现象学的方法。这种经过外部事物的迂回在应用于记忆现象之后，将作为记忆的“客观”回忆录凸显出来。

现象学因此重新与古希腊语所熟悉的对 mnèmè（记忆）与 anamnèsis（回想）所做的区别建立了联系，亚里士多德的一篇著名 182
的短文谈到了这种区别，我们已经熟悉这篇论文的拉丁文题目：De memoria et reminiscentia[19]。mnèmè-memoria 表示对已结束的过去的意象向心灵的单纯呈现：一种对过去的意象回到了我的心灵中；因此，这是一种消极的环节——一种伤感——与首先占据我们心灵的回忆的积极回归相对立。然而，亚里士多德的论文中的 mnèmè-memoria 值得我们关注，因为他的分析揭示了矛盾，这个矛盾就是缺场的事物出现在意象中这样一个谜团，而这个意象恰恰再现了缺场的事物；这里，问题的关键是，这种 eikôn（形象）的认识论地位，该形象既呈现出来又相当于它指代的另一事物。这种记忆意象的符号构造永远不会从我们视野中消失。通过给予印记（tupos）的观念以一种阐释的力量（尽管它有明显的隐喻特征），《泰阿泰德篇》[20]已经试图解决无足日动物的问题：一个指环留在蜜蜡中的印记的观念在几个世纪中将作为痕迹观念的原型而保留下来，我们借助于痕迹的分支，可以认识它的状况。为此，我区分了三种痕迹，由神经元科学处理的皮层的痕迹；印象的心理痕迹，即，人们所说的强烈的甚至具有创伤性的事件在我们的感官和感情上留下的心理痕迹；最后是保存在我们私人或公共档案中的资料的痕迹。我在这里不考虑由痕迹的多样性所提出的问题；我只保留这个谜团的增加，这个谜团涉及已结束的过去（这是由痕迹的观念产生的）出现
183 在意象中：的确，每一个痕迹都在场；痕迹被当成戒指在蜜蜡上“拍打”的痕迹，并且具有最初冲击效果的明显矛盾的地位，而痕迹同时可能是最初冲击的符号：结果是原因的标志，这就是痕迹之谜——所有这些一直取决于解释它的观念。

正是在这里，遗忘的问题突然出现了。的确，就像人们所说，对痕迹的辨读假定它们已经被放弃。这个简单的词展现了它们短暂的、脆弱的、可取消的特征。一句话，痕迹的观念是可以被抹去的。遗忘的威胁随痕迹遭到抹去的这种令人不安的威胁一起出现。的确，很多遗忘的形式不属于痕迹的抹除，而是属于诡计和内疚；同样，抹去的现象只是促使人们掩盖那些在记忆经验中依然不能抹去的东西。一种无法补救而又确定无疑的遗忘的威胁仍然存在，这一遗忘给记忆活动以戏剧性特征。是的，遗忘是记忆的敌人，而记忆有时是从遗忘的废墟中攫取残羹冷炙的绝望尝试。这种频频出现的确定无疑的遗忘在圣奥古斯丁的《忏悔录》中没有被忽略，我们以后将解读这部作品。

2. 回想

184 在单纯记忆的消极环节的近旁，遗忘的这种闪现似乎是从mnèmè-memoria（记忆）到anamnèsis-reminiscentia（回想）的不可避免的转变，亚里士多德的论文的第二章就是论述这一转变的。对抗遗忘的斗争不是这一回忆的积极环节的唯一存在理由；我们必须将它与时间中的疏远效果结合起来，而时间赋予回想（或回忆）一种克服距离的外表，而距离引发了“自从多长时间以来?”这类问题并产生了“最近”“以前”“从前”“很久以前”这类表述。在所有这类表述中，过去的过去性，它与现在的距离得到了理解；没

有语法所反映的矛盾，就不能描述时间上的距离：过去既是不再存在的东西，又是已经存在的东西。

至于在重新获得被遗忘的过去的过程中所出现的思想活动，亚里士多德第一个描述了它的动力：描述了从作为标记的任一时间点出发，衡量朝两个方向伸展的间隔的可能性，描述了后来的英国经验论特别重视的那种联想步骤的优先性，描述了在评估已流逝的一段时间时，对推理和计算的运用。但亚里士多德没有告诉我们如何确信我们的探求在最有利的情况下已经取得圆满成功。可是，这样 185
的确信与“承认的本原（princeps）”经验分不开，而柏格森将是这种经验的预言者。亚里士多德较少对这样一个问题有兴趣：对过去的承认以何种方式促进自我的承认？这个问题只能诞生于像我们这样的主体哲学的框架中。这将是承认的“柏格森环节”所构成的重大进步。

在这个根本问题方面，对回想的研究已经认识了三个重要环节：英国经验论时代的联想主义，人们已对其实践和理论方面加以考虑的精神分析，最后是胡塞尔的现象学。很有趣的是：联想主义的某种东西已在后笛卡尔哲学和它在想象的轨道中处理记忆现象的倾向中找到了共鸣，而想象本身让人对它充满了怀疑。我们在斯宾诺莎的《伦理学》第二部分命题十八中可以读到：“假如人身曾在一个时候而同时为两个或多个物体所激动，则当人心后来随时想象着其中之一时，也将回忆起其他的物体。”[①] 在记忆和想象之间的这种捷径受到观念的联想的影响：如果这两种情感因为接近而相互联系，展现一个情感——即想象——就是展现另一个——即回忆。被归结为回想的记忆，就这样在想象的轨道中发挥作用。可是，想象，就其自身考虑，处于认识方式的等级的底部，它们以各种情感的形式出现，而情感受到外在于人体的一连串事物的支配。随后的 186
附释强调了这一点：“这种联系是根据人体的情感的秩序和联系而形成的，以将它与观念的联系区别开来，而观念的联系是根据理智

① 译文请参阅《伦理学》，贺麟译，65页，北京，商务印书馆，1983。

的秩序形成的。"[1] 如果我们在斯宾诺莎中读到他把时间，或更应说把绵延（durée），绝妙地定义成"存在的继续"，这样的宣示就更引人瞩目。令人奇怪的是，记忆没有与这种对时间的把握发生关联。

斯宾诺莎的这种宣示（它成了机械论的重要部分）在更具活力的研究方法中找到了它的对应者，亚里士多德对 anamnèsis（回想）的分析本身已经为这种方法保留了一个位置。在此，这是承认我受惠于精神分析的地方（首先在实践层面，继而在理论层面）。谈到实践，我们注意到，求助于梦是弗洛伊德精神治疗的典型特征，求助于梦包含对白天记忆的回想，而这是以对记忆的全部修改为代价的；"说出一切"的命令（它构成了治疗的条款）在回想的运用中作为纪律是有价值的，这要求被分析者将想到的东西自由表达出来，以便将自由联想活动与回想结合，而解释的工作正是应用于自由联想活动。可是，正是这种技术遇到的抵抗给了理论以决定性的
187 支持，在回想过程中遇见的障碍被归因于"压抑的抵抗"，这些抵抗维持着"重复的强迫"，并对整个治疗过程的停滞负责。我在这里将不涉及转移在避开抵抗的策略中所起的作用，弗洛伊德曾建议根据工作对所有回忆现象进行重新表述。这样，"回忆活动"就成了话题，这一活动与重复的强迫背道而驰。

弗洛伊德学说的这些观点极为涉及我们对记忆与遗忘的关系的反思。我们说过，遗忘伴随着我们对记忆反思的每个阶段。我们已经首先提到在抹去出现的痕迹时的遗忘：在这种确定的形式下，它是不可补救的。可是，精神分析使我们面临完全不同的状况：在这种状况中，表面的遗忘、意识层面的遗忘，表现为压抑的作品。这种使回忆成为"工作"的积极的遗忘因此与无意识的理论不可分离，这样的遗忘附属于无意识；这样出现了令人惊讶的矛盾，诸如："无意识不知道时间""无意识是不可摧毁的"。在意识层面，这些通过精神分析来研究遗忘的方法依次被令人不安地加以接受——因此，有意识主体不是他自己的主人吗？我们如何能对自己

---

① 《伦理学》，65 页。

的行为负责?——但人们同时又充满自信地对自己的行为负责—— 188
最后,我们遗忘的东西少于我们害怕的东西吗?这样,anamnèsis和 lèthè,即回忆和遗忘共同形成的这一对古老的范畴重新恢复了活力。

我将把胡塞尔关于记忆的著名著作与回想的阶段联系起来,虽然这部令人赞赏的没有出版的著作(《胡塞尔文库》,第二十三卷),探讨了想象的整个领域,更多与记忆(记住)的对象有关,而不是和回忆有关。[21]我们要以无比的耐心与细心将记忆(Erinnerung)与各种意象(在这个词一般的意义上)区分出来,而这些意象与回忆一起分享了"现时化"(Vergegenwärtigung)的特征,这样的特征区别于简单的知觉性的呈现。这种区分工作是重要的:一件事情是通过肖像"描绘"一种真实但缺场的存在物;另一件事情是通过虚构"伪装"在场;再一件事是按康德的 Vorstellung(表象)形式形成对世界的一种主观表象;还有一件事是"想象"意象中的过去。这一未出版的文稿在我眼中构成了纯粹现象学描述的典范。

《内在时间意识的现象学讲演录》[22]不是这样。关键问题不是记忆,而是在意识中并通过意识对时间的构造,而意识自身是通过先验"还原"或 epochè(悬置)而摆脱全部自然性。正是在这种有着观念论语调的先验现象学的背景中,作者对保留或初次记忆与再现 189
或第二次回忆做了准确区分。我单独挑出这部著作中的那几页文字,这几页文字探讨内在时间意识的"构造程度",在这种意识中,为了意识流的自我构造,构造的"客观"特征逐渐被抹去了。

我关注的第一层次的构造是持存的事物的构造,这种事物以持续产生回响的声音为模型,然后以人们事后回想起的旋律为模型。悬置的确揭示了纯粹经验、"时间经验",但这是以持存的事物的经验为基础的。这样一来,就提出了关于持续的问题,这种持续性使得"被感知的东西在一段确定时间内继续在场,但不是没有变化"(胡塞尔,《内在时间意识的现象学讲演录》,§3)。对于一件持续存在的事物,继续存在意味着什么呢?从对某种事物的绵延的知觉的分析以后突然转向了对知觉本身的绵延性的考察,为了把握非客观化的绵延性，作者没有考虑知觉的“客观”方面。

保留与重新回忆的显著区别因为这一重点的转移而具有了意义。保留仍然处于“在场”的轨道中：在一个对象没有“消失”为已结束的“过去”之前，这种保留在于对包括了同一个对象的开始、继续和结束的经验。“保留”是在下述意义上存在的：某个事物以彗尾的方式保持在知觉的边缘。可是，这种保留没有一点想象的色彩，而是具有知觉的性质，而知觉不再与简单流逝的瞬间相同
190 一。因此，胡塞尔为了表达一件事、相同的事的开始、继续和停止，可以谈论内在于知觉本身的“改变”。从这里开始，整个流逝过程只是“保留的保留”（同前书，§11）。首先，“刚刚过去”将一种时间的伸展给予知觉，这种知觉在自身中就包藏着“印象”与“保留”的区别，因此也包含一种否定性的特征，而这种否定性因为“消失”而占了上风；在第二次回忆中，“再现”是对这种“消失”的回击。我们因此将以正当的理由谈论回忆，而不可能与想象混同起来。正是在这点上，前面提到的《胡塞尔文库》第二十三卷的分析加强了《内在时间意识的现象学讲演录》的前几讲的分析，但只有内行人对后者比较熟悉。

3. “谁回忆？”

“谁”的问题在这样一些分析中仍然不够明显，这些分析涉及作为记忆“内容”的回忆，涉及古人的回想和现代人的回忆，这些回忆构成了记忆的“怎样”。因此，为了“柏格森环节”（它使对自我的承认与对意象的承认相吻合），还要将记忆的那个“谁”作为主题。

191 我们可以将对记忆主体的关注追溯到奥古斯丁[23]的《忏悔录》：“Ego sum qui memini ego animus”（《忏悔录》，第十章，第十六节，25）。一本基于以第一人称形式来叙述皈依的著作并非没有预示对自我的这种参照：我是如何变成基督徒的？在第十章和第十一章中对记忆的反思因此清楚显现在对供认话语的基础上，而礼拜仪式的意义上的忏悔没有穷尽对供认话语的意义。在关于话语行为的类型

学中，供认构成了一种 sui generis（自创的）范畴，正如词典学对此所证明的那样：这样，《罗伯特法语大词典》将供认算作“承认”这个词的第二组重要词义，这一组词义被解释为“当成真的”。

第十章的开头有一首有关记忆的赞美诗，这一章以“记忆的宏伟宫殿”的著名隐喻而闻名于世。这一隐喻给内在性提供了一种特定的空间性外观，即，内在地点的外观：所有事物被“存放”在那里，“记忆容纳了它们，为了在需要时再次展示它们并想起它们，而将它们纳入记忆的广泛庇护之下，纳入我不知道的何种不可解释的隐秘深处”（第十章，第八节，13）[①]。求助于对“我在记忆中展现”的所有东西的伪装，证明“在我的记忆宫殿的巨大的庭院中，我在内部（intus）完成了这些行为”（第十章，第八节）。的确，记忆被所“容纳”的宝藏是巨大的：感性意象，激情的回忆，同时也有抽象概念，理智存在物，最后是对经历的和活跃的我自己的记忆。是的，记忆的力量是强大的，以至于“我记得我回忆过”。简 *192*
言之，“心灵也是记忆活动自身”（第十章，第十节，21）。

因此，这是幸福的记忆吗？确实如此。然而，遗忘一直不停地纠缠对记忆和它力量的称颂，遗忘，这个时间的掠食者，“埋葬了我们记忆的遗忘……”（第十章，第十六节，25）。这种对遗忘的追忆是动词“承认”的自发使用的场合：“如果我已经遗忘了现实，很明显，我不能承认这个声音可以表示的东西。”（第十章，第十六节，24）[②] 的确，一个消失的物体——福音寓言中的德拉姆（dragme）——甚至人们以某种方式记住的东西是什么呢？在这里，发现就是重新发现，重新发现就是承认，承认就是赞成；因此也是断定被重新发现的东西就是被寻找的东西，这个东西事后被当成被遗忘的东西了：“这个对象在眼前消失了，记忆保留了它。”（第十章，第十八节，27）奥古斯丁敢于提出悖论：“可是，如果我们没有记住遗忘，我们不可能在听到它的名字时完全承认它表示的现实：如

---

① 译文请参阅《忏悔录》，周士良译，193 页，北京，商务印书馆，1963。

② 同上书，199 页。

果是这样，正是记忆保持了遗忘。”（第十章，第十六节，24）事实上，在认出被遗忘的对象时，正是记忆证实了遗忘。是诡辩吗？或许。“然而，不管以何种方式，这种方式或许是不可理解和不可说明的，我回忆的正是遗忘本身，我很肯定，遗忘埋葬了我们的回忆。”（第十章，第十六节，25）[①] 这是遗忘的最后胜利，直到在语
193 词的层面上战胜记忆吗？

通过把亚里士多德拒绝的东西给予它，即，通过对流逝的时间的记忆而进行的直接衡量，而不是通过运动的物理学的迂回（根据亚里士多德的看法，时间是运动的变量），第十一章强化了对记忆内在性的承认；长时间，还是短时间？我们的心灵是时间的尺度：“当时间流逝时，我们衡量它们。”（第十一章，第二十一节，27）随后，distentio（伸展）和 intentio（意向）之间的著名辩证法正是在心灵内部的空间中展开的：这里的伸展是指相同的现在在三个方向之间伸展，在记忆中的过去的现在，在预期中的将来的现在，在直觉中的现在的现在（或如我喜欢说的那样，在创始中的现在）；而这里的意向是指这样的意向，它经过了背诵最喜欢的诗词的各个阶段。心灵如同时间，自身经过现在从未来走向过去。

人们可能怀疑，奥古斯丁是否成功地绕过被亚里士多德紧紧抓住的困难，因为他自己费力地把瞬间的区分和对间隙的衡量嫁接到运动的连续性上。这里不是讨论这个问题的场合。况且，奥古斯丁的意图不是要冒险把三重的现在封闭在自身内来解决时间之谜，而是相反，即，朝神圣永恒的 nunc stans 方向把瞬间开放到极致。从此以后，不应该把以下的过渡归于人为的构造，即，从第十章和第
194 十一章的记忆理论和时间理论过渡到从第十二章开始的对《创世记》的评论。时间的水平状态也是叙述的水平状态，前者在现时中被永恒的垂直状态重新切割。

这就是奥古斯丁在《忏悔录》中的主要关注点，因此，不需要从这供词的令人钦佩的颂扬者那里期待对这种记忆（这种记忆以第

① 《忏悔录》，201 页。

一人称来描述）的“我的”特征进行明确的反思。在奥古斯丁那里并在忏悔的气氛中，我们只需回忆一下这种传统的诞生，我跟随在《自我的根源》[24]中谈论 inwardness（本性）的查尔斯·泰勒（Charles Taylor）将这种传统称为内省的传统。

在约翰·洛克那里，忏悔的氛围让位于反思的氛围。记忆正是在反思的范围内获得了思索。我们把同一性问题的提升归功于重点和兴趣的这种转移，而同一性问题不是奥古斯丁的主要关注点。因此，我们获得了与相同性和自我性之间的辩证法重建联系的机会，这一辩证法已经在前面的叙述同一性概念中发现它的用武之地。当然，洛克忽略了这个叙述同一性概念，与同一性—相同性的这位聪明辩护者的文本相比，这种叙述同一性概念给了我们一种有距离阅读的优先权。

洛克是同一性、意识、自我三个概念共同形成的系列的创造者。

意识和自我这两个词确实是洛克在同一性概念的支配下的发 195
明。对于笛卡尔自己来说，我思（cogito）不是自我，甚至不是意识。值得注意的是，在洛克的《人类理智论》的著名章节的标题和整个论证中，“同一性”应该与差别意义上的“多样性”相对立。的确，对同一性的肯定来自一物与另一物的比较，但通过对相异性的否定，这是为了强调一个事物与自身的同一。以形式的语言，并且撇开我们将要考察的同一性的层级，一个东西在以下的意义上与自身相同：“它同于自身而不是他物。”（§1）“不是他物”的表述认可了与自我相等的等式。我们不能以更大的力量肯定在同一性和相同性之间的紧密联系。换言之，对于洛克，就与自身相同的自我而言，在 idem（同样）和 ipse（自我）之间不存在一种差异的阴影。在人们考虑的同一性阶梯（从基本粒子到树木、动物再到人类）方面的重要鸿沟，存在于“意识”中，而与任何隐秘的实体无关。只有意识才是使每个人成为自我的东西。正是在这里，记忆根据反思在时间上的伸展而凸显出来：“这种意识在回顾时可以在多大程度上达到全部的行动或过去的思想，这种人的同一性就可以在多大程度上得到扩展；现在的我与当时的我是同一个自我，采取这 196

个行动的自我与现在反思这个行动的自我是同一个自我。”（§9）人格的同一性是一种时间的同一性。因此，意识、自我、记忆之间的等式是完整的，但这是以出现各种悖论为代价的，这些悖论由遗忘的事实、睡眠的事实、记忆的想象的分裂或现实的分裂的事实引起，这些悖论甚至是由在相同身体内部一种记忆取代另一种记忆的想象引起的［洛克在这方面制造了一些令人困惑的例子，这些例子在当代分析哲学中盛极一时，在帕菲特（Parfit）的出色著作《理性与人》中尤其如此］。不再使用实体的观念只对洛克很重要，意识和它的记忆满足了一切。“相同性”（sameness）范畴彻头彻尾地占支配地位。根据这一范畴，与行为或意识状态的复多性相联系的多样性毫不困难地包含在反思的同一性中；甚至那种折磨奥古斯丁的时间进程没有引出任何不可化约的历时性；那些具有司法起源的概念（如归罪概念）同样如此，这一概念使得自我是负责任的（accountable），“传唤”概念也是如此，根据这一概念，自我“占有”他的行动并“供认”这些行动是自己的（own）。在这里，这只是些从司法语言中借用来的“相同”（same）的同义词。

因此，这一点令人吃惊。提到多样性概念只是为了通过下述表达式立即取消它，这个表达式就是：“它与自身相同而不是他物”，整篇论著就是从这句话开始的。在洛克那里，由此得出自我不是可与 idem（同样）对立的 ipse（自身）。“自我”（self）是一种“相同”（same），甚至是一种自身等同（selfsame），处于同一性—相同
197 性金字塔的顶端。唯一可能使约翰·洛克类型的政治思想家不安的多样性是由人性的复多性引起的多样性，这种人性的复多性因为财产和权力问题而强烈地表现在两篇《政府论》中。《人类理智论》仅仅让位于一种反思概念，这种反思概念处于内省的传统中：在反思确立的内向性（inwardness）与政治哲学预设的人性复多性之间，没有确立任何纽带。这位政治思想家就像哲学家可以忽略的另一个人。这种沉默的预设在我们的第三研究中将受到质疑。

相同（même）和自身（ipse）之间的辩证法从此以后只能出自洛克感到陌生的观点：我们已经以叙述同一性的名义提供了这些观

点的第一个梗概，而叙述同一性将多样性置于生活情节的核心；反思和记忆的相同性仅仅通过承诺而发现它的真正对立面，而承诺是无法归结为相同性的自我性的范式。承诺固有的自我性与内心间歇引起的内在多样性相对立，同时，这种承诺固有的自我性根据它的主体间性的维度将与另一种多样性对立。可以这样说，那是一种包括了人性复多性的外在多样性。

4. 柏格森环节：物象（images）的承认

198 在期待记忆在承诺中的对应物时，我选择与柏格森一起结束关于记忆对自我承认做出贡献的研究。在柏格森那里，“承认”这个词被纳入了既有的哲学用法的非常有选择性的语族中，这些哲学用法处于康德的认知（它在我们的第一研究中占有一席之地）和黑格尔的 Anerkennung（承认）（它将构成我们第三研究的支柱）之间。

《材料与记忆》[25]的核心两章的标题是：“论物象的承认。记忆和大脑”和“论物象的留存。记忆和心灵”。因此，两个概念，“承认”和“留存”构成了一对概念。我们将要处理的就是这两个概念。有一点并非无关紧要：即便是在对心身关系的传统问题——柏格森喜欢谈论灵魂和身体的结合（柏格森，《材料与记忆》，317页）——进行重塑的范围内，对物象及其存留的承认仍是本书的中心。在基础层面上实现的变革被重新置于我们关于痕迹观念的主张的延伸中，在那里，我们曾经区分了三种痕迹：神经元科学的可证明的皮层痕迹，心理痕迹（对柏格森来说，它成了明显的痕迹），199
以及让档案历史学家感兴趣的资料的痕迹。在柏格森那里，所有的东西在第二种和第三种痕迹的汇合处发挥作用。在这方面，《材料与记忆》的中心命题是：心理痕迹在皮层痕迹中没有获得说明，因为大脑是行动的器官而非表象的器官。这样由于心理痕迹摆脱了它在皮层方面的关联，心理痕迹成了一个自给自足的问题；正是这样的问题在留存的观念中获得了合适的表达。因此，为将意义赋予留存观念而开辟的唯一道路，是将它与承认概念搭配使用。这样，后者被提高到重要哲学研究的高度。

由柏格森恢复荣耀地位的概念，就是回想和回忆（anamnèsis 或 reminiscentia）这个古老概念，这个概念在多种语词之下被关于回想的心理学所代替。但他被要求给当代哲学家所说的“死亡问题”的解决提供钥匙，即有关灵魂与肉体结合、灵魂与肉体融合的古老问题。

柏格森自己首次将他对物象的承认的分析置于关于回想的传统心理学的延伸中，这出现在一篇题为“理智的努力”的文章中，而“记忆的努力”就是“理智的努力”的突出事例。[26]记忆的回想，作
200 为“艰难的回想”，属于一种通过被两种态度之间的区别所刻画的广泛的心理现象，一种态度是紧张，另一种是放松。在记忆的事例中，紧张与经历“一系列不同的意识层次”联系在一起，这些层次“上自还没有被表达在清晰物象中的纯记忆开始，下至实现在新生的感觉和开始的活动中的相同记忆”（柏格森，《精神能量》，932 页）。在这种对意识各个层次的穿越中，回忆活动由柏格森所说的“运动的图型”所引导，这种图型具有表示某种“努力方向”的作用：“记忆的努力本质上会将一种图型发展成物象，这种图型如果不是简单的，至少也是浓缩的，而这一物象具有各种相互区别的因素，要么具有或多或少相互独立的因素。”（同前书，940 页）我们没有远离弗洛伊德所说的记忆活动。

如果我们在这里窥见记忆问题的最古老之谜的解答，即，呈现了不在场的事物的表象问题的解答，我们将更接近我喜欢说的承认的小奇迹。“承认”在于借助伴随着显现的确定性，有效解决这种缺场的显现之谜：“这就是她！这就是他！”这使得承认尤其成为回忆行为。但这个谜团不是由此在思辨的层面上变得更难以理解吗？如果我们说，原初的印象—情感继续存在，如果我们还补充说，正
201 是原初的印象—情感使得承认成为可能，因为它继续存在着，我们可以思索我们如何知道这件事。答案就在于：这里涉及一种完全回顾性的前提。因此，应该按相反的顺序，从经历的承认走向假设的持续性。推理过程如下：为了我现在能记起它，第一印象的某种东西应该继续存在。如果一种记忆回来了，这是因为我没有失去过

它，不管怎样，如果我重新发现和重新认出了它，这是因为它的物象一直存在。

因此，在《材料与记忆》中，应该在不再探讨回想的努力的地方重拾这个问题：我们已经假设了“纯”记忆的存在，把它作为在它成为物象之前的过去的表象的潜在状态。现在，除了潜在性和无意识外，应该将这样一种存在赋予“纯”记忆，这种存在可与我们赋予外在事物（我们无法感知它们）的存在相比拟。过去与现在的区别在承认本身中被给予，在承认中，事件“和它们的轮廓、它们的颜色和它们在时间中的位置一起”（同前书，234 页）返回了。简言之，“我们在现在中借以重新把握过去的具体行为就是承认”（同前书，235 页）。柏格森指出，我们的记忆“通过它的深层根源一直依附着过去，如果它一旦实现时，不感到它的原始潜在性；如果它不与目前状态同时，成为某种凸显于现在的东西，我们将永远不会承认它是一种记忆”（同前书，277 页）。这是缺场的在场重新得到 202
完整确认的谜团：凸显于现在之上，承认为一种记忆。

我们还要从承认的事实回溯到留存的假设：承认一种记忆，就是重新发现它。重新发现它，就是假设它即使无法达到，在原则上是可自由处理的。将对最初印象的记忆回溯到潜在状态就是对“承认”的经验，而最初印象的物象与原始情感同时构成：因为，如果一个现在（présent）在它一直是现在（présent）时不是已经被构成为过去，任何现在如何变成过去呢？这是记忆最深刻的悖论。过去与它曾是的现在“同时”。从此以后，我们没有感受到留存，而是预设了它并相信它：这就是对过去的被保存的记忆的潜在的意义和无意识的意义。这是古希腊的 anamnèsis（回忆）的深层真理：寻找，就是发现，重新发现，就是承认人们曾经——以前——掌握的东西。根据亚里士多德在谈论回想时的强烈表述，“记忆属于过去”。弗洛伊德不再在过去的不可摧毁性上指责柏格森。柏格森自己承认说：“甚至我们有关对过去的完整保留的观念也越来越没有通过经验的广大整体而获得经验的证明，而这种经验整体是弗洛伊德的门徒建立起来的。”[27]因此，应该一直走到极端的悖论。这种不 203

可摧毁的过去的假设在现时中不断延伸，这种现时使我们无须在记忆得以保留的地方四处寻觅："它自己被保留着。"（柏格森，《思想和运动》，1315 页）这种自我保留是绵延本身。无疑，我们应该悬置柏格森所说的"对生命的关注"，并且为接近这种悖论的真相而沉迷于幻想："一种梦想着人类生存而不是梦想生活的人类存在无疑将它过去历史的无数细节时刻置于它的注视之下。"（柏格森，《材料与记忆》，295 页）我们或许可以在此谈论在德语 Gedächtnis（记忆）的意义上（区别于 Erinnerung）的沉思性的记忆。

正是在这种沉思性的记忆中，对过去意象的承认与对自身的承认相吻合。

5. 承诺

让我们复述一些理由，正是这些理由促使我们熟知有关自我承认的问题时将记忆与承诺配对使用。

首先，很清楚，记忆面向过去，是回顾性的；承诺面向未来，是展望性的。从总体上讲，借助于我们将要说的互相影响，它们的对立和补充给自我承认提供了时间上的广度，这种广度既基于生命的历史，也基于长久绵延的到来的诺言。这是奥古斯丁的时间观念
204 被重新发现的部分，这种时间的伸展来自现在的内在发散，因为现在被过去的现在或记忆、未来的现在或期望、现在的现在所分享（不同于奥古斯丁，我根据行动哲学将把现在的现在置于首创的氛围中而不是放在在场的氛围中）。

从同一性—相同性倾泻而出的记忆，作为自我性的范例的承诺——这两个要求给对同一性的考察提出了不同的解决方法，而对记忆的处理将这种不同解决方法置于次要地位。在这方面，关于承诺的现象学将与关于叙述同一性的现象学联系在一起，正是在叙述同一性的现象学中，这种辩证法获得了它的首次表达。

我将把与否定性的关系置于重要性顺序中的很高地位（否定性在前面被置于第三位）：记忆和承诺彼此相峙而立，对每方来说，对立面可谓讨厌的敌人，为了记忆而遗忘，为了承诺而背叛；此

外，记忆和承诺也与它们的分支（ramification）及手段相峙而立。不能遵守诺言的能力是承诺能力的组成部分，并且促使我们对自我性的证明（因此对自我承认）的内在限度进行深层的反思。

应该专门提一下相异性部分。与记忆不同，这个部分似乎是承诺固有的。而记忆以“属我性”（mienneté）为鲜明的标志，但“属 205
我性”强调记忆的不可替代的特征。与他者的关系在承诺中是如此强烈，以至于这个特点将标志着本研究与讨论相互承认的下一个研究之间的过渡。

我通过提及早就强调过的记忆的一般特征开始对有关承诺的现象学的研究。这个特征涉及能力与有效运用之间的关系。的确，用尼采在谈到该问题时使用的术语说，谈论承诺的能力是正当的，我们以后要提到他使用这种术语的文本。因此，承诺的能力与列入有能力者的名义下的各种能力是一贯的；因此，承诺既表现为能力观念的新维度，也表现为对前述能力的回顾：我们将有机会发现，承诺的能力预设了说话的能力、对世界产生影响的能力、叙述的能力和形成生活的叙述统一性观念的能力，最后，假设了将行为的起源归于自身的能力。但有关承诺的现象学集中关注行为，通过这种行为，自我有效地进行承诺。

这种现象学分两个阶段：第一个阶段强调承诺行为（作为话语行为）的语言学维度；第二个阶段是由第一个阶段引发的，在这个阶段，承诺的道德特征凸显出来。

如果我们在语言学层面稍事停留，我们会不禁想起，语旨行为 206
“在自然语言的使用和理解中乃是字面意义的最主要的单元”[28]。自从奥斯汀和塞尔以来，我们知道，陈述的真值条件在弗雷格和罗素建立的逻辑中没有穷尽我们话语的句子的全部意义。通过完成语旨行为，如断言、疑问、声明、要求、承诺、感谢、提议和拒绝，完整的意义在陈述的时候被传达给了听话人，而语旨的力量与命题内容相结合。意义和用法在这里是不可分的。

承诺属于述行语行为（les actes performatifs）的语旨行为，这些述行语行为通过动词来表示，它们在词汇中容易识别（reconnaître）。

在听到这些动词时，它们显然“做了”它们所说的事情；承诺便是如此：当说话者说出“我承诺”时，他有效地“投身到”一个未来的行动中。承诺，就是有效地全心全意去“做”命题所陈述的事情。[29]我留到下阶段讨论的东西，是承诺的双重特征；说话人不限于“承担一种言出必行的责任”：这只是自己（soi）与自身（soi-même）的关系。诺言首先是“针对听话者的”；这是一种“做”某
207 事或“给予”某物的诺言，而这件事（物）对他是有益的。换言之，承诺不仅有一个接受者，而且有一个获益者。正是通过这种恩惠条款，语言学分析要求进行道德反思。还有一种对既有定义的评论：说话人所从事的事情，就是制造或给予激情或情感，而不是感受激情或情感；正如尼采在有关承诺的文本之一中指出的那样：“人们可以承诺的是种种行为而不是情感，因为后者是自发的。”[30]在此意义上，我们不能承诺爱。对于“我们能承诺什么”的问题，对语旨行为的分析提出了一种有限的回答：做或给。

上述分析中包含的有关力量的观念本身引出了道德指称：一个认真承诺的说话人从何处汲取行动的力量？从一种更基本的承诺，在一切环境中遵守诺言的承诺中汲取了这种力量；我们可以在这里谈论“在承诺之前的承诺”。正是这种承诺给每个承诺以约束的特征：“针对……”的约束，“在……方面”的约束。承诺的自我性的特征依附于这种约束，而承诺的自我性在某些语言中发现了动词的代词形式的基础：我投身于（je m’engage à）①。这种自我性，不同于个体的生物同一性和性格同一性的典型相同性，它包含了一以贯之的意志，保持自我的意志，它在一种与环境变化和内心变迁相对抗的生命历史上打上了它的烙印。这是所有倾向于违背其诺言的人
208 所保持的同一性（尽管……不管……）。在尊重被给予的诺言方面，当这种保持具有一种习惯、谦虚和沉默的倾向的形式时，它摆脱了固执这一令人讨厌的性格。我们以后将表明什么样的病理学可能玷污了表现出一种德性特征的人，这种德性乃是一种卓越性，按亚里

① je m’engage à 在法语中是代动词形式。

士多德的说法，这种卓越性依附于“慎思的欲望”的后天习性。

首先应该颂扬承诺的高贵，正如奥古斯丁对记忆及其大量丧失所做的一样。

承诺的高贵以它的可靠性为标志。更确切地说，根据受益人和承诺的证据，每个认真的承诺正是从附属于承诺前的承诺的可靠性中得到它的可信性。这种信用的维度将对语旨力量的语言学分析延伸到道德层面，而这种语旨力量将对听话人的约束补充到行动的约束中，而通过行动的约束，说话人承担了束缚他的责任。

这种信用的表征是承诺和证据共同具有的，而证据在它的一个阶段包括了承诺的因素。承诺的这位表亲在日常会话中、在法庭上以及在历史研究中占领着重要位置。当陈述者在承诺中做有利于听话人的事情时，证据在它的语旨力量方面属于 assertif（断定性的）类型，这种类型有着长长的名单。[31]证据是一种声明、一种书面保证，并伴随着说服听话人的语效意图，即，使他“确信”。在证据 209
中，两个方面相互连接：一方面，它的陈述包含着对报告过的事件的实际上的实在性的肯定；另一方面，它包含通过证人的日常行为对其声明的书面保证或证实，我们把这称作在承诺情况下的可靠性。证据的特殊性在于这一点：对证人宣称看到的现实的肯定伴随着进行作证的主体的自我指称。可是，自我指称处于一种对话关系中。正是在某人面前，证人证明了现场的实在性。证据的这种对话结构使得信用的维度立即凸显出来。证人要求别人相信他。如果他是目击证人，他就不限于说：“我在场”；他会补充说：“请相信我。”只有当证据不仅被接收，而且被接受并且最终被登记在案时，证据的书面证明才算完成。从此以后，它不仅得到证明，而且为人采信。这样就提出了一个问题：证据可信到什么程度？这个问题使得信任和怀疑达到了平衡。正是在这里，作为承诺人的证人的日常可靠性产生了作用：他期待根据证据的相互印证而取得的证实或信息。承诺不是建立在一种陈述因素上，它只将它的有效实施作为检验，即，是否信守诺言。尽管在结构上有差别，如果证人被要求重 210
申他的陈述，证据可能要依靠承诺。证人因此就是承诺重新作证的人。

证据和承诺共同具有的这种信用维度远远超越了运用它们的环境。通过它的习惯特征，对证据的信任，如同对承诺的信任一样，强化了语言的一般惯例，而语言的惯常实践包含了一条真诚的默认条款，如果我可以这么说的话，包含了仁慈的默认条款：我很想相信您表达了您所说的东西。

鉴于人类事务在它们与时间性的关系方面具有脆弱性，汉娜·阿伦特[32]对承诺大加赞赏，直到在很大程度上使它承载了人类制度的一般可信度。承诺，与原谅结合，使得人的行为得以“继续”：通过宽恕（déliant），原谅对不可逆性做出回应，因为不可逆性破坏了以负责任的方式回应行为后果的能力；原谅是使得补偿成为可能的东西。通过约束，承诺依靠人类行动的可靠性，对不可预见性做出回应，因为不可预见性破坏了对行动的可期待过程的信任。就原谅使得不安的记忆成为一种平静的记忆、一种幸福的记忆而言，我们在记忆和承诺之间建立的关系在一定意义上回应了汉娜·阿伦特提出的原谅与承诺之间的关系。

211 提及承诺的阴暗面的时刻到了：我已经暗示了，承诺方面的背叛对应于记忆方面的遗忘。承诺的力量，也是中止他的诺言的力量。这种力量，或更应当说，这种否定的力量，是如此普通和令人期待的，以致它使我们超越了它引起的愤怒和谴责，并且在深层的反思中，促使我们表明某种怀疑；这种怀疑能够揭示这种承诺力量的隐含的弱点，而我们已经看到这种力量包含对内在于人类事务的行为的某些弱点的补救。

对陷阱的怀疑（这种陷阱有赖于自我保持的一致性）与对承诺的道德考察结合起来，正如尼采在《道德的谱系》第二篇论文的开始致力于将其微妙地转变为揭露的含糊颂词所证明的那样：“驯养一只可以承诺的动物，这不正是自然在涉及人的方面给自己提出的那种首要任务吗？这难道不是人的真正问题吗？”[33]但如果承诺行为规定了存在于人身上的太人性的东西，所有对于它的怀疑在人类总体的道德状况的范围内只能产生毁灭性的后果。自从提及了扎根于生命中的更深的力量（承诺的力量前来补偿这种力量的效果，即，“遗忘的力量”），尼采的怀疑出现了；一种令人不安的力量游戏登场了。与遗忘（遗忘是身体健康强壮的保证）对立着的东西是“一 212
种相反的才能：记忆，在它的帮助下，遗忘在确定的事例中（即在涉及承诺的事例中）被悬置起来”。我们不能期望，承诺（我们自己的分析将其置于记忆的对立面）在这里重新出现在记忆的范围内，而是出现在一种新颖的记忆、“意志的记忆”的范围内，这是“持续意欲它曾经意欲过的东西”的意志。真正说来，在这里，它被要求的不是记忆现象学，而是以迟钝和固执的形式出现的意志现象学。可是，只要意志与真正的自我保持（maintien de soi）不可分离，显示出一致性的承诺所动用的就不是这种意志。然而，尼采将他的尖刀的锋芒推进得更远：不正是这种意志的记忆使得人类成为“能计算的，有规律的，必然的”，“包含在他形成的对他自己的表象中，以便最后能够为自己的未来负责，正如一个许诺的人所做的那样”？一旦道德恐惧的整个景象展现出来：“错误”“自责”“与它们相似的东西”，最初的明确颂词失去了全部的含糊性。

正如尼采的其他论述一样，这些论述乃是提醒和警告：自我性的光荣似乎宣称的控制自我的方法也表现为圈套，这个圈套冒着将支配意义的同类要求赋予承诺的危险，而被应用在一般事物上的承
认—认同已经能在我们的第一研究中造成对意义支配的同类要求。 213

正因如此，应立即实施在承诺时寻找一种内在限制的理由，而这种内在限制可能将对自身的承认置于相互承认的轨道。

我很快建议对承诺力量的这种秘密病理学进行某些弥补。

首先，试着不过高估计它的力量，不承诺太多。承诺的人可以在他自己的生命中和在他的叙述同一性中发现将他置于希腊格言保护下的建议：“不要过分！”

其次，在想起加布里埃尔·马塞尔（Gabriel Marcel）和他为“创造性的忠诚”的辩护时，我们在“保持自我”与一种坚强意志的“一致性”之间设置最大可能的距离，但这是以对于他人和自身的仁慈的耐心为代价的。

但尤其是，颠倒承诺的人和他的受益人之间的优先次序：首先，另一个人依靠我，依靠对我自己话语的忠诚；我回应着他的期待。我在这里重新建立了与我对于责任与一般脆弱（就脆弱被托付给我保护而言）之间关系的评论的联系。

最后，仍然要把我现在做出的承诺置于我曾经受益并且现在仍然受益的那些承诺的范围内。主要的不仅是这些奠基性的承诺（向
214 亚伯拉罕做出的承诺构成了这种承诺的范式），而且是以下这一系列的承诺：整个文化和特殊的时代已经把它们的雄心和梦想投射在这一系列的承诺中，许多这样的承诺是无义务的承诺。我也是这些承诺的有义务的继承者。

Ⅳ　能力和社会实践

215 在我们的第二研究的最后部分，在能力的个人形式和社会形式之间应该架设一座桥梁，因为能力的社会形式能够在自我承认和相互承认之间产生转化。在广义上，此处讨论的能力不再仅仅被个人证明，而且是集体的要求，并服从公众的评价和认可。

尽管基本上涉及的是行动的力量［在英语 agency（力量）的意义上］，它在这里是与先前的所有事物的牢固联系。这是被深深改变的承认的形态：在评价和许可的名义下，承认—证明让位于伦理—司法的辩护形式，这些辩护形式对社会正义的观念提出责难；我们将在涉及“能力”（capabilités）的最先进的观念中看到这种情形，我把这一最先进的观念归于经济学家阿玛蒂亚·森（Amartya
216 Sen），并且这位作者将它与在“权利与能力”（或“权利与作用”）这个复杂表述中的权利观念结合起来。这一对引人注意的概念构成在这个部分提到的社会能力的最精致的形式。这个形式同时将提供从自我承认向在第三研究（被置于源自黑格尔的 Anerkennung 的支持下）中的相互承认的最合适过渡。

我们对这里收集的社会能力的不同特征的酬报将不感到奇怪：它们的多样性本身，归功于相关学科通常所指对象的不同特点，有

助于增强汇聚效果，这种汇聚效果源自它们对相同的人类学基础（即，以行动的力量，以动因对一般人性进行描述）的最终指称。这种指称不总是明确的：它仍然建立在相关学科从中产生分歧的基础上。

1. 社会实践和集体表象

为了不远离我最熟悉的学科，即历史学科，我将从当代法国年鉴学派那里寻找有利于社会能力观念的最初论据。我在这里涉及费尔南·布罗代尔（Fernand Braudel）在《编年史》方向上的继承者 217
之一的尝试，这位继承者就是伯纳德·勒佩蒂[34]（Bernard Lepetit），他尝试将人类形成的关于自身和他们在社会中的地位的表象的领域归属于作为共同行动的组成部分的社会实践。

为了衡量这位作者所造成的外表变化，应该从一些历史学家想将有关文化事实（在“文化”这个词最广泛的意义上）的第三维度补充到经济历史和社会政治历史时遇到的困难出发，当然，在这个语境中没有必要将文化与文明对立起来。同样重要的是：在19世纪和20世纪的转折处，用心理学术语说，重新采纳被历史学家［在涂尔干和列维-布留尔（Lévy-Brühl）的社会学的影响下］提出的问题。这种概念的优势在于其大约重新覆盖Weltanschauengen（或“世界观”）这个术语的相同领域，而Weltanschauengen是在社会心理学的德国学派中仍很流行的术语。反过来，除了它的不精确外，这一概念的劣势在于它显示了与“原始的”思想或“前逻辑的”思想的广泛的亲缘关系，而“原始的”或“前逻辑的”思想包含迷信的因素和神秘主义[35]的残余。但心理的概念最缺乏的东西，恰恰是没有显示它与社会实践领域的联系。“表象”取代“心理”（尽管这个词引起了新的含糊不清）为一种 218
研究开辟了道路，这种研究涉及历史编纂学的描述和阐释可以进入的这种现象领域与历史领域的其他部分的相互协调。

正是在这里，伯纳德·勒佩蒂在《经验的形式。另一种社会历史》中提出的概念革命起作用了。对赋予集体表象的角色的重新解释预设了对历史学家的任务的更深层的重新定位。

伯纳德·勒佩蒂的明确目标是双重的，“实践的历史和历史的实践”的文章—纲要的题目会让人明白这一点。一方面，社会实践的观念被提高到历史编纂学特有的所指对象的地位；另一方面，历史科学自身具有实用学科的地位。这样，在作为历史对象的实践和作为历史编纂学的行动的实践之间的一致关系被建立起来了。

一个原始的系列可以在方向的双重改变的条件下被给予心理的历史，这种心理的历史不再是经济史、社会史和政治史的简单附庸，而是作为与各种情境相互关联的表象世界，在这些状况中，表象世界被激活了。

表象和社会实践之间的联系在象征的中介的角色中得到表达，当社会实践具有确定的关键作用，即，当它确立了社会联系以及依附于这种联系的种种同一性时，表象运用了象征的中介。表象因此
219 不是运动于自主空间中的浮泛无根的观念，而是如上所述，成了有助于建立社会联系的象征的中介；它们所象征的东西，乃是在建立这种联系的过程中将确定的轮廓给予这些社会联系的同一性。相应地，我们应该承认“社会同一性或社会联系没有本质，而只有种种使用法”。如果我们用接受①的观念来说明有关社会联系的确立的观念，这种表达式的意义就会显示出来，而确立社会联系乃是探寻同一性的关键：作者说，重要的是“从这些观念中的一个观念出发，从接受的问题出发（主体之间的接受，关于主体的接受和关于事物的接受），为问题的层次重新定向：知道社会接受如何产生，如何无法产生或失败”（勒佩蒂，《经验的形式》，15 页）。

不管伯纳德·勒佩蒂显示的雄心如何（这个雄心不仅仅是重新定位，而且在布罗代尔模式的危机出现之后，在实践理性的影响下将这门学科纳入其整体中去），我所关注的恰恰是能力概念的扩大，而这种扩大源于这些修正。

社会能力的观念在集体表象和社会实践的联结中找到了它的证明。一方面，象征的领域扮演着象征中介的角色，并因此将起作用

① accord，此词亦有“承认”之意。

的社会实体的同一性的问题提高到了首要位置；另一方面，社会实践的领域重新将变化的动因，将社会主角（在集体层面上也在个人层面上）置于光荣的位置。我们在这里可以谈论产生历史的能力，220
即，根据伯纳德·勒佩蒂特有的术语说，在附属的同一性的外表下建立社会联系的能力。我们或许可以同样谈论它在社会层面上产生的同一性方面想象自己、承认自己的能力。

对集体表象与社会实践（我们把个人能力观念向社会能力的观念的扩展归功于社会实践）之间关系的这种有趣研究通过对“层次作用”的概念和历史编纂学上层次变化的概念的考察[36]获得了一种强化。这个概念属于这门学科以前所设计的编年学模式的修正，无论涉及的是拉布鲁斯（Labrousse）笔下的各种结构的交织，还是在布罗代尔那里的三个时期的重叠，这三个时期分别是近乎不动的地质史所特有的长时段、制度和社会结构特有的中时段和偶然事件的短时段。层次作用的观念及其结果，层次变化的观念，带来了观点变化的观念，我们对能力观念的社会形式的研究对这种观点感兴趣。关键观念是，在不同的层次，我们看不到同样的东西：与地图绘制、城市规划、建筑设计中层次概念的使用不同的是，在社会变迁的不同层次上所制造的剖面是无法估量的。这样，历史学家在宏观历史的层次关注的东西，往往是长时段的结构，尤其是匿名的规 221
范结构（社会实践的主角把这些规范作为强制的准则）。此时，它不是一些不为社会化的个人所知的逐渐内化的行为模式，这种情况也适用于“礼貌”模式，诺伯特·埃利亚斯（Norbert Elias）追溯了从“宫廷”行为直到在个人内心层面上的激情管理的“礼貌”模式的形成过程。[37]在微观历史的层次（意大利人选择 Microstoria 这个词），我们看到乡村策略、家庭策略和个人策略涌现出来，这些策略与不透明的经济现实，与从底层看无法破解的等级关系相对立。对于这些个人和他们相邻的社会环境来说，问题在于减少一种不确定性，这种不确定性超越了未来一般的不可预见性，根据雅克·勒韦尔的说法，它起源于“处理有限信息的持久意识，这些信息涉及在我们采取行动的社会环境中发挥作用的各种力量”[38]。

对于我们自己的研究来说，这就是“层次作用”观念的丰富性：它是重建社会行动者的革新资源的时机，而他们在社会层面的行动能力仿佛在这些不确定的环境中被揭示出来。

2. 承认和集体同一性

222 在集体表象的文化史的框架中对行动力量的社会形式进行探索似乎没有涉及以反思形式出现的承认观念。然而，继伯纳德·威廉斯之后，我们采用了“对责任的承认”这个术语来表示希腊的史诗英雄和悲剧英雄就其行动计划而进行争论的方式，同样，我将从施动者对社会变迁能力的运用中寻找一种对责任的类似的承认的立足点。这一明显的立足点位于社会联系（被当成社会实践的关键）的建立和集体表象（它构成了象征中介）之间的交汇点上。可是，这些表象象征的东西乃是同一性，处于确立过程中的社会联系正是在这种同一性中形成的。

从这部著作的第一页开始，我就知道，承认的观念与同一性的观念有一种特殊联系，无论是像在第一研究中那样，涉及的是对一般事物的承认—认同，还是在本研究中讨论个人能力的部分，涉及
223 的是承认—证明。我们要说的是，包含个人能力的同一性与属于社会联系的建立的同一性之间的距离是巨大的。在第一种情况下，涉及的是承认—证明。可是，即使我们考虑通过对起作用能力的多样性归纳出的关联的复杂性，投身于集体行动的社会角色的同一性也不能直接按承认—证明来表达。但不管“历史的实践”想与“实践的历史”保持的距离多么近——根据伯纳德·勒佩蒂的醒目的文章标题，对集体同一性的反思不能回避比行动的个人主体的同一性—自我性更高程度的复杂性。社会身份的角色指望对他们自身能力的那种明确承认需要对重构次序的深层反思。

我已经在让-马克·费里（Jean-Marc Ferry）提出的涉及当代“同一性的各种形式”的著作[39]中发现了对社会变迁的集体动因的同一性问题做出回答的因素。我们对这项重新阐明各种同一性形式的工作的兴趣并不局限于叙述和叙述的同一性，虽然在特别涉及

“事件”和“命运”的范畴时，行为人并不否定叙述同一性的相关性。针对同一性的叙述形式的一种独特用法的怀疑建立在它倾注于传统和原始神话的基础上。像我一样，他在解释中看到了关键性的转折，我们把世界的神话意象和宗教意象的合理化归因于这种关键性转折。但分析的真正转折是沿着哈贝马斯开辟的道路通过参照对 224
作为关键力量的论辩而发生的。根据让-马克·费里的说法，主体的范畴、法律的范畴、正义的范畴属于这个层次的论辩，这与他的老师的观点一致。我们将在第三研究中看到这样的论辩在受到为承认而斗争的氛围影响的情境中是如何进行的。然而，让-马克·费里不是以与论辩相联系的同一性形式来结束他对同一性形式的审视过程。他把重构的观念置于比论辩的观念更高的位置。相较于不再奢望先验的形式同一性的主体而言，他大胆地把重构的这种提升与圣言（Verbe）在它的创造性开放中的提升（这种提升属于一种语言哲学）联系在一起。就我假定重构在集体表象（集体表象以社会联系的建立为中介）的层面上暗中起作用而言，我有意识地促进同一性的形式在社会层面上的重新实现。既然建立并不限于重复，而是显现为某种程度的革新，那么，一切建立潜在地具有重构的性质。这样，在社会动因层面上的自发反思和哲学家的学者反思之间存在着连续性；前者预告了后者，反过来，后者阐明了前者。在不同范围内的这种反思层面的来来往往（aller-retour）是“当代同一性” 225
的特征，让-马克·费里试图创立有关“当代同一性”的理论。

3. 能力（capacités）和本领（capabilités）

在这一关键性的停顿后（这一停顿使我们得以说明在创造历史的集体能力与同一性形式之间的联系，而同一性形式是建立社会联系的关键），将社会能力概念的外延进一步扩大的时刻到来了，我们的第二研究的第三部分讨论的就是这一概念。我把最不可预期的甚至是最勇敢的这些扩展归功于阿玛蒂亚·森，他获得了1998年的诺贝尔经济学奖。在《论伦理学和经济学》中［我们已经有了法译本，书名是*Éthique et Économie*（《伦理学和经济学》[40]）］，更准确地讲是在 1985 年的一篇名为《权利和能力》的重要文章中，作者将与“权利”概念相结合的“能力”概念置于他的论辩的中心，在经济学理论中，这样做有利于重新引进伦理学论述。

一个精通数量经济学的杰出经济学家，如何达到这个地步呢？从《伦理学和经济学》的前几页起，作者就宣布他有意考虑“经济
226 行为”中的“道德情感”因素。“很难相信真正的人可以完全自外于苏格拉底的问题引起的反思，这个问题是‘人们应如何’沉湎于内心的伦理动机？”（森，《伦理学和经济学》，6 页）当经济学专家们已经把经济角色的动机归结为它的合理内核时（根据功利原则，这种合理内核本身被解释为个人利益的最大化），他们正是在这种动机的层面上保持他们的基本一致。森反对说，人类实际上不完全是以追求个人利益的方式行事。“我试图在另一篇文章中表明，在个人的有关伦理计算中存在着基本的不可化约的‘二元性’。我们可以从人的行为的角度看待人，同时，承认和尊重他设想目标、承诺、价值等的能力。但我们也可以在这个人身上看到他的福利（bien-être），它同样需要某种关注……但如果我们打碎一种出于利益动机的桎梏，我们就有可能承认这样一个不可争辩的事实：一个人的行动可以非常符合不源于（或不完全源于）他自己福利的动机”（同前书，40 页）。“这样，每个人的行动能力”（出处同上）、他的动因就凸显出来，森认为可以对这种动因进行非主观主义的评
227 价，因为个人的“行动”方面和“福利方面”不是重叠的。经济人的模式放弃了源于“行动”方面的道德情感和道德评价，这样做是出于过分简单化的下述印象：这个模式提供了推动个人行动的动机。

正是在这里，个人拥有的自由以及与自由联系在一起的权利问题出现了，正是权利把抽象自由变为现实的机会。在此应该明白，森的论证不是循着康德的思路进行的，而是循着英国功利主义的思路进行的（即使接近森的作者们，如约翰·罗尔斯，仍处于两大道德哲学传统的交汇处）。森估计，这不是因为像 J. S. 密尔（J. S. Mill）那样的功利主义者忽视了司法维度，而是权利对于他们只是获得其他利益的手段，尤其是功利的手段。正是在英国政治自

由主义的伟大传统中，森取得了论辩的胜利，除了罗尔斯，他也与像
R. 诺齐克（R. Nozick）[41]、R. 德沃金（R. Dworkin）[42]、J. L. 麦基
（J. L. Mackie）[43]这类重要的作者和其他人交往。在这场重要讨论中，
森作为经济学家的固有标志，一方面是已经把自由的观念与生活选
择的观念联系起来；另一方面是已经把自由的观念与集体责任的观
念联系起来。为了使这种罕见的连接得以理解，作者有意提到哲学
家以赛亚·伯林对“消极自由”和“积极自由”的著名区别。[44]在
消极的意义上，自由在于没有束缚，这种束缚是他人尤其是国家强
加在一个人身上的：公民的权利（发表意见的权利、集会的权利、 228
财产的权利等）就附属于这种意义的自由；“自由主义”思潮乃是
它的延伸。从积极的意义上考虑，自由代表了一切人在所有相关事
情上能够或不能完成的东西。即使这种自由预设了前提，它也增强
了让一个人过他所选择的生活的能力。根据森的观点，政治经济学
应该将权利归并到经济行为的动机中，而这种权利成了“能力”
（capabilités）观念的组成部分，正如《权利和动因》一文中所显示
的那样（译文的题目是《权利和动因问题》）（同前书，117 页以下）。
在这方面，最明显的表达式就是“拥有某些能力的权利”，这个表
达式超越了规定性（prescriptif）概念和描述性概念之间通常的二分
法。在盎格鲁-撒克逊人的讨论语境中，涉及的是避免在后果论和义
务论之间的选择，后果论出自福利理论（如功利主义），而义务论
建立在对动因进行外部强制的基础上。根据森的观点，“拥有某些
能力的权利”这个复合概念源于一种“对处境的评价”。

“对处境的评价”这个概念接近“强有力的评价”这个概念，
在查尔斯·泰勒的《自我的根源》[45]中，“强有力的评价”这个概念
将对自我的肯定与一种以利益而非责任来表达的伦理立场结合起
来。但与查尔斯·泰勒的论述（他保护伦理学家的反思距离）不
同，“对处境的评价”直接触及经济主体的行为。关键在于对以 229
“拥有某些能力的权利”的观念为核心的社会正义进行重新定义。

正是在这种“评价”的背景中，选择自由的有效实施需要集体
责任。应该由集体责任确保具有消极形式和积极形式的个人自由，

以及自由的这两种形式之间的相互关系的完整性。

森因为将他的概念分析应用于涉及经济学的具体事例，即饥馑的具体事例而闻名遐迩。阿玛蒂亚·森自己出生于孟加拉国的达卡，他通过一系列发生在印度大陆上的饥饿例子，表明在可自由支配的粮食储备和饥饿之间不存在机械联系。这些脆弱的群体被赋予的“权利”，即，这些群体可以行使的占有权利获得了优先考虑。根据这种判断，旨在增加人们的收入（例如，通过为他们提供公共职位或通过给最穷困的人付工资）的政策似乎是阻止饥饿的最有效方法之一。的确，自独立以来，印度通过这种方式已经系统地避免了饥饿。这样，森毫不迟疑地在政治体制的不民主本性和饥饿之间建立了一个等式，中国在 1958 年和 1961 年之间发生的饥饿就是这
230 样。简言之，存在于民主国家内部的不同的积极自由代表了避免饥馑的真正负责任的力量，这些积极自由包括举行定期选举的自由、新闻自由和免除审查的言论自由。

由于拥有通过行动而进行的这种证明，森可以重回理论问题，对行动能力（动因）的社会评价问题。与功利主义传统相对立（这种传统将这种评价建立在已完成的结果上，而结果自身被归结为功利），森将社会评价，例如竞争政治的评价，建立在有待实现的自由之上，建立在积极自由的延伸之上。被理解成生活选择自由的个人自由就这样变成了一种社会责任。

森与罗尔斯的重要著作《正义论》正是在这一领域汇合。关于个人自由的政治和伦理维度，森承认，在自由似乎应该给予任何人的条件下，罗尔斯保护了个人自由的优先性。也正是在罗尔斯这里，不平等的事实不是将利益的分配凸显出来，而是将“最初利益”，如收入、财富、公共自由的分配凸显出来，它们帮助个人自由地追求他们各自的目标。我把罗尔斯和森就“最初利益”与积极
231 自由的关系而进行的争吵放置一边，这种关系并不涉及我根据这篇短文的思路对森的著作进行粗略研究所要达到的程度。只需强调社会责任的概念就足够了，这种社会责任使得个人自由成为一种正义理论的首要目标。反之，自由变成了社会系统评价的因素，包含在

它们的经济维度中，简言之，作者考虑到了“扎根于生活中的所有成果”，而“个人可以过这样的生活”。

归根到底，“权利”和“能力”这一对概念（包含在“拥有某些能力的权利”这个概念中）与我们自己的研究大有关系。这对概念与我们的第一部分的“表象”和“社会实践”这两个概念相汇合。它出自政治自由主义的盎格鲁-撒克逊传统——对积极自由的喜爱超过对消极自由的喜爱。森对于饥饿的研究证明了这一点：当以最低限度的生存能力的形式而存在的行动能力得不到保证时，饥饿现象就发生了。由此导致这样的后果：如果这些保证最低行动能力的专门措施被采纳，自由主义者最推崇的反对别人的过分干预就是真实的。可是，这种生存能力和行动能力显得与政治要求和司法要求所确保的自由不可分离。

与“权利”和“能力”一起引入的概念革命只有在我们反对根
据功利和福利对行动进行评价时才能得到理解。正是作为生活选择 232
的真正才能（capacité），能力（capabilité）被提升到评价社会正义的标准的水平。

在结束对经济学领域的这种简单涉猎时，我们在这里足以发现对人类行动概念的一种强化，而这种概念扎根于基础人类学中。将表象和社会实践结合起来的这一对概念与“拥有某些能力的权利”的概念所包含的一对概念之间的汇合正是在这个层面上得到了证明。

在这一研究结束时，不妨回顾一下已走过的道路。首先从头至尾，我们可以肯定：伯纳德·威廉斯在希腊史诗和悲剧中辨读出的对责任的承认的主题仍然是整个研究的红线。我们可以向英语国家的这位哲学家承认，行动者对其行动能力、对其动因的承认构成了一种文化的恒定性，人们所说的西方文化传统的跨文化的可读性证明了这种恒定性。然而，不同于伯纳德·威廉斯关于哲学精细化（它拉大了古代和现代之间的距离）的怀疑主义，我如同在第一研
究中那样继续严肃对待间断的思想事件，我们把行动哲学的指导概 233
念的严格哲学问题（从亚里士多德到当代作者）归于这些思想事件。这样，正是在它自己的行动者对行动责任的自发承认的人类学

基础上，一种多样化的和树状的反思（行动仍是这种反思的主题）兴盛起来。本研究的后续部分以它的方式说明了这种概念的丰富性，不管涉及的是承认行为的认识论内容还是人们要求的权力形态。

在与第二点有关的事情上，我们可以把从个人能力的观念向社会能力的观念的转变当成能力观念的不断增长的复杂化形式，这种复杂化形式是建立在行动能力（动因）的人类学主题的稳定基础上。扩散的效果是从个人能力的部分开始的，它不断地从说的能力到可归罪性，从可归罪性再到记忆和承诺。但正是在涉及社会地位的能力的部分，属于人文科学（如历史学和经济学）的广大领地中的不同学科的分析之间的间距拉大了。汇合效果只有在有利于行动能力的纯粹观念时（它属于普通人类学的基础）才会更加强烈，而汇合效果补偿了分歧效果。

至于在整个研究过程中涉及的承认的认识内容，它表现了存在
234 于稳定性与多样化之间的与上述能力的客体主题相同的平衡。在词义的引申中（我们引用的词典将这种词义置于供认的首字母缩写之下），基本的等式仍然是承认和证明之间的等式。成为“供认”的特点的那种确定性无法归结为理论上的 doxa（意见）。这是一种自生的确定性，它属于知识的实践维度。我们的全部第二研究就是朝实践确定性的维度展开的。这件事不妨碍这一研究的第三部分以有意义的方式丰富关于证明的纯粹观念本身。交叉学科凸显的同一性的各种形式造成了实践确定性的逐渐丰富。在集体表象和建立社会关系之间的象征联系已经标明同一性形式的复杂化过程的一个决定性阶段。但我们的研究是因为“拥有某些能力的权利”的主题而与阿玛蒂亚·森一下子发生了联系，而没有破坏与能力的承认有关的先前的形式。证明在社会正义观念的标志下变成了要求，变成了要求的权利。汇聚再一次得到了隐藏的人类学基础的保证，行动力量的纯粹观念就从属于这样的基础。在概念层面上的革新求助于盎格
235 鲁-撒克逊的政治自由传统的积极自由的主题。但什么也阻止不了使积极自由这一现代概念面对人类 ergon（任务）这一亚里士多德主题；对于人类存在着一种功能，存在着一种不可归结为技术、职

业、特别技艺的任务，这样一种观念使得我们重新颂扬针对行动自由的完全现代的讨论。

从它的终点 ad quem① 出发对第二研究的逆向阅读不比从它的初始阶段出发的重新阅读更缺少教育意义。从能力（capacité）的观念转变为能力（capabilité）的观念（这一观念自身在“拥有某些能力的权利”的意群中通过与权利的结合而变得丰富）影响了先前的分析。

权利观念和能力（capabilité）观念之间的结合将它的视线投射回我们进程以前的全部过程中。被提出的问题是：知道在任何分析层面上的能力观念是否在伦理上被当成中立的。在证明的内部，被认为有问题的东西，是描述和规定的对立。能力不是被了解，而是被证明。判断和评价的观念仍然附属于证明的观念，正如“归属”（ascription）观念所暗示的那样，这一观念来自权利领域，被转移到了日常供认的领域。作为实践范畴的“归属”超越了描述和规定之间的对立，这样的对立带有理论范围内经验论者的痕迹。这种留在能力证明和能力要求上的伦理标志对于古代的思想和现代的思想 236
最终是共同的。“拥有某些能力的权利”涉及古希腊的 aretè（善）的观念，不应忘记，aretè（善）的观念从根本上代表了行为的卓越。我们对能力的评价正是在行动力量（作用）的人类学基础上进行的，而这些能力与生活得很好的观念暗中联系在一起。能够做是千真万确的。关于这一点，阿玛蒂亚·森和伯纳德·威廉斯在对自由地引导他自己生活的欲望的颂词中相互竞争。

在这一粗略研究的结尾处，还应该说说承认过程的这一部分所缺少的东西，说说权利—能力这对概念所透露的东西。从前瞻的而不只是回顾的观点看，鉴于它所预期的概念，“拥有某些能力的权利”的观念在对竞争的政治体系之间进行比较时具有社会正义的标准。服从这种评价标准的事实状况的冲突维度由此显示出来。因为冲突性，这是一个被揭示的新的概念系列：处于我们第三研究（也

① 向此，在此。

是最后的研究）的中心的多样性概念、相异性概念、互动概念、相互性概念属于这一新的概念系列。

◇ 注释 ◇

[1] 伯纳德·威廉斯，《耻辱和必然性》，加利福尼亚大学出版社，1993年；法文本由约翰·利莱第埃（Jean Lelaidier）翻译，*La Honte et la Nécessité*，巴黎，巴黎大学出版社，《道德哲学》丛书，莫尼克·康多-斯珀伯（Monique Canto-Sperber）主编，1997年，8页。

[2]“如果个人为拥有思想或感情而需要热情（thumos），那么，同样真切的是，如果人们希望思想和感情存在，一种热情（thumos）就需要一种人品。”（伯纳德·威廉斯，《耻辱和必然性》，41页。）

[3] 在这一方面，我并没有伯纳德·威廉斯的那种具反讽意味的怀疑主义，而此种怀疑主义涉及出自内心深处的某种欲望。他虚张声势地宣布：“希腊人没有这些欲望［……］。一种情况是，有人相信，他们天生就非常肤浅。”（伯纳德·威廉斯，《耻辱和必然性》，95页。）

[4] 荷马，《奥德赛》，法文本由维克多·贝拉尔（Victor Bérard）翻译，巴黎，纯文学出版社，1985年。

[5] 索福克勒斯，《俄狄浦斯在科洛那》，法文本由保罗·马斯盖黑（Paul Masqueray）翻译，巴黎，纯文学出版社，1934年。

[6] 亚里士多德，《尼各马可伦理学》，由安托瓦涅（René Antoine）和让-伊夫·约里夫（Jean-Yves Jolif）译为法文，并撰写导言和评论，卢汶大学出版社，贝阿特利斯-诺维莱尔（Béatrice-Nauwelaerts），巴黎，1958年。

[7] 保罗·利科，《作为他者的自身》，巴黎，瑟伊出版社，1990年。

[8] 让·纳贝尔，《神的欲望》，巴黎，塞尔出版社，1996年。

[9] 让·纳贝尔，《伦理学原理》，巴黎，法兰西大学出版社，1943年；第二版由保罗·利科作序，巴黎，奥比-蒙田（Aubier-Montaigne）出版社，《精神哲学文集》丛书，1962年。

[10] H. L. 奥斯汀，《如何以言行事》，哈佛大学出版社，1962年；法文本为 *Quand dire c'est faire*，由朗内（G. Lane）撰写导言和翻译，巴黎，瑟伊出版社，1970年。

[11] G. E. M. 安斯康（Anscombe），《意向》，牛津，布莱克维尔（Black-well）出版社，1979年。

[12] 唐纳德·戴维森，《论行动和事件》，牛津，克拉兰顿（Clarandon）

出版社，1980 年。

[13] 弗拉基米尔·普罗普，《叙事形态学》，巴黎，瑟伊出版社，1970 年。

[14] 阿尔吉尔达·朱利安·格雷马斯（Algirdas Julien Greimas），《论意义，符号学文集》，巴黎，瑟伊出版社，1970 年。

[15] H. R. 姚斯，《接受美学》，法文本由克劳德·梅拉德（Claude Maillard）翻译，让·斯塔罗宾斯基（Jean Starobinski）作序，巴黎，伽利玛出版社，1978 年。

[16] 威廉·夏普，《 陷入历史的泥潭》，威斯巴登，B. 海曼（B. Heymann）出版社，1976 年；法文本由约翰·格雷希（Jean Greisch）翻译，《历史的尴尬，人类的存在和事物的存在》，巴黎，塞尔出版社，1992 年。人们从约翰·格雷希那里可以读到对夏普作品的分析，这种分析似乎是对我的叙述理论的一种替代，这种叙述理论出现在我（指保罗·利科。——译者注）所著的《意义的旅程》一书中［巴黎，米永（Millon）出版社，2001 年，147—173 页］。格雷希将关于“纠葛”（empêtrement）的“粗糙”概念与我的“平平淡淡的”“情节”（intrigue）概念相对立，其意图是概画它们在现象学层面所做的补充。

[17] 康德，《道德形而上学原理》，第一部分，关于权利的原理。A. 菲劳内科（A. Philonenko）撰写导言并翻译，巴黎，弗兰出版社，1976 年，见《一般介绍》，97—98 页。

[18] 我在这里将不提及为把不同因果性组合成一个一贯模型而做的种种尝试，这种模型旨在说明诸如主动性或参与之类的现象，这些现象在于使得我们经允许而采取的行动与由有限而相对封闭的物理系统所提供的各种情况相吻合。

[19] 这篇短文构成了名为《自然之路》（Parva naturalia）文集的一部分。我参考了理查德·索哈比（Richard Sorabji）的《亚里士多德论记忆》一书中的翻译，普罗维登斯大学出版社，布朗大学出版社，1972 年。

[20] 163 页及以下。此处十分严格地提到了隐没之物的显现之谜。

[21]《胡塞尔文库》，第二十三卷，《幻想、图像、意识、记忆》（*Phantasie*，*Bild*，*Bewusstsein*，*Erinnerung*），文本由爱德华·马尔巴赫（Eduard Marbach）编辑并作序，多德雷赫特（Dordrecht）、波士顿、伦敦，尼霍夫出版社，1980 年。

[22] 埃特蒙德·胡塞尔，《内在时间意识的现象学讲演录》，法文本由 H. 迪索赫（H. Dussort）翻译，巴黎，法兰西大学出版社，《潘多拉》丛书，1964 年。

[23] 圣奥古斯丁，《忏悔录》，巴黎，德·布劳威尔（Desclée de Brouwer）

出版社，《奥古斯丁文库》，1962 年。

[24] 查尔斯·泰勒，《自我的根源》，哈佛大学出版社，1989 年；法文本由 C. 梅兰松（C. Melançon）翻译（les sources du moi）。《现代同一性的形成》，巴黎，瑟伊出版社，《观念的色彩》丛书，1998 年。

[25] 亨利·柏格森，《材料与记忆》《身心关系论集》，《著作集》，百年纪念版，巴黎，巴黎大学出版社，1963 年。

[26] 亨利·柏格森，《理智的努力》《精神能量》，《著作集》，930—959 页。

[27] 亨利·柏格森，《思想和运动》，《著作集》，1316 页。

[28] 丹尼尔·旺达贝康（Daniel Vanderbeken），《话语行为》，巴黎，皮埃尔·马赫达加（Pierre Mardaga）出版社，1998 年，7 页。

[29] 我引用旺达贝康给出的定义：承诺（promettre）“是千钧诺言的动词。然而，承诺是话语行为，本质上非常特别而又让人感到亲切。第一，当我们承诺时，我们是对着听话人承诺去做某事或给予他某物，因为我们预设了这对他是件好事（专门的准备条件）。第二，承诺只有在说话人能承担一种责任时才能取得成功，这种责任就是履行诺言。让人抱有期待的履行诺言的独特方式增强了力度”（丹尼尔·旺达贝康，《话语行为》，176 页）。

[30] 尼采，《人性的，太人性的》，《道德情感的历史》第二卷；法文本出自《哲学全集》，第七卷，巴黎，伽利玛出版社，1971 年，251 页。

[31] 参阅丹尼尔·旺达贝康，《话语行为》，167 页以下。

[32] 汉娜·阿伦特，《人类的状况》，芝加哥大学出版社，1958 年；法文本为 *Condition de l'homme*（《现代人类的状况》），保罗·利科作序，巴黎，卡尔曼-利维出版社（Calmann-Lévy），1961 年，1983 年。

[33] 尼采，《道德的谱系》，第二篇论文；法文本出自《哲学全集》，第七卷，巴黎，伽利玛出版社，251 页。

[34] 伯纳德·勒佩蒂主编，《经验的形式。另一种社会历史》，巴黎，阿尔宾·米歇尔（Albin Michel），《历史的发展》丛书，1995 年。

[35] 杰弗里·E·R·劳埃德（Geoffrey E. R. Lloyd）在《心理的去神秘化》中对它做了无情的批评，伦敦，伦敦大学出版社，1990 年；法文本由 F. 勒尼奥（F. Regnot）翻译，见《为了解决心理问题》，巴黎，发现出版社，《人文社会科学》袖珍本丛书，1996 年。

[36] 雅克·勒韦尔（Jacques Revel）主编，《阶层作用。对经验的微量分析》，巴黎，社会科学高等研究院-伽利玛-瑟伊出版社，1996 年。

[37] 诺伯特·埃利亚斯，《有希望的社会》(*Die Höfische Gesellschaft*, Neuwied et Berlin, Hermann Luchterand Verlag)，1969年。法文本由皮埃尔·加米特莱（Pierre Camitzer）和珍妮·埃道雷（Jeanne Etoré）翻译，见《宫殿社会》，巴黎，卡尔曼-利维出版社，1974年；罗杰·夏蒂埃（Roger Chartier）的序言写道："社会形成和心理结构。文明进程中的宫廷社会"，巴黎，富拉马翁（Flammarion）出版社，《领域》丛书，1985年重版，XXXVIII页。

[38] 参阅他对乔万尼·列维（Giovanni Levi）的著作《乡村权力。十六世纪皮蒙特的驱邪者的历史》的法文版序言，巴黎，伽利玛出版社，《历史文库》丛书，1989年。最初的题目是：L'eredità immateriale. Carriera di un esorcista nel Piemonte del seicento（《无形的传统。一个驱邪术士在皮蒙特的生涯》。——译者注)，图林（Turin)，爱诺第（Einaudi）出版社，1985年。

[39] 让-马克·费里（Jean-Marc Ferry)，《经验的力量，当代同一性论集》，巴黎，塞尔出版社，《通道》丛书，1991年。第一卷题为《主体和动词》。在第一部分，关注的问题是辨别行为（感受，行动，发现)，在第二部分，关注的问题是"同一性的形式"。我在这里涉及的是《经验的力量》第一卷的这一部分，因为我暂时不进入第三研究中《承认的秩序》有关第二卷的讨论。

[40] 阿玛蒂亚·森，《论伦理学和经济学》，牛津，布莱克维尔出版社，1987年；法译本 *Éthique et Économie*（《伦理学和经济学》)，巴黎，法兰西大学出版社，《道德哲学》丛书，Monique Canto-Sperber 主编，1993年。

[41] R. 诺齐克，《无政府、国家和乌托邦》，牛津，布莱克维尔出版社；法文本，巴黎，法兰西大学出版社，1988年。

[42] 德沃金，《严肃对待权利》，伦敦，1978年。

[43] 麦基，《发明了正确和错误的伦理学》，伦敦，企鹅出版社，1978年。

[44] 以赛亚·伯林，《自由四论》，牛津，牛津大学出版社，1968年；法文本《赞美自由》(*Éloge de la liberté*)，巴黎，卡尔曼-利维出版社，1988年。

[45] 查尔斯·泰勒，《自我的根源》。

第三研究　互相承认

237 “一旦他人承认某个人是一个有感觉、有思想并与他相似的存在者，那种与他交流情感和思想的欲望和需要就会使他寻找种种交流途径。”

——让-雅克·卢梭，《论语言的起源》

239 我们的过程的新阶段针对“承认”这个词第三次出现的哲学场景；在 Rekognition（认知）的康德环节之后，在意象的承认的柏格森环节后，现在是 Anerkennung（承认）的黑格尔环节了。

在第一研究中，认同就是对某种一般事物的认同：因此同一（le même）与他者之间的关系是一种排斥关系，无论涉及的是关于知觉的理论判断还是关于选择的实践判断。在第一种情况中，认同，就是区别：一个不是另一个；某物出现，消失，再现；根据现象（apparence）的变化或间隔的长短，人们在一番犹豫之后承认了它：这恰恰是同一个事物而不是其他事物。这里的危险在于误解，在于把一物当成了另一物；在这一阶段，运用于物的东西也适用于
240 人：只是误解更加戏剧化了，认同面临不承认（méconnaissance）的考验；由此，我们回想起，普鲁斯特的《追忆逝水年华》的结尾处那个 Guermantes 王子的招待晚餐上的插曲。以前熟悉的那些人，岁月的侵蚀已经改变了他们的容颜，好像“化了妆”一样，烦人的问题又来了：这是同一个人还是另一个人？那个目睹此情景的人颤抖着叫道：“是的，就是她！就是他！”当知觉的判断让位于偏好的判断时，同一与他者间的这种排斥关系同样清楚。选择采取了一种

替换形式：非此即彼。犹豫一旦解决，就要这个而不是另一个。

在第二研究中，承认仍然取决于认同的程序：自我占据了某个一般事物的位置。在这方面，如果除了把同一理解为自我，而不是把它理解为他者、他人、另一个，那么，在相同性（mêmeté）和自我性（ipséité）之间的同一性的分野就不会减弱同一与他者之间的原则对立。洛克赋予这种排斥关系以典型形式：自我相同于自身而非他物。在他的词汇中，同一性（identity）对立于多样性（diversity）。

但自我对自我的承认不只意味着自我对一般某物的替代。借助于承认概念和证实概念之间在语义上的近似性，一个广阔的经验领域向描述和反思敞开自身，这个领域就是能力（capacités）的领域，每一个人都有确定性（certitude）和信心能够（pouvoir）发挥这些 241
能力。对自我承认就体现在对“我能”（je peux）的角色的展示中，而这些角色从整体上组成了有能力的人的肖像，构成了它自身特有的意指空间。但对于后续的承认过程来说最重要的是，那不断构成承认观念的坚硬核心的认同，在由某物过渡到自我时不仅仅改变了面对的东西，而且从被同一与他者之间相互排斥观念所支配的逻辑地位上升到了一种生存地位，根据这种生存地位，他者能够影响同一。第二研究只是在帮助和妨碍发挥其固有能力的观念下触及了这种辩证法。第三研究的任务是将处于相互承认的形象下的那种自反性（réflexivité）和相异性的辩证法作为目标。交互性（réciprocité）和相互性（mutualité）（我们一开始未加区分）给从康德起人们所说的“交互的因果性”或“共同体”（在这个词的范畴意义上）提供显现的空间。

希腊人有一个独一无二的术语表达这种相互性的关系：相互地 allèlôn（gén.），它被翻译成“les uns les autres”，或更为简洁地翻译成“l'un l'autre”。[①]

我们首先要关注一下“互相”的范畴结构，以便从中识别在工作中一直暗中伴随着我们的矛盾，即，将交互性观念与原始的不对

① 这两个词组的意思均为“互相”。

242 称性对立起来的抵抗活动，而这种不对称在某物（un）的观念和他者（autre）的观念之间形成了鸿沟。由于对处于相互性的更隐秘外表下的交互性的颂扬很可能取决于对不可超越的差异的遗忘，这种抽象的开端对我们的所有后续研究将有提醒的价值，而这种不可超越的差异使得在 allèlôn、在“互相”的内部本身中某物（un）不是他物(autre)。

这种提醒一旦被宣布并被保留，我们就将把与前述研究中相同的谱系方法应用到有关相互承认的主题上，即，对“思想事件”系列的思考，而 Anerkennung（承认）的黑格尔环节①的出现构成了其中心环节。有个假设在这过程的第一阶段将占上风：黑格尔的 Anerkennung（承认）被理解成对一种主要挑战的回应，这种挑战就是霍布斯在政治层面上对西方思想的挑战。对 Anerkennung（承认）主题的重构，就像黑格尔在耶拿时期所阐明的那样，将被一种对霍布斯挑战的回应的理念所引导，在这种重构中，被承认的欲望占据着原先由暴死的恐怖在霍布斯的自然状态概念中所占据的位置。被当成文本阐述的这种重构，在“为承认而斗争”的标题下，将充当把黑格尔的主题重新现实化的某些尝试的先导。这些尝试将
243 达到怀疑斗争观念的程度，这将给我们机会形成一种假设，根据这种假设，如果人类不以仪式交互的赠与模式获得对互相承认的有效经验（尽管是象征性的），为承认而斗争就可能消失在苦恼的意识中。

Ⅰ　从不对称性到交互性

245 在范畴的层面上，交互性关系不是理所当然的。早在涉及将认同作为承认的第一研究中，互动（action réciproque）概念成了问题：康德在《纯粹理性批判》“原理分析论”的范围内将它置于经验类比的第三类比的地位；在实体（时间中持存的同义词）之后，

① moment，也可译“契机”。

并在因果律（有规律的连续性的同义词）之后，第三类比被陈述如下："一切实体，因其能被知觉为在空间中共在者，皆处在普遍的相互作用中。"[1]尤其值得注意的是，相互作用原则也应被称为共同性原则或交往原则。重要的是，在时间层面上，同时性战胜了连续性，在因果律中就是如此。如同人们说诉讼的原告和被告出现在法 246
庭面前一样，对互相承认、主体间交往而言，重要的恰恰是一种生存同时性，出庭就更是如此。

如前所述，我想根据现象学所遇到的困难来揭示交互性的现存范畴的新颖性，而这种现象学试图从自我与他人关系的原初的假定的不对称中得出交互性。根据现象学把我或他人当成指称的中心，它提供了对这种原初不对称性的两种明显对立的看法：一种看法是胡塞尔在《笛卡尔式的沉思》[2]中的看法，它仍然是一种知觉现象学，它的方法在此意义上是理论的；另一种看法是列维纳斯在《总体性与无限性》和《异于存在抑或超越本质》中的看法，它很明显是伦理学的，并且暗含着故意的反本体论的性质。两种方法各有其正当性，并且我们自己的话语一点不要求我们赞成这种或那种看法；对我们来说，重要的是，对立双方都在致力于克服这种不对称性时所表现的严肃态度，而这种不对称性以某种方式，持存于交互性经验的背景中，并且不让交互性表现为对不对称性的永远未完成的超越。

《笛卡尔式的沉思》的第五沉思代表了这样一种最彻底和最勇敢的尝试：从自我（ego）这一极出发去说明"陌生人"的相异性地位，247
随后，从其他自我（alter ego）的构造出发，去说明自我共同体的派生地位。这样一来，通过构造其他自我而被迫进行的过渡大大加剧了困难。

在将所有自然的超验性还原为一种先验意识的情况下，自我的自足性的原始特征导致了一种不对称性，而对于先验意识来说，全部实在源于将我的"自我"自行阐述（Selbstauslegung）为一切可能的认识的主体。意识的自我学名称出现在《笛卡尔式的沉思》的第四部分的结尾。

人们提出了对唯我论的异议（这样的异议当然来自外部），但现象学家将它变成了一种被完全接受的挑战。对“他人”现象的构造因此代表了一种矛盾的手法：他人的相异性，如同所有其他的相异性，在（in）自我中并从自我出发（aus）被构成出来；但陌生人恰恰作为“他者”被构造成为他自身（pour lui-même）的自我，即，与我一样的经验主体，一个能自己将自己领会为属于自己的经验世界的主体。然而，通过将自我的还原推进到“本己的领域”或“从属的领域”，胡塞尔使得这个任务变得特别繁重，这个领域是以我的肉体为中心的，而不指向外在于这个领域的他人。不过，恰恰
248 是从这种向从属领域的还原的顶点产生了解决以下矛盾的尝试：这一矛盾出自在自我中并通过自我将他人构成为他人，这个从属领域，像唯我论一样，具有哲学寓言的价值，霍布斯对自然状态的描述就是如此。我的相同肉体表现为他者肉体的最初 analogon（相似物），而对它的直接的直觉经验是我达不到的；就此而言，这是在知觉和直觉的层面上有关原始的不对称性的不可超越的真理。然而，“类推性的把握”的概念不是由于类比推理而有意义，而是由于前范畴、前理智的转移并通过回溯到意义的最初创造（这种意义的最初创造使得自我对陌生人的关系成为模型对复制品的关系）具有意义。这种假定的“类推性的把握”使我们能在缺乏呈现（présentation）时，谈论“共现”（apprésentation），或谈论“统觉的转移（Uebertragung）”。这种类推性的把握以我们所说的某种方式得到了一种三重的补充：首先得到了一种人们所说成“配对”（Paarung）关系的补充，人们可以在性经验、友爱、日常交谈、思想交流中发现这类例子，因为所有的经验给配对的逻辑起源的概念赋予了一种存在的“补充”；另一方面，我们在表达、行为、姿态的一致中获得了一种外来者的存在与它自身相协调的证明，这种一致性显示着一种相同风格的统一性；最后，人们进一步真正地求助
249 于想象：他者就在那里，如果我挪动一下，我就可以到那里。想象因此使得他的“这里”与我的“那里”相吻合。

我们可以无限地讨论“类推性的把握”观念的无数变种；它具

有让相异性之谜保持完整的优点，甚至增强其优点。的确，他人对于我不是一个陌生人，即使我甚至也不能谈论他；他不仅仅被“感知”（在这个词的独一无二的意义上）为一个不同于我自身的他者，而且被“感知”（在这个词的类比的意义上）为另一个“我”，即“他我”（alter ego）；因此，类比保护着对于他人的自身经验在原则上的不可知性；在此意义上，自我和他人不是真正“到庭”；只有自我出现，“在场”；他人，被设定的相似者，仍然“共现出来”（apprésenté）。

正是基于这种既被克服又被保留的不对称，一个共同的自然界和分享着共同价值观的许多历史共同体才得以被构造出来。交互性关系以构造的这两个新阶段为前提。我们必须十分强调建立共同体（Vergemeinschaftung）的活动，这个共同体从非对称性（asymétrie）中得到交互性。这里的确涉及了第二级构造：尽管这些连续的构造从作为自我的“我自身”的原初经验中得到它们的意义，但自我的经验要在一种交互性的基础上与他人的经验融为一体，他人就必须成为我的类似者。对于这样的现象学来说，只存在一个以联想的方 250
式被繁殖的自我。从现在起，我们相信，不管这些共同体多么真实，它们在反思中、在我思（ego cogito）中将永远无法形成绝对（在唯有它才是绝对的意义上）。还是在这里，如同在初级构造中一样，人们可以在这种“意向社会学”中追踪着两个要求间的妥协：一是要求尊重分析的进展所发现的新意义；二是要求从自我的存在地位中衍生出共同体的存在地位。胡塞尔在此想要的是莱布尼兹单子论的对等物，它使多重视角在对自然的共同经验中，在胡塞尔所称的“认同的综合”中相交织。单子间的共同体正是建立在这种自然的共同经验之上：对于社会学家，作为被给予性而存在的第一位的东西，对于现象学家来说就是作为被构造物而存在的最后的东西。从这里可以发现《笛卡尔式的沉思》的第五沉思的最后几段话有点显得故意拖泥带水，它不厌其烦地重复先前的步骤：将各种观点等量齐观，这一点使我显得与众不同，将历史共同体提升到更高程度的人的行列，每一个人都有在他的层面上处置自己和外来者间题的特权，它将“由学者和哲学家组成的执政官社会”作为远景，正是在这样的社会中，普遍意识（universale Selbstbesinnung）得以实现。

251 但直到这个辛劳过程的最后，他人特有的经验仍是我无法了解的；类比关系只能是逐步重复。正是在一种不稳定的平衡中，“阐释”与在英国传统的经验主义意义上的描述和德国唯心主义意义上的建构（不过，胡塞尔对此不是很清楚）保持相同的距离。

在列维纳斯那里，自我与他者间的原初不对称性从他者这一极转向了自我这一极。这种倒置与一种更根本的倒转相关，这种倒转将伦理学置于相较于存在论的第一哲学位置。在《总体性与无限性》[3]中，存在的观念被纳入了对所有差异进行同化的过程中，如同在胡塞尔的现象学中那样，在知觉现象学中，也确立了自我与他人之间的差异。在这方面，“存在”和“总体性”这两个观念相互包含，而无限性的观念则成了例外。

这不是因为《总体性与无限性》没有涉及我们称为交互性的群体生活（vivre-ensemble）的问题。这本书不是开启了对战争的沉思吗？通过悬置道德并且中断人的连续性，它趁可怕地开展总动员的机会提供了“关于总体性的本体论”的假象。在和平末世学的激励
252 下，目光一下子倒转过来并且容易受“他人面容的外在性或超越性的光彩的影响”（列维纳斯，《总体性与无限性》，序言，XIII页）。他补充说，这种被严格阐述的超越性概念，是“通过无限性这个词来表达的”。一切都以某种方式在一页纸中加以陈述。然而，需要厚厚一卷的篇幅才能借面容的中介有效地实现由本体论的总体性向伦理学上的无限性的倒转。

在征服这种外在性时（这本书的副标题强调了它的重要性），自我没有被忽视；他在自身（soi）认同方面具有其自身的稳定性，而这个自我沉浸在对其世界的享受中。在自我居住的这个世界中，“自我”就“在自家中”（chez soi）。外来者是给他家添乱的人。同一与他者进入一种关系，而它的关系项无法形成一个总体。

《总体性与无限性》并非没有涉及群体生活问题。况且，关于

战争的开场白已对此有所考虑，语言、话语取代了关系，但这种关系不是一种进行总体化的关系。它没有建立任何成系统的历史。“存在论，将他者归结为同一。”

我们知道关于面容的那几页内容，据说它不在表象的意义上出现，而是自我表达。他教导说：“面容的显临（épiphanie）本身产生在它的非暴力的外在显现中”（同前书，22 页）。面容召唤着，直到处于面对面的状态。它不是供观察的：“它的显示就是言语”（同前书，167 页）。“言语借视觉突现出来”（同前书，169 页）。它“在拒绝被扼制时出场”（同前书，160 页）。在胡塞尔所说的“类推 253
性的把握”关系的倒转关系中，面容把超越性和显临结合起来。但显临不是一种“类推性的把握”，而是一种自生的（sui generis）显示。被召唤的自我摆脱了它的分离状态和自我陶醉的状态，并被要求做出回应。从此以后责任就不是对自我性的肯定，而是模仿亚伯拉罕的“我在此”而做出回应。

这是凶杀的可能性——霍布斯用这个主题开创了现代风格的政治学——关于战争的前几页就提到这种可能性，它提出了相互关系的问题。如果“他人可能是我想杀死的唯一存在者”（同前书，178 页）是真的，“伦理抵抗”可以采用什么样的手段和凭依呢?《总体性与无限性》没有面对这种抵抗的制度化方面。本书专注于履行推论的义务和接受仁慈、和平的非暴力的教育。他者的隐蔽形象是进行教育的公正教师的形象。正义，让第三者走上舞台，它只能通过他人的面容到达我这里：“第三者以别人的眼光注视我——语言就是正义”（同前书，198 页）。在这个意义上，关于面容的伦理学在《总体性与无限性》中免除了对第三者的问题的独特设计。一开始就存在的“人际间的非对称性”（同前书，190 页），作为原初状况，
最终作为有关博爱和仁慈的话语的真理而返回。一种自我和他者可 254
以互换的关系由无限性退回到总体性。教诲的“高超”对应着原初的不平等。

在《总体性与无限性》中存在着一种“对面容的超越”吗？是的。这是第四部分的标题。但它的固有地位就是一种 eros（欲望）

现象学的地位，这种现象学促使人们去阅读涉及抚爱、女性的美丽、繁殖力的那宝贵的几页文字。这正如在恍恍惚惚的梦境中一样，在结尾的几页再次提到了某个第三者："形而上学或与他者的关系，是作为服务和作为殷勤而完成的。就他人的面容将我们置于与第三者的关系而言，自我与他人的形而上学关系悄悄采取'我们'的形式，它渴望国家、制度、法律，而这些东西都是普遍性的来源。但放任的政治本身就含有暴政。政治歪曲了自我与他者（他者则引发了政治），因为政治根据普遍的规则判断它们，因而使这一点有如缺席审判。"（同前书，276 页）最后，政治的可见性恰恰使面容变得不可见：与"这种非个人的公正的残酷"（同前书，277 页）相反，繁殖力则是超越了面容的真实。

我把《异于存在抑或超越本质》[4]视为列维纳斯的最大成就，我们有必要对这本书怀有期待，以便获得对下述问题的精心回答，这个问题促使我去阅读：关于自我与他者之间的一种原始非对称性（一种开始于他者在伦理上的优先性的非对称性）的哲学，能以何
255 种方式解释在不平等的伙伴间的交互性。直到《总体性与无限性》中，作者反复提及正义、仁慈、战争、和平，并且大致地提到各种制度，这似乎为坚持这种追问提供了根据。

这本重要著作的主题比《总体性与无限性》的主题更加严格地集中于某个问题。"我曾写道：本书的主要信念在于把责任伦理学和本体论之间有待建立的关系的命运与两者的语言的命运［伦理学方面的言说（dire）和存在论方面的所说（dit）］[5]联系起来。"如果伦理学真的使存在领域混乱不堪——这是"不同地"（autrement）这个重复出现副词的意义——从此，什么样的语言是合适的呢？这种语言应该不让言说重新陷入所说中，也就是说，重新陷入使存在论得以表达的主题中，重新陷入语义学所说的陈述中。在将"食言"（dédire）[6]用作言说（Dire）的无政府状态的代名词时，我们不是冒着光说空话的风险吗？然而，当我们在整本书中以一种可谓描述的、而非宣教（kérygmatique）的口吻谈论相邻、责任、对迫害者的替代时，我们清楚地说出某种东西吗？当人们从有关"相邻"

的主题过渡到有关“替代”的主题时，即，从遭受别人施加的苦难过渡到为别人而受苦时——当涉及所受创伤的词汇让位于更为极端的迫害的词汇、让位于获得人质[7]的词汇时，人们甚至可以观察到一种向极端状态的上升过程，一种口头的竞相许诺。这还不是全部。“迫害的创伤”（列维纳斯，《异于存在抑或超越本质》，178 页） 256
仍表示“谴责的不可宽恕性”（出处同上），简言之，表示无边的罪行。在此，陀思妥耶夫斯基取代了以赛亚、约伯、Quohelet。作为一种逐渐增强的趋势存在着：迫害、侮辱、赎罪、“先于自由的绝对谴责”（同前书，197 页）。这不就等于承认与本体论无关的伦理学没有专有的语言吗？这些夸张提出了语言问题，而走向极端的伦理学则可能诉诸这种语言。这个已被提过的问题自行为这样一个有关解读的假设指明了道路，该假设涉及第三者主题在这个写《异于存在抑或超越本质》的哲学家所拥有的话语自身中所引起的战略作用。这个哲学家的立场提出了第三者的主题，他写道：他所占据的位置，就是第三者的位置。提及它的时机是在不可比较的东西之间进行比较：“需要一种在不可比较的东西之间的正义”（同前书，33 页），这位论及不对称性的哲学家这样写道。正义本质上是在这种不可比较的东西之间的比较。[8]

正是在这种谜语之上，我中断而不是结束对这些难点的逾越过程，自我与他者之间原始的非对称性的两种形式以各自的方式面对这些难点。无论人们从 ego（自我）这一极或从 alter（他者）这一极出发，每次重要的是对这些不可比较者进行比较并因此将它们平等化。

Ⅱ 霍布斯的挑战

这个抽象的介绍结束了，我在主题层面上再次尝试将“思想的 257
事件”排成一个系列，这些事件利用了黑格尔关于 Anerkennung（承认）的核心主题，或者先于它，或者接续它，但没有忘记有关自我和他者之间的原始不对称性的颠覆性观点。就像从一般的某物到个别人的承认—认同面临着对无法辨认者（méconnaissable）的检验一样，相互承认冒着无法摆脱在承认的否定（déni de reconnaissance）的意义上的不承认（méconnaissance）的危险。正因先行持有这些保留意见，我们从此以后试图直接回应在“是—与”（être-avec）或“是—之间”（être-entre）这类表达式中介词“与……”（avec）和“……之间”（entre）的要求，后一个介词出现在汉娜·阿伦特频繁提及的《兴趣》（*l'interesse*）中。

我打开了这个材料，它含有“导言”中被宣布的假设，根据这
258 个假设，Anerkennung（承认）的主题更应被当成道德本性对政治根源的自然主义解释所发动的挑战的回应。这样一来，我们就要默默地承认“……之间”（entre）和“与……”（avec）的存在问题在根本上属于政治问题。从亚里士多德在《尼各马可伦理学》（第一卷，1094a24 以下）一开始就跟随柏拉图而给“政治”一词赋予的意义上，我接受政治的这种优先权。他说，在推论的知识（至善的性质属于这种知识）的最广意义上的科学“显然是政治学”，是“典型的建筑科学；正是这门科学规定了城邦中什么科学是必需的……”（亚里士多德注意到了战略、理财术、修辞术）。这个论据与其说源于伦理学对政治学的从属关系，还不如说属于相关主角之间的等级分化：“事实上，即使存在个人的善与城邦的善的同一性，理解和守护城邦的善无论如何是显然更为重要和更为完满的任务。因为，对孤立的个人来说，善肯定令人喜爱，但把它用于一个国家或一个城邦则更加美好、更为高尚。”① （同前书，1094b 7—10）

霍布斯熟知这些文本和发展了它们的《政治学》文本，他本会搅乱在个人的善和城邦的善之间的这种同源关系，这种关系在一种意义上是所有古代道德哲学和政治哲学的共同特点，以致列奥·斯特劳斯在他的《霍布斯的政治哲学》[9]中可以把霍布斯称为现代政治学的奠基者。

259 我在这里对《利维坦》[10]的重新阅读与利维坦的形象本身无关，

① 《尼各马可伦理学》，6 页。

"自然状态"理论在这本书第八章中所创造的谜语通过这个形象而得以破解。构成挑战的并非霍布斯的国家概念，而是"自然状态"理论，黑格尔则以"承认"概念对这种挑战进行回应。的确，关键在于知道，在群体生活的基础中是否存在着原初道德的动机，黑格尔将这样的动机视为对被承认的欲望。霍布斯的"自然状态"理论将被作为有关原始的不承认（méconnaissance originaire）的理论而重新讨论。

首先要记住的是涉及该论题的思想的经验特征。这种思想的假设并非没有在世界观和人的理论（人的理论和世界观是紧密相关的）方面的准备和支持。证明的愿望在欧几里得的《几何原理》中找到了它的最初模式，在晚近的培根、伽利略和笛卡尔那里，这种方法的精神和应用乃是对上述证明愿望的强有力继承，由巴都（Padoue）学派提出的"组合物的分解"（résolution compositive）程序构成了与它相近的参照。列奥·斯特劳斯无疑有理由说，"自然状态"理论在物理学的唯物主义中发现了一种后天证明而非必然基础。人的精神被直接理解为由一系列欲望支配的行动，而欲望则由一种计算能力所指导，没有这种能力，从对暴死的恐惧推出契约论（从这里诞生了由利维坦所象征的死神）的论证链条是不可能的。260

对"自然状态"的描述包含一种内心体验这一点为以下事实所证明：我刚刚归之于"原始的不承认"状态的那些特征不是来自对事实状态的观察，而是对没有政府机构的人类生活可能是什么样子的想象。确实，在国家之间的战争和国家内部颠覆事件的现实中，在我们所称的日常恐惧——飞行的恐惧、抢劫的恐惧、死亡的恐惧中——乃至在有声誉的文明社会中，这种想象具有汇合的迹象。但这种彻底化的做法在上述侵犯的发端处安排了对暴死的恐惧，这种彻底化的做法也由此在政治理念和道德理念的天空中构成了一种无法预见的"内心体验"。

人们通过它们的名称知道了三种原始激情，这些激情共同把自然状态描绘成"所有人反对所有人的战争"。它们是竞争、怀疑（diffidence）、荣誉。"第一种激情推动人们进行攻击以获得利益，第二种是为了获得安全，第三种是为了获得声望。”（霍布斯，《利维坦》，224 页）[①] 值得注意的是，在这些激情中，不参照一种激情就无法设想另一种激情：在激情方面，每个人都知道自己与其他人不无一致。这种人与人生而平等（的观念）从题为“论人类幸福和
261 苦难的自然状况”这一章的第一句话中就得到证明。在这里，人类所做的事情比他们设想的状况更加重要。但，没有比较，大概就不再存在推动人类“相互消灭或互相奴役”的敌意。“互相”在此意义上是一种对承认进行否定的结构，它在怀疑中发现了最近似的经验，在自负中发现了最深层的动机。

列奥·斯特劳斯可以证明，相较于自负（虚荣的别名），即幻觉的根源，对死亡的恐惧构成了真理的原则，合理的措施即由此而来，这些措施导致了决定性的政治契约的产生。在此意义上，自然状态或许包含了在自负和对暴死的恐惧之间存在的原始二律背反。根据对人类在自然状态的生存条件的这一描述的否认，我们的重新阅读呈现另一个引人瞩目的特点：不与“和平”一词配搭使用，就无法说出“战争”这个词（借自历史的经验）。借此机会，霍布斯奇怪地提到了时代。他明确写道：“如同是在气候性质的事例中。”[②]（temps 这个字在 17 世纪的英语中还是在时间跨度和天气失常这两重意义上被使用。）然而，“趋向坏时代”只是在与另一个有利的时代相对照才有意义：“所有其他时期都是和平时期。”（同前书，225 页）[③] 我则做这样的解释：不承认（méconnaissance）被认为是对这种承认的否定，这种承认就被称为和平。

262 在写下“人生是孤独、悲惨、危险、野蛮和短暂”这句话之后，霍布斯又回到了老路上：“对于那没有很好权衡过这些事情的人来说，下面这一点显得很奇怪：天性使人类相互攻击和相互杀戮，从而分开他们；后者不可能接受从激情开始所做的这种推论，或许他希望经验能为他证明同样的事情。”（同前书，226 页）[④] 紧接着的是来自日常

① 译文请参阅《利维坦》，杨昌裕译，94 页，北京，商务印书馆，1985。

②③ 同上书，94 页。

④ 同上书，95 页。

生活中有关恐惧的例子。但人们不就是对这样的和平观点感到惊讶吗?

如果没有完成对第十三章的"自然状态"的评注(这些评注被置于第十五章"自然法"的标题下和"自然的其他法则"的标题下),我们就无法完全领会霍布斯的挑战。的确,没有不确立这些法则(这些法则迫使所有人诉诸自然状态),国家的出现就仍然不可理解。可是,国家必出自契约,确实,君主不是缔约方,但这个契约至少将全体人民凝聚起来,这些人在自然状态中忽视使用更好的道德进行的评估。保持对死亡的恐惧是为了决定根据第十三章的最后提到的那种认可而进行的各种评估。而这种认可的程度要通过每个人的自保所需要的东西来衡量,即,通过人的能力的增长来衡量;这种增长对于自我保存是必需的,"这种增长应该被认可"。认 263
可不过是一系列活动,即,自负、怀疑、预防性攻击的最后环节。在第十三章的最后,突然出现了第十四章和第十五章的"自然权利"观念将予以满足的要求:"理性暗示了涉及恰当的和平的条款,[人们]就这些条款达成了一致。这些条款正是人们称作'自然法'的东西。"(同前书,228 页)在此提及的理性无非是被对暴死的恐惧所激发的计算活动。

在"自然状态"基础上谈论"自然法",对于霍布斯来说就是深入他的重要对手们的领地,那些 jus naturale(自然法)思想家的领地。在这显而易见的论争焦点上,需要理解的东西是,在成为黑格尔的一种挑战之前,霍布斯的理论——"自然状态"和被添加的"自然权利"理论——构成对自然权利理论家的一种挑战,这些理论家步其后尘,但通过格劳修斯①(Grotius)这个人而先于霍布斯。格劳修斯在 1625 年出版了《战争法权与和平法权》(*De Jure belli ac pacis*),而《利维坦》出版于 1651 年。[11]人们在格劳修斯那里可以发现对权利(droit)的下述定义:权利是"一种归属于人的道德品质(qualitas moralis personae),根据这种品质,人们可以合法地

① 荷兰法学家,国际法鼻祖。

占有某物或做出某事（competens ad aliquid juste habendum vel agendum）”（转引自扎尔卡，《主体性的另一条道路》，9 页）[12]。霍布斯在他第十四章开始所给予的定义中公开拒绝的，就是这样一种道德品质，它被视为一种通向我们刚刚所说的“权力”（pouvoir）
264 的“能力”：“政治著作家通常称作 jus naturale（自然法）的‘自然权利’，是每个人具有运用他自身力量的自由（如同他本人为了保持他自己的本性即他自己的生命而想要做的那样），因此，也是每个人根据他的判断和固有理性去做他认为为达到这个目的而采用的最好方法的一切事情的自由。”（霍布斯，《利维坦》，229 页）

这样一来，如何理解这种积极的自由转变成禁令，首先“禁止做摧毁其生命的事情，或禁止做剥夺那种保存其生命的手段的事情，并且禁止忘记去做借以使其生命得到更好保存的事情”（同前书，230 页）呢？正是在这里存在着使我们能区分自然律（它禁止）和权利（它授权和允许）的微妙转折点。然而，对权利与法则的这种区分很有可能不被承认，因为人们将一系列“箴言”的可见形象给予了隐藏的禁令（霍布斯罗列了不少于十九个），其中的第一个命令是“追求和平并保持和平”，但不要因此放弃“千方百计地进行自保”；第二个命令则是“放弃在所有事情上的权利”。正是在这点上，自然律明显地与权利发生分离。没有这种“箴言”，那产生国家的契约是不可理解的；的确，“放弃人们对于某物的权利，放弃人们为阻止别人利用权利而拥有的自由（这也是他人做同样的事情的权利）”构成了缔约者的所有行为的前提。这种对权利的放弃
265 则分为简单的放弃和为别人的利益而进行的转移，最初的责任就是从这里产生的，这种责任也就是不阻止别人从转移中获得利益的责任。首先，“交互的”和“相互的”这些形容词不再在战争状态的气氛中，而是在寻求和平的气氛中被说出来。通过悄悄巧妙转变，我们进入契约的领域。但不管涉及的是（权利的）放弃、转让还是契约，这丝毫没有涉及道德强制，而是涉及完全自愿的和最后的预防，计算在害怕的压力下提倡这样的预防。自己放弃自己的权利一直可以达到免费馈赠的程度，即，没有交互性，超越了所有的契

约。霍布斯注意到："这不是契约，而是馈赠，是免费馈赠、恩赐，
这个词表示独一无二的东西。"（同前书，236 页）非伦理动机不可
能进一步走向对伦理动机的模仿，这种伦理动机在自然法主义者
（jusnaturalistes）那里以"人的道德品质"作为对权利进行定义的
基础。既然免费馈赠与未来有关，甚至诺言也被理性律法的箴言所
推动："我想这个馈赠明天就归你，明天我想把它给你。"（同前书，
237 页）

无疑，霍布斯需要这种有关每个人单方面放弃自己权利的观念，
就像他也需要权利的转移、契约和诺言的观念一样，以便使为唯一国
王的利益而放弃全部个人权利的观念合乎情理（只要这种放弃是相互
的）。如前所述，相互性一直铭刻在契约的定义中。至于诺言，如果 266
它不是相互的，它就是针对别人的，他允诺明天给予那个人，因此做
出让步，作为以前受到的恩惠的交换：一个盟约包含在这系列缔约行
为结束时。权利的转移，因而自由和权力的转移，构成了刚刚考察过
的整个概念链条的联系。盟约交互性成了对转移的单面性的补充。
"在自然状态，人们制定的契约是强制性的。"（同前书，242 页）这样
的简单宣示减轻了"自然权利"概念的矛盾。由恐惧感所激起的算计
如何可能制造权利与法律及箴言之间的这样一种间距呢？权利使保存
生命所要求的所有东西依附于权力的自由，而法律和箴言把责任与所
有源于对权利的自愿放弃（转移、契约、诺言、盟约）的一切联系起
来。唯一无效和空洞的契约就是这样一种契约：凭这个契约我不再求
助于武力来反抗武力；在国家法规之下，它导致了不可转让的抵抗
权利。

在一长串"其他自然法"中（第十五章），我只考虑第九条自然
法，它明确地引入了 acknowledgement（承认）概念，把它作为技术
性术语："每一个人应该承认他人与他生而平等，违反这条箴言就是
骄傲。"这样的借口很奇特地使自然法与自然状态相适应：原始的平
等重新被证明，但是作为被赞成、被承认的平等而存在。根据自然法 267
而进行的 L'acknowledgement（承认）借助于单方面放弃权利和相互立
约（单方面放弃权利使立约成为可能）限制了与自然状态有关的

怀疑。

如果君主是唯一一个代表民众的人，那么，仍然缺乏对国家进行定义所必不可少的条件，而国家是以每人放弃自治权来定义的。仍然缺乏对人的新定义，这个定义与苏亚雷斯和格劳修斯的定义相呼应。在“拥有”自己语词和行动的自然人之上，又增加了——这是关键之点——那种“再现”其他人的语词和行动的虚构的角色和非自然的角色。霍布斯在第十五章（“人、责任人、人格化的事物”[①]）中声称，这是向词源的回归：人作为面具、作为角色、作为代理人，简言之，作为演员，他不同于有自己语词和行动的责任人。出自委托的权威即产生于此，而这种授权使之有了理由。我们没有远离国家的定义：“当多数人被唯一的男人或唯一的女人代表时，他们就形成了单一人格，因而每个特定个人的同意和众人的同意可以使这一点得以实现。的确，代理人的统一，而不是被代理人的统一，形成了单一人格。代理人是人格的基础，并且仅仅是唯一
268 人格的基础：多数人的统一不能以另外的方式来理解”（同前书，276 页）[②]。我们已经带着虚构的和非自然的人的观念及所有由此引起的东西的观念偷偷地从自然的东西转向了人为的东西：基本上是通过表象的观念而实现从多到一的排序，而表象是虚构的和非自然的角色的特性。因一个自然人放弃他的权利而导致的转移与因责任人的表象和向演员的委托而导致的自然人向非自然人的转移相重叠。

第十七章（“论国家产生的原因和定义”）的开始处对国家的定义显然经过了长期准备，通过这个定义，我们将完成我们对霍布斯的考察：“我授权给这个人或这群人，我把我的自治权给他，只需你把你的权利给他并以同样的方式批准他的行动。于是，那团结成一个人的一群人就被称为国家，用拉丁语说就是 CIVITAS。这就是伟大的利维坦的产生，或更恰当地说（以更恭敬的态度说），是有死之神（dieu mortel）的产生，我们在不朽之神的统治下，把我们

① 此处作者有误，这应是第十六章的标题。

② 《利维坦》，125 页。

的和平和保护归于这位有死之神。”（同前书，288 页）“授权”“放弃”“交互性的条件”，这些语气强烈的语词为了单独一个人的利益而重新采纳了相互允诺的所有成分，这种允诺使得国家有赖于每个人对每个人许下诺言。

如果我们追溯霍布斯的论证过程，我们在“霍布斯的挑战”一开始所形成的观念应该有很大的变化，或更确切地说，应该修正。269
从自然主义的前提（“自然使得人们在身体和精神的能力上平等”，等等）出发，从明确地把自然状态定义为“每个人反对每个人的战争”出发，作为无限自由的权利与提供禁令的法律之间的分离已经让位于所谓的泛伦理（paraéthiques）的格言，因为它们模仿一种责任道德的规则。在这一过程中，暴死恐惧的动机变成了什么呢？通过计算，它足够支撑起契约和诺言的整个大厦吗？而这些契约和诺言似乎重构了一种共同善的条件。这样的怀疑使得霍布斯的挑战是双重的：一是在这种对比意义上的自然主义前提的挑战；二是在一种契约范围内具有泛伦理特征的挑战。

依我看，缺点在于那个概念系列中缺乏相异性（altérité）维度，这些概念在盟约观念中达到了顶峰。首先，“放弃权利”“剥夺权力”这类概念带有潜在专断的唯意志主义的标记。对暴死恐惧所激发的算计暗示了这些有一种交互性外表的措施，但这些措施的目的仍是保存自身的权力。没有他人的期待可以为剥夺这种权力提供根据。在从自然人（这个人仍是责任人，“他的语词和行动的拥有者”）向非自然人（是扮演了一个他所代表的另一个人的角色的演员）的过渡中可以观察到逃避责任的同样现象。缺乏的不是这个人 270
的自我认同（洛克指出这点），而是与其自我性合作的相异性部分，如同转移、契约、盟约概念似乎要求的那样。

莱布尼兹后来重新将他人置于权利关系的核心，他秉持这样的观念：权利的目标“是我们做的对别人重要的所有事情，并且这些事情是我们力所能及的”（转引自扎尔卡，《主体性的另一条道路》，983 页）。无论是“不伤害他人，将属于每个人的东西还归他”，还是以更为强烈的语气说“为他者的幸福而快乐”，即“把他人的幸福当成自己的幸福”，这三个莱布尼兹的表述方式证明，对我们的相互承认观念的概念史来说，重要的不仅是权利主体的发明，而且是权利观念本身中的自我性与相异性结合。

Ⅲ 黑格尔在耶拿：ANERKENNUNG（承认）

271 前面霍布斯的政治哲学受到挑战的影响：问题其实在于，一种政治秩序是否能建立在一种道德要求之上，这种道德要求应该和对暴死的恐惧和理性算计一样原始，而根据列奥·斯特劳斯提出的纲要，后者与自负相对立。如同阿克塞尔·霍耐特（Axel Honneth）在他专门讨论为承认而斗争的著作的开头注意到的那样，Anerkennung（承认）概念，从它的整个发展过程看，满足了这三方面的要求。[13]

第一，承认保证了自我反思和指向他者之间的联系。这种继承自费希特（我们以后会回顾这一过程）的自我关联和主体间性的相互决定构成了对霍布斯进行回应的原则；政治哲学的基础就在于主体的这种复制，而政治哲学在黑格尔1802年至1807年间在耶拿写的哲学片段中获得了第一次清楚陈述。

272 第二，整个过程的动力从否定极发展到肯定极，从蔑视发展到尊重，从不公正发展到尊重。相互承认概念的这第二成分很典型是黑格尔的，因为人们从中发现了对通常被赋予黑格尔哲学中的否定性的重要表述（《精神现象学》的著名序言指出了这一点，这部著作是耶拿时期的辉煌顶峰）。司法层面上给罪犯的改过权标志着“承认”出现在实践层面。伦理和实践的否定性展现在整个人类之间和解形象的过程中。因此，霍布斯有关斗争至死的主题，在黑格尔赋予的“精神”这个词的意义上，被重新接纳在真正具有精神性的过程中。

第三，承认理论在与众多特殊机制相对应的各个等级获得了系统化的表述。从耶拿到柏林，黑格尔从来没有停止令承认的这一制度化过程多样化，直到它在1820—1824年《法哲学原理》中最后稳定下来。就这种等级化内在于承认过程本身而言，它尤其构成了对于人工论（artificialisme）[①] 的回应，在《利维坦》中，这种人工论，在自然人和非自然人的区别中得到了它的最早表达，并且在这一庞大机巧（“利维坦”本身就是这样的机巧）制造中达到了顶峰。在这方面，黑格尔的 Sittlichkeit（美德）概念、“伦理生活”概念，273
可以被当成霍布斯的机巧（artifice）概念的替代者。

被黑格尔加以区别的那些涉及承认的各个特定区域没有形成不变的轮廓，这是思辨要求与经验论的经验之间的历史妥协；同样，在亚里士多德的《政治学》中，作为平等的正义的基础概念带有纳税社会的历史局限性，而奴隶、妇女、孩子甚至商人是被排除在这个纳税社会之外的。在黑格尔那里 Anerkennung（承认）的连续开展同样如此；它们开启了一段为承认而斗争的历史，只要承认的制度结构与整个过程的否定的能动性不可分离（每种制度的获得都是对一种专门的否定性威胁的回应），承认就继续成为我们时代的潮流；这种不正义层面和承认层面间的相关性说明了那条熟悉的谚语，根据这条谚语，我们对于不正义要比正义更清楚；就此而论，在基于承认要求的政治哲学中，愤怒发挥了对暴死的恐惧在霍布斯那里所发挥的那种作用。正因如此，在黑格尔耶拿时期的著作中承认理论的原始形式，通过当代的各种解释，保持着它们的论战力量，甚至保持着挑战的力量，而这些当代解释力求借助于在思辨要求和经验调查之间的新联合而使那些原始形式现实化。更有甚者，274
在这种为承认而斗争的历史中，仍然保留着的东西乃是与自我的关系和与他者的关系之间的这种原始相关性，这种相关性给黑格尔的 Anerkennung（承认）概念赋予了可以认识的概念外观。

我们刚刚给原始的动机取了相配的名称，即希望被承认的名称，从此以后，这个原始动机要面对暴死的恐惧。在这个简洁的表达式中，动词“承认”的被动形式是至关重要的，这是因为，根据那将否定性和制度化勾连起来的重要辩证法，每个个体的自我承认

① 心理学术语，指儿童心目中万物由人造的观念。

（它在前面的研究中被置于起源的位置）从此以后被置于结果的位置。

如此说来，如同我所在阵营的研究者们一样，我们应该回溯到耶拿时期的残篇，而不是接着亚里山大·科耶夫（Alexandre Kojeve）的著作开展后续工作，亚里山大·科耶夫就是著名的《黑格尔导读》（从 1922 年到 1933 年讲授的课程）的作者。这部著作以《精神现象学》为参照，并且给予主人与奴隶的斗争以人所共知的地位；关键在于，当面对在其初始阶段的承认主题时，读者可能希望看到意义的源泉显露出来，直到最后的著作《法哲学原理》，以后那些更完美的著作很可能还没有穷尽这种意义的源泉，在《法哲
275 学原理》中，承认和被承认的主题不仅失去了它的在场厚重感，而且失去了它颠覆性的尖锐性。相应的代价是一种辛勤的阅读，它使得那些非专家们要依靠专家们的重构。至于我，我依靠雅克·塔米尼奥（Jacques Taminiaux）在介绍黑格尔[14]的《伦理生活的体系》（政治的批判）以及他在《黑格尔的国家哲学的诞生》[15]一书中所做的工作，我还依靠《历史的召唤》，它构成了阿克塞尔·霍耐特的著作《为承认而斗争》的第一部分，这本书基本上是要对两个片段的主题进行“系统的重新现实化”，我们刚刚提到了那两个片段的标题。

在严格说来属于青年时期的作品和法兰克福时期的作品之后，黑格尔所处的思想处境，可以用重要遗产来形容，这些遗产受到人们的尊重并且在许多方面仍属我们的主要遗产。

他从康德那里接受了作为首要道德要求的个人自律概念，这一概念没有考虑到它最终会融入能够给它提供一种历史和政治维度的历史结构中。

接着，从与马基雅维利和霍布斯的对抗中，在一种为相互承认而斗争的意义上，重新定位斗争概念的计划凸显出来，而霍布斯把斗争解释成为生存而斗争。为承认而斗争占据了怀疑所占据的位置，而政治上的伽利略将怀疑置于激情三部曲的中心，这些激情滋养了每个人反对每个人的战争。

从对希腊世界早熟的仰慕中，除了接受 polis（城邦）对孤立个 276
体的优势地位外，黑格尔还牢记在个人自由与普遍自由之间建立充满活力的统一性的理想。他还抱有这样的信念：完善的结构预示在现存的道德中，借助于这些结构，道德和权利的现代形式回应着古人的伦理美德。在这方面，从耶拿时期的一个残篇向另一残篇的过渡，也将是从残余的亚里士多德主义（根据亚里士多德主义，承认最早的形象仍被置于自然的保护下）向彻底的唯心主义观点的过渡，这种唯心主义给意识赋予了产生自我分化的连续阶段的能力，为承认而斗争则加强了自我分化。

但黑格尔最直接受惠于费希特对自然法的伟大传统的重新解读：没有费希特，不仅无法想象“为承认而斗争”取代“为生存而斗争”，而且无法想象把后者包括在自我肯定和主体间性之间的辩证法中。在此意义上，我们可以说，耶拿的著作肯定了霍布斯和费希特之间未被料到的联系。

承认是 *Sittlichkeit der System*（《道德体系》）的直接主题吗？以这样的方式提出的问题初看之下会招来一种否定的回答：所有思辨的工具是从绝对的形象出发构建起来的，费希特则将这个绝对命名为“同一性”，而“同一性”，用伦理的术语即“道德”的术语
说，等同于总体性。我们处于一种远离绝对控制、远离一种本体论 277
神学的强烈思辨的中心，费希特和谢林在本体论神学方面相媲美。凭着直觉对概念化占有优势并通过将后者的思想纳入前者的思想，在 1802—1803 年，谢林仍得到黑格尔的眷顾。首要的词汇是“无差别”（在无—区别的意义上）、“普遍性”和“特殊性”，最后转向了总体性。如果为了承认而斗争的主题需要得到这个残篇的支持，这是因为分割在思辨过程中所起的作用。另外，更确切地说，正是等级化“力量”的能动性显示了关于那决定着承认模式的多样化的主题（这以后将是我们的主题），而在等级化的“力量”中，同一性—总体性摆脱了原初的无差别性以重新导向同一性—总体性。

在这里考察的片段中，在 A 标题下，伦理生活的宏大剧本第一次在“自然”力量的舞台上上演。在与统一要求保持距离的条件下

（这个统一要求为《依赖关系的伦理生活》这个标题提供了依据），这个剧本预示了绝对的伦理生活。与我们以后要追问的著作［这些著作的语言将完全是圣灵（Esprit）的语言］不同，这里采用的语言是自然（Nature）的语言。我们面对的是带有 Trieb（冲动）的个体的多样性，冲动的多样性，这种冲动是由回到绝对的活动激发
278 的。这样或那样的冲动关系的满足程度造成了“力量”的等级，它使我们不断遇到自然需要、工作、欲望与享乐之间的区别，工作与占有的关联，在有效占有中享乐状态的消失。当代读者喜欢注意给爱赋予的光荣地位，它隐含在具有家庭联系的众多面孔之下并接近自然力量的观念。我们在这里把相互承认的第一个模式的核心放在通向众多陈述的第一个过程的 A 标题之下。“力量”仍是以积极的语词来描述的，但自然的否定力量的阴影在必然性的形象下、在死亡的形象下、在宇宙原理的暴力的形象下、在人与人对抗的形象下、在人反对自然的形象下凸显出来。

在 B 标题下，与“有赖于关系”的伦理生活相关的相同形象被从普遍性的统治的观点，从产生特殊否定的法权领域的观点重新审视，后面以“犯罪”为标题的一节将集中讨论这个专门的否定。通过交换、契约，我们可以谈论对人格的承认：这甚至是“承认”这个词第一次出现在这个片段（黑格尔，《伦理生活的体系》，137—139 页）中。塔米尼奥做了这样的评论：“这是为什么承认个人是活生生的存在物——这就是对人的承认——是承认他人是‘绝对的概
279 念’‘自由的存在物’‘是成为与一种规定性相关的自身的对立面的可能性’，但这仍是一种缺乏差别环节的形式上的承认。支配和奴役的关系，承认的更高力量引入的正是这个差别的环节，因为它是真实的力量，而以前的承认只是观念上和形式上的力量。”（塔米尼奥，59 页）

这个表达方式是作为第三种力量重新出现的——第一种是自然力量的表达方式，第二种是“在形式和关系中的无限性、理想性”的力量。（同前书，128 页）我们可以读到这样的文字：“第三种力量与先前的力量不相关；交换关系对占有的承认关系，因此还有财

产关系——迄今，占有涉及个人——在此变成了总体性；但永远处于个体性本身的内部；换言之，第二种关系被纳入普遍性，被纳入第一种关系的概念”（同前书，137 页）；这种承认的令人不安的不稳定性——这种承认与思辨层面的支配—奴役关系（人们在《精神现象学》中认识了它的命运）同时发生——被“生来不平等”这样的表述所强调，那本书对这种表述做了这样的评论：“被固定在差异中的存在者，就是奴隶；面对差异保持自由的存在者，就是主人。”

然而，如果不给自然存在物早已被命名的积极形象提供第二次机会，黑格尔就不会结束他对自然力量的探究，而自然存在物被重新纳入正在发挥作用的普遍性的影响下。因此，家庭被称为“自然 280
界所能够产生的最高总体性”。这个真理是通过儿童而发现的，据说，这个儿童“与现象相反，是绝对，是关系理性，是永恒与持久的东西，是自己产生自己的总体性”（同前书，143 页）。进而言之，“能力和智力，父母的差异，与青年和儿童的精力是成反比的，生命的这两方面互相躲避，相继而来，并且相互外在”（出处同上）。

题为“否定或自由或罪行”（Verbrechen）的部分如一声惊雷响彻在这个文本中，这一部分处于我们刚刚浏览过的“有赖于关系的绝对伦理生活”和“绝对伦理生活”之间。通过表明与上升运动的对立，这个环节显示了在区别的工作中那一直发挥作用的东西，即，虚无化（Vernichtung），自然伦理生活的否定。犯罪具有“否定一个生命体在其规定性方面的现实性的效果，但也有固定这种否定的效果”。它在总体性中不可超越地消灭了这种现实性。它所引起的相反运动，报复，被内化为悔恨，参与了这种固定化，这种固定化使人想起奴役的固定化，但它是在法权所标明的区域内进行的：从这里相继出现了野蛮、掠夺、征服的形象，出现了人们从最终将取得胜利的政治观点加以注视的最威严形象，它们是对荣誉的伤害，这种伤害损害所有人；但它是在犯罪的影响下出现的。当代 281
读者，热衷于最后认识值得被称作绝对伦理生活的东西，即，摆脱自然力量的累积［这种自然力量开始于 Trieb（冲动），在家庭的要求中达到顶点］的东西。这位作者面对这种绝对伦理生活的唯一载体，民族：这种绝对伦理的理念出现在民族（Volk）中并获得了它的直觉。民族和宗教证明了概念体系被吸收进直觉中。话语的进程加速了，从民族政体的静态观点过渡到了它的管理的动态观点。问题并不在于对“静止系统进行思辨时”的承认。话语贯穿了一系列被赋予种种清楚要求（Stände）的美德：这就是勇敢，正直，最后是信任，而在信任中，奴役关系被废除了。只有从静止状态转变为体现了统治（Regierung）行为的运动状态的时候承认才能被命名。这个特殊的环节处于第一个管理系统和第三个系统之间，第一个系统根据获得的满足程度而处于需要和“盈余”的影响之下，而第三个系统是惩罚的系统（刚刚被概述）；这种间隔是“司法系统”的间隔；“能思想、有意识的公共权力，在此是作为司法权的政府”（黑格尔，《伦理生活的体系》，195 页）；在此范围内，只有财产关
282 系变成了相互关系：“因此，我承认拥有他者的能力，但暴力、偷盗反对这样的承认。它们是强迫的，它们针对一切；它们消灭自由，取消成为普遍的现实性，取消被人承认的现实性。如果犯罪没有否定承认，它也完全可能把它获得的东西留给他者，留给普遍。”（同前书，197 页）

通过回归我们原初的问题，即，《伦理生活的体系》是否能被当成为了承认而斗争的理论的真正先导，我们可以以下述方式使最初的评估产生细微差别：一方面，我们可以发现“承认”这个表达式出现两个明显的环节，它把第一个环节与法权的形式联系起来，主要与交换形式联系起来，将第二个环节与正义保护下的国家治理的结构联系起来。它两次都成了力量的等级体系中的中间环节；另一方面，因为个人与权利同时存在，并且公众的自由仍与消极否定（黑格尔以一系列明确的文本讨论这种消极否定，在那些文本中，自由与犯罪联系在一起）相对抗，有可能把对承认主题的支持给予这尝试的全部推动力。在此意义上，承认与它的否定阴影一同存在：“犯罪”乃是对承认的否定。这一系列的文字处在我们长长片段的中间。

如此说来，那使得黑格尔的问题远离我们的问题的东西，乃是以思辨的方式参照同一性、总体性，这种参照没有经验的对应物——它伴随必然的后果：直觉与概念体系对照，无差别与差别相 283
对照，普遍性与特殊性相对照。正是这种本体论神学的形式阻止人的多样性表现为相互性关系的不可超越的参照，这种相互性被暴力所强化，黑格尔的论著通篇都涉及这种相互性关系，它从冲动和爱的层面一直延伸到整个民族内部的信任的层面。阿克塞尔·霍耐特以后提到的就是类似的过程，但这一点出现在他继哈贝马斯之后称作“后形而上学”的形态中，正是在这种形态中，人的多样性将占据同一性和总体性的位置。

我的两位良师雅克·塔米尼奥和阿克塞尔·霍耐特与我相伴，我通过前者给出的翻译着手处理标志着耶拿时期（1805—1806 年）的第二个文本。它的编者把它命名为《实在哲学》（*Realphilosophie*），因为它构成了整个哲学体系的组成部分，在这种哲学中，“精神”是与理想阶段相对立的实在阶段而得到把握的。我们要特别提一下“精神”，而这是以损害在先前的文本中一直依赖类似亚里士多德的自然概念的东西为代价，这种概念变成了自然哲学的明确主题，而自然是《实在哲学》的第一个“实在”的阶段。因此，在理想性和现实性的重要区分的影响下，问题恰恰在于精神的来临——或毋宁说是自我的回归。精神在形成不同于自我的他者时，如何使自己“与自身等同”？人们将重新发现类似于《伦理生活的体系》层面的一系列层面，对此，我们不感到奇怪。但自然在这里每次都是作为 284
“被消灭者”而出现的。这种与自然主题保持距离的做法会使我的整个论述特别有趣，从这个研究的第三部分开始以来，我的论述就试图通过对一种原始道德动机的提升对霍布斯做出回应。在此意义上，黑格尔选择了与他战斗，他像霍布斯一样假定“应该跳出自然”。对霍布斯的回应涵盖了精神的实现的各个环节构成的过程以及对精神回归它的自我性的描述：国家将在这个重大的迂回—回归结束时出现。至于承认的主题，如同它在有关有限性和人的多样性的后黑格尔哲学中将成为的那样，它将不是获得相互性的积极动力，但它标志着精神回归自身的某些引人瞩目的阶段。然而，它不仅得到命名，而且得到精确的表述，这种精确性是伦理体系中仍然缺乏的。这足以使《实在哲学》对它的处理成了一种真实的前件，如果我们敢于这么说的话，成为一种被用于这个主题的当代主题体系的思辨性的供应者。

在“政治”这个词的广泛意义上，我们可以说，黑格尔明确把承认的主题置于政治哲学内部。如同前面几页第一次指出的那样，与霍布斯的决裂同一种本体论神学紧密相连，这种本体论神学在此是由“理念”中的“精神”部分来表示的，精神在他者中认识自身
285 的方式在根本上仍是一种自我与自身的关系。换言之，精神从其与自身的关系出发形成了他者；精神“实现”的各个阶段对于精神仍是一种无可估量的思辨资源。

这本著作的结构分成三部分。

1. “有赖其概念的精神”

这里涉及了一种先后集中于理智和意志的思辨心理学。正是通过意志的历程，承认的主题出现在第一部分中，这个历程是以自我对意象的把握为标志的，是以自身在称谓（称谓把这个人当成名字的主人）所进行的内化中的定位为标志的，是以概念化的重大影响为标志的。这种意志的过程是决定（Beschluss）的过程和它的推论（Schluss）或“三段论”的过程。我们将在这个框架中重新发现pulsion（冲动）、Trieb（冲动）、它的缺乏和满足；工具，它的独特性和它改变事物的普遍能力；我们也发现爱、男人和女人、家庭、教育的选择性环境，和这些联系在一起的，是工作，尤其是孩子，在孩子这第三者身上，父母“直觉到爱，直觉到它们作为自我意识的统一”（塔米尼奥，《黑格尔的国家哲学的诞生》，212 页）。在爱
286 的环节中，在家庭和孩子的环节中，霍耐特以后将借助于推论发现三个承认模式的第一个模式，而放弃绝对的思辨观点使这种推论成为可能。在耶拿时期的黑格尔那里，承认和法权关系一起出现。法权是相互承认。与霍布斯的关系在这里显得十分复杂：黑格尔看到

了霍布斯那里法权规定来自个人之外。但在与“有赖于关系的伦理生活”的观念决裂后（这种观念仍通过它对一种自然的指称来表示），如何使法权出自非法权？承认出现在一种关于相同性的哲学中。塔米尼奥注意到，对于黑格尔，重要的是在内容本身中追寻迈向承认的法权的前进运动。自然状态、司法状态或承认状态既没被混同也没被分离。黑格尔使得承认环节与从占有向合法化的过渡相吻合。合法化代表了对他者的排斥关系的颠倒。承认不代表别的什么：在爱和法权的转折处，“承认是第一件必然要出现的事情”（同前书，223 页）。“换言之，个人是爱，是不再与意志对立的被承认，以此，每个人可能是完整的三段式，他们只是作为符号，不是作为自由意志进入其中。这样的承认应该出现。对于他们，它应该成为他们自身所是的东西。他们彼此为对方而存在是这种承认的开始。”（出处同上）围绕爱和法权而展开讨论的那几页精彩的文字应该引用：这个文本谈到“一般的权利，即，谈到进行承认的关系”（同前书，221 页），它继续指出：“在承认中，自我不再是独一无二者。287
它合法地在得到承认，即，它不再在它的直接的定在（être-là）中。人们承认这个被承认者要直接通过它的存在来估价。但这个存在显然是从概念产生的，它是被承认的存在；人必须被承认并且必然是承认者。这种必然性是它固有的必然性，不是与内容相对立的我们思想的必然性。作为承认，它自身就是运动，这种运动恰恰君临于它的自然状态；它是承认，自然仅仅存在（ist nur），——它不是精神的东西。”（出处同上）

一切都是在以权利自诩的占有的环节中发挥作用。承认使由侵害导致的不平等现象变得平等起来。它出自“对排斥的克服”（同前书，225 页），其代价是存在由使用狡计带来的危险。我们因此将重新发现与前面文本谈到的“生死之战”相同的一系列提法。（同前书，227 页）为此，“这个被认为具有普遍性的意志，就是被承认的存在；与具有普遍性形式的自我相对立，它是存在，是一般的有效性——并且是独一无二者，主体是人。这个独一无二者的意志是普遍的意志，而普遍的意志是独特的——是一般的伦理生活（Sittlichkeit)，但它直接地就是法权”(出处同上)。

2. “有效精神”

288 第二部分题为“有效精神”，它与理智的抽象和意志的抽象相对立。通过承认，人们从能力过渡到现实化。这就是为什么人们一上来就谈论被承认，更确切地说，谈论“普遍的被承认因素”(同前书，229页)。摆脱自然之后随之而来的是普遍者的有效实在性。这种思辨方式的活力再一次遍布各个层面，仿佛人们经过了同样的地点，但在不同的高度上：这里讲的是欲望但不再是冲动，是机器但不再是工具，是财产但不再是占有：“在占有中，‘存在’具有我的所有物（作为单数）的非精神（ungeistige）意义；相反，在这里，‘被承认’即占有的存在具有这样的意义：事物是我所是的东西，并且我把它理解为‘在自身中’——此处的存在‘是’普遍自我，财产以他者为中介，换言之，它是普遍的——普遍是价值；作为可感物的运动是交换，——同样的普遍性是作为认识活动的运动的中介——财产，因而以被承认为中介的直接拥有——换言之，以它的‘定在’为中介的直接拥有，是精神的本质。”(同前书，232页)

契约在此应运而生，它在“被承认”中使得个人意志与公众意志相一致。在契约破裂时，犯罪出现了。遭到损害的是人而不是财
289 产，是“我的声誉”而非东西。惩罚用于恢复“‘被承认’，而‘被承认’自在地存在着，并且遭到了（在外表上的）损害”(同前书，240页)，这就是惩罚从报复上升到正义的原因。人就是这个遭到损害和被恢复的被承认的存在者的名称。

正是以这样的语词，第二部分的开始与第一部分的结论相衔接：这种直接的“被承认”有效地回应了在思辨哲学的抽象中出现的承认。我不打算进一步解读这个文本：法律的领域（它确定了独立的存在）紧随直接的“被承认”而来的法律的支配，不管是在婚姻中，还是在财富和贫乏的精细管理中，抑或在司法和作为执法活动的诉讼中，法律将自律的存在者结合起来。承认活动是通过被承

认而结束的。位置被让给了“普遍意志的构造行动”（同前书，261页），国家就是通过这样的行动而建立的。

3. “政体”

第三部分被命名为“政体”。在这种国家建构的行为中，承认仍然具有一个位置吗？由于权力（Macht）的主要问题的出现，另一种语义学被建立起来了，它围绕停止和剥夺意义上的“放弃”（Entäusserung）这个词展开。在某种意义上，这是在第三部分“政体”中对第二部分即 *290*
“有效精神”中的“被承认”的延伸。“被承认”这个词的持久使用证明了这一点。[16]然而，关于承认的语义学适合于相互交换活动的过渡阶段。因为政治问题，重点不再放在互动上，而是放在被赞誉的普遍意志与特殊意志之间的等级关系上。这就是需要绕过专制的基础的原因：这是马基雅维利的因素（mement）。（同前书，261—263 页）“马基雅维利的《君主论》是根据这样一种宏大视角写成的：在构成（in der Constituirung）国家本身的行动中，人们所称的谋杀、欺诈、残暴等行为，没有任何恶的意义，而是具有与自己和解的意义。”（同前书，263 页）承认的难题似乎完全被超越了：“专制导致了对有效的个人意志的直接放弃，这种放弃（是）对服从的培养。”（同前书，267 页）在这个背景中承认的唯一对等物可能是信任：“在这里个体对他自身的了解和他对他的本质了解不相上下”（同前书，264 页）；在此意义上，个体“处于被保护状态，尽管他不理解也不领会，他受到什么样的猜想和什么样的安排的保护”（出处同上）。黑格尔似乎不为希腊那幸福美好的自由感到遗憾，在“美好的公共生活是所有人的道德”（同前书，267 页）的时候，“[它曾经是] 并仍然是令人十分羡慕的”（同前书，266 页）。现时代的严厉 *291*
法律应该被当成一种“更高原则”（出处同上），即，通过“剥夺”（dessaisissement）而进行教育。“被承认”这个词只是随最后的过程，即经历了艺术、宗教和科学的“绝对自由的精神”的过程一起最后一次出现：“绝对自由的精神，在自我内部重新获得了它的规定性，它从此产生了另一个世界，一个具有自身形象的世界；在这个世界中，精神的工作是在自我内部进行的，在这个世界中，精神进入到把自我直观为自我的活动中。”（同前书，280 页）因此，可以对它做这样的描述：“‘被承认’是精神的因素”，这里伴随着所有对于分散的艺术、对于形象的有限性（“如同塑像般的神祇”的有限性）的缄默和保留。（同前书，282 页）在绝对宗教中，“只有上帝是自身的某种渊深的精神——因为上帝是一个人，是一个普通的时空性的定在，上帝甚至是一切的自我。”（同前书，283 页）这个词不再是关于“承认”的语词，也不是关于“剥夺”的语词，而是关于“和解”的语词。通过刚刚概述的哲学，以世界历史形式出现的精神活动显现出来。这是这本著作的最后一句话：“最后有以下的概括：只有在自身中，自然和精神才成为一种本质——精神成了世界历史的知识。”（同前书，290 页）

Ⅳ　耶拿时期黑格尔的论证的重新现实化

293 下面的章节将讨论对黑格尔的 Anerkennung（承认）主题的重新系统地进行现实化。我首先要感谢阿克塞尔·霍耐特[17]：我向他借用的东西远远超出他著作第二部分的标题。我把这一节当成与他的交谈，我的贡献在于增加补充性评注到提出某些对立的观点，这些观点将为一种反对对斗争观念的过分强调的论证开辟道路，为对寻找平静的承认的经验研究开辟道路。这个第三研究的最后部分将讨论这个论证和研究。

霍耐特所从事的重新现实化从平衡的信念中得到力量，它在对黑格尔主题的忠诚和对绝对形而上学的拒绝之间保持这种平衡，这种绝对形而上学将耶拿时期的黑格尔接近谢林，然后重新接近费希
294 特。我对他指责意识哲学的个体主义（monologisme）进行回应，在这种意识哲学中，自我在自身分裂时，在根本上是与自身对立的。我如同霍耐特一样论证在主体间的和解中人的多样性的不可超越性，不管涉及的是斗争还是不同于斗争的其他事物。霍耐特保护黑格尔的，是建立一种具有规范内容的社会理论的计划。由于斗争起源于能够占据由竞争、怀疑和光荣三驾马车（这三驾马车存在于《利维坦》对所谓自然状态的描述中）所占据的位置的道德动机，

这种理论具有回应霍布斯的雄心。我基本上拥护这个计划。在我自己的词汇中，重要的是在冲突性的相互作用的发展过程中，寻找个人的能力平行扩大的源泉，第二研究已经提到这些能力，它们受到能获得它的自我性的人的影响。自身承认的过程结束于相互承认。

被霍耐特遵循的策略取决于几个程序的结合：首先这是思辨的全部论据与具有个人互动的经验基础的理论化的连接。他从乔治·赫伯特·米德（George Herbert Mead）那里借来了“我”的认同的一种社会起源的模型。我注意到黑格尔和米德之间的这种连接，并且把它当成思辨概念体系与经验检验相互交织的模型。我将提出它 295
的某些演变形态。重要的是思辨结构使得承认的主题免于平庸化（我们今天却越发如此）。霍耐特的策略包含第二个方面。他的著作的第一部分对耶拿时期的黑格尔的著作进行了事先的重构，霍耐特借用了“主体间承认的三种模式”的系列观念，这些观念相继以爱、法权和社会尊重为后盾。我将采用这个分成三部分的图式，这个图式的主要优势是给司法提供要么预示它、要么超越它的外部结构。第三，霍耐特使得对承认的否定（déni de reconnaissance）的三种形象与这三种半思辨、半经验的模式相符合，而这三种对承认的否定的形象能够以否定的方式把一种道德动机提供给社会斗争，他的著作的后续部分对此进行了探讨。为了对社会斗争实践进行完整的阐释，或许有待于将斗争的道德动机与个人或团体的利益结合起来；这部著作的策略的最终组成部分只是被粗略地勾勒出来；正是在这点上，与我将要简要处理的其他工作进行比较可能有用。基本上，我将集中讨论从黑格尔那里继承下来的承认的三种模式和轻蔑的否定形式之间的关联。据我看来，这种平行的安排构成了霍耐特的著作对承认理论在它的后黑格尔阶段的最重要贡献，而承认的 296
三种模式提供了思辨结构，否定的情感则赋予斗争以它的肌肉和良心。反过来，如果被承认的连续模式所激起的规范要求没有引起期待（对期待的失望与这些要求相称），就不可能对承认的否定的外在形式进行结构分析。

我的补充性评论就是在这种框架中进行的，哪怕在旅途中开启了几条新的小径。至于被我宣布为对立观点的东西，我马上要说的是，它们将与承认的第三种模式有关，黑格尔将这种模式置于“民族”的标题下，更确切地置于国家和“立宪”的标题之下，但我不希望对涉及国家结构的政治哲学进行讨论（我在讨论霍布斯时也避免这样做，这个讨论止步于与“死神”的出现相联系的君权问题的入口处）。以对和平经验的回忆来完成斗争问题的尝试在接下去的部分中将来自对“斗争”概念的集中讨论（这一概念来自黑格尔），而通过这些和平经验，承认如果不能结束它的历程，至少让我们瞥见了对承认的否定的失败。

1. 为承认而斗争和爱

297 被置于“爱”的标题下的承认的第一个模式涵盖了爱欲、友谊或家庭关系的范围，“它们牵涉了为数不多的一些人之间的强烈情感联系”（霍耐特，《为承认而斗争》，117 页）。这里涉及的是相互承认的前司法阶段，在此阶段，“主体通过他们的具体需要相互证明，因此，也证明自己是有各种需要的存在者”（出处同上）。黑格尔的“在外来者中成为他自身”的表达式在这里得到了它的第一次应用。

为了他的重新现实化的事业，霍耐特在有关对象关系的精神分析理论中找到了对黑格尔的思辨的经验补充，而黑格尔的思辨属于承认的第一个模式。作者特别对弗洛伊德的后继者们感兴趣，这些后继者把冲突的最初结构置于母子类型的依恋形式的层面上，这个层面要先于“本我”型的心理内部本性的冲突。他们针对的是“在孩子与他周围的人发生分离的过程中出现的人际关系的紊乱”（同前书，119 页）。成人的经验不仅仅保留了这些最初冲突的痕迹，而且丰富了有关的图式。在生命的不同年龄，尤其在成熟阶段（在此
298 阶段，爱达到成人水平），重要的是摆脱绝对依赖状态，这种绝对依赖状态是一种融合（fusionnelle）性的利比多关系造成的。正如年幼的孩子应该面对与母亲分离的考验一样（如果孩子达到了合适他年龄的自主性，母亲就能重新获得她自己独立的能力），成年的

相爱者也会面临分离的考验，这种在情感上代价高贵的分离的好处是独立能力的取得。然而，这种能力的增长是与同伴们对无形联系的持久性的信任成正比的，而这种无形的联系是在在场和缺场的间歇中编织出来的。在激情的融合与在孤独中对自我的肯定这两个极端之间，相对依赖的关系在相爱的人们分享的历史进程中被建立起来，这些关系足以摧毁来自婴儿期的全能的幻想；在这一方面，以许多幻灭为代价而获得的分离可以被当成信任的对称物，正是这种信任使相爱的人结合在一起。最强烈意义上的保持通过中介而加强，主要通过语言和文化的中介而加强，这些使人想起了童年的“过渡性对象”，维尼柯特（D. W. Winicott）提出了关于这种对象的理论。霍耐特喜欢引用这位作者的精彩文本，这位作者提到在浸润着游戏精神的过渡性对象和填满了分离空间的文化对象化之间的连续性，而距离和缺场在成年的相爱者之间挖掘了这些分离的空间。[18] 人们可 299
以说，通过每个人在认同模式中被承认，相爱的人相互承认，而这些认同模式容易作为共同的东西。

西蒙娜·韦伊（Simone Weil）把潜在冲突的轮廓延伸到所有友爱的形象上，性爱将这样的轮廓扎根于无意识及其冲动的深处。[早在19世纪初，黑格尔不是把 Trieb（冲动）命名为比欲望（作为对他人欲望的欲望）更原始的力量吗?] 在这里，西蒙娜·韦伊对友爱做了这样的描述：“友爱存在着两种形式，相遇和分离。它们是不可分离的。它们包含着同样的善，唯一的善。由于友爱[……] 通过包含同样的善，它们变得同样美好；爱人、朋友都有两个欲望，一是当他们进入对方并成为一体时被爱的欲望；另一个是当他们各自拥有地球的一半，他们的结合不遭受任何损害时被爱的欲望。”[19]

在这些很漂亮的语句中，如同在亚里士多德那里，友爱被列入善的行列中——它被描述成“唯一的善”——这些语句描述了友爱的经验形象与来自黑格尔的思辨结构产生共鸣的成熟阶段。在这方面我们可以谈论为友爱的思辨特征和经验特征所共有的联系和破裂的辩证法。“破裂”说出了缺场和距离的痛苦，说出了幻灭的考验；

300 联系则说出了体现在成为唯一者的能力的灵魂力量。但对相互关心的持久性的信任使得破裂成为一种有益的检验。

因此，与承认的第一个模式对应的蔑视的形式可能是什么呢？如果霍耐特提出的在承认模式三等分与蔑视形式的三等分之间的相关性具有启发性价值，对身体完整性的伤害，各种各样的虐待——折磨或强奸——“它们摧毁了一个人对自身的基本信任”（同前书，62 页），似乎不足以限定蔑视的这第一种类型。这里所透露的，是比对单纯的身体完整性相关的期待更复杂的期待。源于承认模式（受到爱的影响）并给第一种屈辱所特有的沮丧提供尺度的规范概念，似乎通过赞赏的概念被更为全面地加以辨别。朋友、爱人——保持西蒙娜·韦伊有意采取的模糊说法——相互准许对方存在。这种赞赏，使得友谊成为西蒙娜·韦伊谈论的“唯一的善”，这种善在“分离”中与在“相遇”中一样珍贵。屈辱，被感受为这种赞赏的后退或拒绝，在它“与他人共在”的前司法的层面上降临在每一个人身上。个人感觉被从高处注视，甚至被视若无物。被剥夺了赞赏，他就如同不存在。

301 如果不先考虑各种限制和规则，要超越第一种承认模式而到达第二种承认模式是不可能的，这些限制和规则本身如果没有形式上的司法性质，那就应当被看做（在这个词强烈的意义上）司法的发展而丰富起来的制度。黑格尔不是对适合于广大情感领域（他将这些情感领域置于爱的影响下）的惯例进行了大量发挥吗？这是父母—孩子、丈夫—妻子关系的事例，并且是家庭自身的事例，这些事例作为教育者被当成了文化启蒙的第一个场所。不同于城市和国家，家庭构成了一种用一家人来象征的一起生活的形式，而一家人只是聚集了为数有限的人。

家庭重新使血统的垂直联系与婚姻的水平关系交织起来。正如弗朗索瓦·莱里捷（Françoise Lhéritier）在他的著作《妇女的男人气》一开始所提醒的，三种不变量以家庭的形式构成了我们的在世（êtreau-monde）：我们每个人出生于一个男人与一个女人的结合（无论如何，要排除克隆和卵子授精技术）；每人从出生就位于兄弟姐妹中；最后，兄弟姐妹间的次序是不可超越的。

婚姻关系，自恃着某种司法地位，是这些垂直关系和水平关系之间的负有义务的交换者。它自身服从一种强制，这种强制被强加给了婚姻在社会上被接受的各种变体，这种强制就是乱伦禁忌；通过建立社会关系和血亲关系间的差异，乱伦禁忌将性关系置于文化的维度中。可以毫不夸张地说，由于使欲望区别于简单冲动的要求 302
可以被当成这种强制的情感利益，与这种禁忌相连的强制是黑格尔有关对他者的欲望这个主题的默认的前提。

在这个被如此简单地描绘制度框架中，我喜欢专注于血统现象并将下述评论的题目定为："在家系中被承认"。

初看这个谱系系统[20]，那打动人的东西，乃是自我在直系亲属层级中处于底部的地位，这个直系亲属根据两条线索来划分，父系和母系；这些线索随着人们回溯世系的链条而又一分为二，每次使双重地位，即父系和母系的地位（在每一条线索上又包含兄弟姐妹关系，而这种关系又被包含在世系的垂直关系中）双重化。根据可以计算的亲属关系的程度，许多名称被给了这些地位：父亲和母亲，祖父和祖母，叔叔、阿姨、侄儿。我们可以凭这些地位系统辨别出排除婚姻的亲属关系的程度，根据乱伦禁忌，父亲—女儿、母亲—儿子、兄弟—姐妹的性关系是优先禁止的。

如果我们从这种外在的关注过渡到自我在这个地位系统中实际的意指，首先引起注意的，是根据出生的事实而确定世系中的固定地位这样一个特征。正是这种固定的地位，在完全获得自我意识之 303
前，在民事机构面前将"……的儿子""……的女儿"这些词语所确定的身份赋予了我。通过关注这种公民身份对于我的意义，我惊讶地发现，在能认为自己和自称自己是知觉的主体、行动的主体、归罪的主体、权利的主体前，我已经是并依然是这个"对象"，这个物，皮埃尔·勒让德以他著作的标题《继承而来的无价的对象》来命名它。"无价"的称号令我迷惑：我的出生已使我成为一个无价的对象，超越价格的对象，超出了日常交换的对象。我生于双亲的计划——不管这个计划是什么——它已把谱系表上的静态的东西改变成机制上的动态的东西，这种动态的东西存在于"继承"这个词中；存在于生命的继承（生命本身是通过谱系原则建立为人的生命），家庭传奇的继承，商业财富和非商业财富遗产的继承，最后还有取名上的继承。我叫……我的名字是……正是这种继承的宝藏浓缩在命名中，它使我们能第一次谈论在血亲中的承认：我被承认为儿子（女儿），而不管家庭礼仪、民间习俗或宗教仪轨是什么。这些仪式强调了这种承认，我则首次成为承认的对象。罗马人以一个合适的风俗，即收养来体现这一事件。在强烈的意义上，收养使我们能宣布这令人羡慕的述行语：提图斯（Titus），成为我的继承
304 人……在某种意义上，所有被接受的出生都是一种收养，不仅仅被父亲，而且被母亲收养。从这一刻起，她接受或选择照料“这个”已成为“她的”孩子的胎儿并让他出生。两人已经由制度允许把一个姓氏传给我并为我选择一个名字。作为对这种给我命名的授权的回报，我被授权继续以他们的名义进行继承（他们让我成为他们的继承人），我也被授权有朝一日成为父亲或母亲。简言之，因为我被承认为……的儿子或女儿（我也承认自己是……的儿子或女儿），也因为我被认为是这种继承的无价对象，我变成了这样的对象。借助于这种谱系眼光的逐渐内在化，当继承被经历为相互承认（既是父母的相互承认，又是子女的相互承认）时，自我，地位一览表上的零度函项（fonction），变成了充分的函项（fonction pleine）。

借助于这种在血亲方面相互承认的行动，有可能朝两个相反方向延伸：向上，是在出生方面；向下，是在谱系原则给整个欲望的生命的历程施加的允许和强制方面。

对出生的反思是困难的：在血亲方面得到承认的人是早已出生的人。我们刚刚阐明的东西是一种对早已出生的存在者的反思。然而，在婴儿期记忆的不断增长的未知领域，出生所呈现的，是起源之谜，它不被归结为通过开端而进行的阐释：生命开端之前存在着生物学前提，有欲望，或许还有人们所说的父母育儿计
305 划——所有这些超出了对出生的简单意识，开端回溯到一个前件。另一件事是起源：它只是回溯到自身。一个新存在的涌现在此意

义上是没有先例的：这个先例，就是自我。人们谈论孩子如同谈论存在于另一人身上的父母的肉体。面对作为起源的诞生，思辨的思想不知道在事件的偶然性（我可能不在那里或是另一个人）和存在的必然性（恰恰是因为我以不容置疑的方式存在于这里，我才可能提问）之间如何选择。汉娜·阿伦特在《人的状况》结尾处写道："拯救世界的奇迹，拯救人为事物领域，拯救其正常的、'自然的'遗迹的领域的奇迹，归根到底是出生的事实，从本体论上讲，行动的能力就根植在这样的事实中。"阿伦特因此把出生看做一种"奇迹"（或许是答复海德格尔的向死亡而在）：我们事实上处于"继承的这个无价对象"的深奥起源处，每个人生来就在那个地方。人们只有通过把自己和父母重新置于世代系列中（"在血亲方面获得承认"的气氛中）才能避免这样的思辨眩晕。[21]

因为我们现在已在内心深处意识到已经出生，只要乱伦冲动产生于未分化状态，我们就需要把它与乱伦冲动的极端对立归功于谱系原则的作用；根据皮埃尔·勒让德的说法，谱系原则"反对乱伦 306
冲动"，我在这里就对他的说法进行分析，在此分析中，司法考虑和精神分析的精妙相互交织。由于禁令理顺了亲属与事实的关系，以便形成清晰可辨的地位，因而也形成血统的被承认关系，这种反对是根本的。通过安排婚姻关系，谱系原则组织了血统。但为了达到目标，对乱伦的反对应该摆脱全能的幻觉，这种幻觉与"自恋的捕获"紧密联系在一起：那喀索斯（Narcisse）① 接近他意象中的嘴唇显示了"人类被纠缠在他的欲望中"（勒让德，《继承而来的无价的对象》，541 页）。如果乱伦冲动不是如此深地扎根于欲望的活动中，如果这种冲动不威胁毁灭全部谱系系统，人们就不明白为什么乱伦被神话和悲剧提高到罪大恶极的程度，几乎与弑父不相上下，而弑父恰是乱伦的必然后果；人们可能不明白，为了发现乱伦，揭露乱伦，谴责俄狄浦斯的乱伦，需要泰瑞西阿斯（Tirésias）——一

① 古希腊神话中的美少年，因爱上水中自己的倒影而堕河而死。

个明可鉴心的盲人的清醒。的确，在悲剧《俄狄浦斯在科洛那》的最后，常识为老年俄狄浦斯提供了辩解；但它因此在神话和悲剧的维度上剥离了他过去的罪恶，同时掩饰了谱系原则和乱伦之间敌对的关系。只有在被俄狄浦斯的罪行激发起的恐惧氛围中，在持久和
307 忠诚的气氛中，采取这样或那样的形式而建立起来的婚姻关系，才可以揭示它在谱系原则和乱伦冲动之间，在层次的区别和幻觉的混同之间的调节者的深刻意义。这一点将不会妨碍婚姻关系展示它的冲突命运，这种冲突主要发生在情欲之爱与婚姻情感重新交织的地方。情欲之爱的确可以在所有文化中保持对制度和欲望的约束的反抗，而约束是制度试图建立的；总之，婚姻情感使得育儿计划成为可能，这个计划使得夫妇们不把自己认作简单的传种者，而是他们孩子的父母。子女对父母的承认是对父母自身间相互承认的回应，而子女对父母的承认把它的充分意义给予了在血亲中对自身的承认。[22]

2. 在司法层面为承认而斗争

正是在这第二个层面上，在爱和社会评价之间的层面上，耶拿时期的黑格尔的思辨草图的“系统性重新现实化”更加远离了他的灵感源泉。我们知道原因所在：对于黑格尔来说，由于在《利维坦》中，整个制度化过程从被设想成一个外在于自然状态中的冲突实体的国家获得了它的合法性，由司法关系提出的问题在很大程度
308 上受到对霍布斯的回应的支配。在最接近自然状态之处寻找摆脱“所有人反对所有人的战争”的一种道德理由时，黑格尔辨出了在司法层面上“被承认”的一些首要特征，这种“被承认”体现在获得对物质财富的法律占有方面，简言之，体现在交换的合同形式方面。因此，与这种承认类型相关的冲突动因源自契约的破裂，源自包含了法律强制、包含了强迫的反击行动；这样犯罪就会显露出对个人的这种破坏所特有的不承认（non-reconnaissnce）现象，犯罪也会激起对冒犯的重新评估，而这种冒犯是对个人的普遍维度的伤害。正是在这种意义上，他能够谈论为承认而斗争，这种承认与在

“普遍意志”形成过程中一般的司法关系相关联。据我看来，犯罪的催化剂在当代的个人意志和普遍意志的对立中不会从视野中消失。事实上，这种分析强调我们所说的在获得权利方面机会均等的物质条件：不承认的一方必然保持着对权力机构的依附。在这方面，有关蔑视的新形象在霍耐特收集的当代论著中扮演着犯罪在耶拿时期的黑格尔的作品中所扮演的那种角色。

但是，首先应该说说伴随着司法关系的雄心，这种司法关系是相对于与爱的领域有关的承认模式而言的：因此我们将对融合的情 309
感联系的解放与对伙伴之间相互依恋的持久性的信任联系在一起。另一种逻辑现在被确立起来：一方面，“自由的”这个谓词取代了在情感层面“成为唯一者的能力”——这里的自由是指认为在司法维度上的人人平等的合理性意义上的自由；另一方面，尊重取代了信赖，它以对普遍性的奢望为标志，这种普遍性超出了情感上的亲近关系。因此司法承认可以用以下的语词加以描述：“只有当我们同时认识到我们对别人应负的规范责任，我们才能把自己理解为权利的承担者。”（霍耐特，《为承认而斗争》，122页）在此意义上，承认的目标是双重的：他人和规范。就规范而言，“承认”这个词在字面意义上指“当成有效的”，指供认有效性；就个人而言，承认就是确认每个人是自由的，与其他所有人平等；司法意义上的承认因此给对自我能力的承认补充了新的能力（根据我们第二研究的分析），而这些新能力出自规范的普遍有效性与人的独特性的结合。
于是，司法承认的这种二元结构就包括了被公认的个人权利领域的 310
扩大与这些主体自认为具有的能力的丰富之间的联系。这种扩大和丰富是斗争的产物，而这些斗争被记入了这两个紧密相连的过程的历史史册。[23]

由于这里涉及在为承认而斗争的层面上权利领域的扩大和个人能力的丰富，我们越是可以不考虑属于情感领域的冲突的文化史，历史的演化在司法层面越是重要。甚至在这一层面上，向现代性过渡这个概念不仅是必要的，而且与此处涉及的知识不可分离。[24]

尊重（Achtung）概念源于康德，在这样的背景中提供了必不可少的参照点。对于康德来说，尊重是实践理性直接赋予情感感受性的唯一动力。在这个意义上，它外在于历史。相反，那些对向现代性过渡的历史特征敏感的思想家们既把尊重概念也把权利概念重新纳入了法律史中；没有人能不再考虑与司法责任相关的道德知识的历史（这些司法责任针对自律的个人），也没有人能不再考虑对处境的解释的历史，在这样的处境中，人们被授权要求这些权利。
311 在这方面，既然涉及对这样一种处境的解释，而在这种处境中，对规范层面的有效性的承认和对个人层面的能力的承认之间的联系可以得到证实，那么，向亚里士多德的 phronèsis（实践智慧）概念的回归标志着当代人对“应用解释学”的求助。为获得司法承认而斗争属于这种规范的强制和人们在其中施展其能力的处境的混合智慧。

权利规范领域的扩大（属于法人的能力的扩展将在瞬间回应着这种扩大）可以从两个方面来观察：一方面，是列举主体权利的层面（主体的权利是通过其内容来定义的）；另一方面，是把这些权利分配给新式的个人或团体的层面。

就对主体权利的列举而言，我随罗伯特·阿莱克斯（Robert Alexy）[25]、托尔克特·帕森斯（Talcott Parsons）[26]和霍耐特自己，采纳民事权利、政治权利和社会权利之间的重新划分：“第一类权利包含了消极的权利，当面对国家的非法侵害时，它们提供对个人的自由、生命和财产的保护；第二类权利表示积极的权利，它们保证了对公意的形成过程的参与；最后，第三类权利也与积极的权利有关，这些权利确保了每个人在基本财富的分配中有平等的一份。”（同前书，140 页）我要补充的是，这种三分法在对人权进行分析和讨论方面提供了出色的概念框架。涉及民事权利的斗争比较古老：
312 它从 18 世纪开始，到现在还未结束。至于政治权利的确立，它从 19 世纪开始，但它一度赢得了有关人民主权及其在选举中表达的战役，它在 20 世纪仍在继续进行，它发生在与有关民主政府体制的代表性相关的争论的背景中。但 20 世纪最成问题的东西，是在全球范围内与商业和非商业财富分配层面上的公平分享相关的社会权利的开启。在这方面，令所有国家的公民尤其痛苦的是，在权利的公平归属和财富的不公平分配之间令人不满的对照。一种正义理论，如同约翰·罗尔斯的理论那样，在不平等社会的公平分配规则的表述中发现了存在的理由之一，而不平等社会一直是我们知道的唯一社会。如果这些社会权利主要涉及教育行动、保健和体面生活水平的保证，经济保障自此就是作为实施所有其他权利的物质手段而出现的。

根据这种主体权利的重新分配，在个人层面上能力的相应获得显示了蔑视的各种特殊形式，它们与下述要求有关：一个人期望看到被社会满足。在这方面，他者是与对民事权的否定相关的羞辱，他者是与没有参与公共意志的形成有关的挫折，他者是源于被禁止参与基本财富分配的被排斥感。在对承认的否定的形式下，个人带 313
来对自己的尊重的丧失每次都获得了不同的情感形式。现在是回忆一下消极的情感是为承认而斗争的重要动力的时候了。在这方面，愤怒构成了一种过渡结构，它处于在发怒情感中感到的蔑视与成为一个为承认而斗争的伙伴的意愿之间。愤怒中最敏感的方面与前面提及的恼人对比有关，这种对比是权利的公平归属与我们这样的社会中财富不公平分配之间的对比，这些社会由于不公正的显著增长似乎注定要为所有领域的生产力的进步付出代价。但愤怒既可以进行动员又可以解除武装。在这方面，责任的观念从羞辱的这种过渡获得它的意义之一，而羞辱被感受为对自尊的损害，这种观念也经过作为对这种伤害进行道德反击的愤怒，上升到参与主体权利领域的扩大过程的意志。在这方面责任可以被当成既被社会承认也被个人承认的能力，这个能力就是“以理性和自律的方式对道德问题表达意见”（同前书，139页）的能力；作为自行回应的能力的责任与作为参与一种理性讨论的能力的责任不可分离，这种理性讨论涉及权利领域的扩大，无论这些权利是民事的、政治的或社会的。“责 314
任”这个词因此涵盖了自我的主张和对他人平等权利的承认，以便对法律和权利的进步做出贡献。

但主体权利领域的扩大有第二个方面，它不再与这些权利的列举和分类有关，而是与它扩展到个人不断增长的数量有关。这是普遍性概念的第二个维度，它不再仅仅和权利的内容有关，而是和它们的应用范围的扩展有关。被某些人得到的平等形式有被扩展到所有人的天职。关于它们的扩展，需要根据主体权利的三个种类进行明确的分析。主要是通过对在别处实现的生活水平和类型之间的比较，与主体权利不同种类相关的要求获得了活力。蔑视的消极经验因此有了排斥、异化、压迫的特殊形式，从中产生的愤怒可以将战争的形式赋予社会斗争，无论涉及的是革命，还是解放战争，抑或反殖民化的战争。为了主体权利的地缘政治学扩展而进行的斗争赢得了胜利，而被这种胜利激发的自尊应该得到骄傲的名称。在规则
315 方面的规范性和个人方面的能力之间的关联（它处于骄傲情感的中心），在乔尔·范伯格（Joel Feinberg）[27]的一个表达式中的确获得了一个幸运的表达，阿克塞尔·霍耐特把它引述如下：“我们所谓的人类尊严只是要求一种权利的公认能力。”可是，骄傲的情感回应着这种高级的能力。

3. 相互承认的第三个模式：社会评价

在耶拿时期的作品所提出的相互承认的三分化图式的背景中，霍耐特在他“系统性重新现实化”的第三阶段，选择更多地强调广义上的政治社会维度，而不是国家的政体（constitution）。在这个意义上，黑格尔的“伦理性”（éthicité）概念被当成了完整的参照；正是在这个层次上，“伦理生活”显得无法归结为司法关系。

社会评价的概念区别于自尊的概念，正如自尊的概念区别于情感层面上的自信概念一样。因为这个原因，它的功能是总结相互承认的所有形式，而相互承认超过了对自由主体之间的权利平等的简单承认。几个问题就这样被提出来了：社会评价被认为满足了什么
316 样的新的规范性要求呢？什么样的冲突性形式依附于后司法的调停呢？个人的何种能力与这些相互承认的形式密切相关呢？霍耐特只用了几页篇幅来谈这个我建议详加梳理的问题结构。根据他的看法，相关主体公有的价值领域的存在构成了第三轮考察的主要前提。同时，被强调的是相互评价的价值论维度：每个人以相同价值

和相同目的衡量着他们自身的品质对他人生活的重要性。通过宣布这些评价关系随时代的变化而变化，这位作者打开了对社会中介（从它们的象征性构造的观点来理解）进行一种多维探索的领域，一个社会自行创造的文化概念，则构成了价值观念和不断被树立的伦理目的的总和。价值共同体的观念从此后就表现为价值论的不可避免的多样性的领域，它与司法层面的主体权利的假定普遍性形成对照。这样一来，对社会评价概念的考察就有赖于一种关于中介的类型学，而这些中介有助于被分享价值领域的形成，评估的概念则随中介种类的变化而变化，正是中介使人变得可为评估。与社会评价概念毗邻的概念，如威望或尊重的概念，没有摆脱源于中介自身的多样性的价值多元论。由此导致了社会评价没有摆脱与社会中介 *317*
的象征性紧密联系的各种解释的条件。一些涉及权利的不同斗争还有待于考虑，它们与权利内涵的扩大和权利人数的扩展相联系。

在重新回到霍耐特结束他的全面考察的团结（solidarité）概念之前，我想简短地概括一下我在阅读中遇到的某些轨迹，在这个过程中，“社会承认”这个词恰如其分地与价值观上的冲突性的特殊形式发生联系。

（1）承认的次序

我从让-马克·费里提出的他称作“承认的次序”的重要技术性的分析开始，让-马克·费里是在他的著作《经验的力量》[28]第二卷中提出这个概念的。关键是在经历的主体间性和组成系统的社会性的转折点上同一性概念的形成。在第一卷中，作者已经考虑了支配“辨别行为”的可交流性的一般条件；因此他已经确定了叙述、叙述同一性的手段，确定了宗教和哲学的重要象征层面上的解释，确定了主要属于司法有效性层面的论证，尤其是确定了对它的重构，确定了它的重要概念（这一概念支配了解释学对世界的理解）。[29]从 *318*
整体上看，交流的这些重要中介有助于构成个人同一性的“辨别行为”。第二卷在“承认的次序”标题下所提出的，是考察以结构形式存在的中介[30]，这种结构形式使得“邻人早在被认识前就已被承认”（让-马克·费里，《经验的力量》，9 页）。重要的不仅仅是从构造的观点描述社会系统，而且是从中寻找“一种支持，以便理解在空间和时间中扩大的责任要求”（同前书，10 页）。在这方面，人与人的关系必然包含了人与自然的关系以及与死亡的关系，而死亡是关注逝去的时光的守护者。正是在这些条件下，“社会系统的构造”可以与第一卷的重构式辨别相连接，并且有助于在道德和政治层面上人的同一性的形成。

我将局限于列举被当成社会领域的重要范式并与交往活动相结合的“系统”：社会经济综合体（包括技术系统、货币和财政系统）、社会政治综合体（以官僚系统、民主系统和平行于舆论的机构补充司法系统）和社会文化综合体（使得传媒系统与它对社会文
319 化再生产的影响相对照，并且从制度组织观点出发将它与科学系统结合）。对于我们的意图，这个宏伟事业的旨趣是赋予道德和政治同一性以一种分化的意义，这种分化的意义不允许被归结为一种讨论的伦理学所推荐的论证实践。格伦（A. Gehlen）以《人类学和社会心理学》[31]为题所写的所有东西在这里发现了它的合法地位，包括它害怕看到人类人性和自然的衰落一起消失。对汉斯·约纳斯提出的“责任原理”的重铸同样将加以考虑。让-马克·费里并不对这些害怕充耳不闻，也不是无视对这种新型责任（在不同于康德笔下的责任的时空范围内）的呼吁。[32]如果不重新推敲规范性的概念，我们就不能停留在这种脆弱性上。在第一卷中以“经验的力量”为题而提出的论证的和重构的同一性的批判资源，在社会层面获得了它们的应用，在社会层面上，同一性与组织系统相对立，而这种组织系统被视为“承认次序”。[33]

（2）崇高的结构

我的解读已经使我将另两位探索者，吕克·博尔坦斯基（Luc Boltanski）和洛朗·泰韦诺（Laurent Thévenot）交织在一起，他们是题为《论辩护。崇高的结构》[34]一书的作者。我以前从正义源
320 泉的多样性的观点出发首次解释过这部著作，它可与迈克尔·沃尔泽（Michael Walzer）的题为《正义的领域》的著作等量齐观。[35]正是为了他们，我想谈谈与公共评价有关的结构性中介的多样性的问

题。在我谈论承认的地方，这些作者谈论辩护。辩护是一种策略，通过这种策略，竞争者使得他们在这些作者们所称的崇高的结构中各自的位置被人接受。因此，首先需要谈论崇高结构概念，然后再解释辩护工作，它确定人们在崇高等级上所占有的与特定情境相关的资格。人们不得不接受的第一个理念是对个人的社会福利评价的理念，这种评价依靠正义，但又有赖于标准的多样性；这些标准使得我们可以把一个人当成“伟大”和“渺小”的人，而这样做是根据作者们称为结构的崇高框架的多样性，根据它们与某种社会成功相关的一致性。通过对崇高的既定次序中的资格进行验证产生了争论的情境。这种竞争与我们的“为承认而斗争”的概念完全一致。我们的作者们一下子同意，辩护的形式表现出“比仅有的公民形式、家庭形式、工业形式、商业形式或舆论形式更多样的辩护形式”（吕克·博尔坦斯基，洛朗·泰韦诺，《论辩护》，25 页），从对计划的描述开始这些方面就被提及：例如，问题将在于“被激发来 321
的崇高感”，它涉及创造者和艺术家。对行为的评价每一次都服从一系列测试，如果这些测试被认为是有根据的，在争论状态中的敌对者应该满足于这些测试。将要涉及的争论不属于暴力的范畴，而属于论辩的范畴，如同形形色色的政治哲学形式低估的那样，而这些政治哲学主要强调权力、统治或力量。这就是为什么一种共同人性（很快可以用团结一致来形容）的建立与崇高标准的这种多样化不是不相容的。为了强调交易体系的内在一致性和牵涉在这些交易中的部署和对象的内在一致性，应该详细说明正义的多种形式；但不是像迈克尔·沃尔泽那样在“分享的价值”的基础上，而是在辩护策略的基础上进行说明，这些策略每次都属于这些作者们所说的“城市”和“世界”。即使使用作为讨论和论辩的哈贝马斯式的概念，这项工作属于一种行为社会学；协议很少没有争论就实行，正是在多种形式下人们要求合法的公共利益，即，“崇高”这个词所表示的东西。简言之，与这些标准和这些相应的检验相关的人的评价在通过辩护的检验手段而赋予的崇高的过程中起作用。

在这里，否定在不公正感的形式下获得了它的位置，这种不公 322

正感是由——例如——考核的腐败激起的，并且与考核的腐败引起的纠纷成比例。这就是为什么人们很可能宁愿遇见妥协的人，而不愿意遇见以协议方式达成共识的人。最后，一致和不一致之间的关系可以被当成这项事业的最广泛的关键，这项事业超越了关于共识的社会学和关于冲突的社会学之间的对立，或者超越方法论上的整体论和个体论之间的对立。协议的形式应该与支持它们的辩护一起描述：在每种情况下，崇高要归于什么样的名义下？要经过什么样的证明的检验，它才被认为是正当的？因此，虽然这里涉及的是协议，但以协议原则的多样性为条件。

作者们试图在崇高种类的多样性的阶梯上开始从事英语作家们已经成功地在商业范畴的唯一层面从事的工作。[36]对于我们的作者来说，商业城市只是要加以考虑的城市之一。为了根据它们各自的说明书来辨别这些城市，他们有把适合于这个或那个范畴的标准文本和宣言、建议手册、公共关系指导，以及用于联合会、协会、教育圈、压力团体等的使用规程放在一起的有趣想法，有关它的最后
323 论证显然没有在根本上“得到证明”，但是“可以接受的”。作者们根据六个共同的最高原则就崇高种类的重新分布达成了一致，个人正是求助于这些原则来支持一个争论或确定一个值得被当成一种共同财富的协议。

圣奥古斯丁就这样在《上帝之城》中提供了构建灵感之城的崇高的理由：仁慈的原则使得人们能将灵感的崇高与其他形式的崇高区分开来，而作者表明其他这些形式的崇高被“虚妄的光荣”腐化的尘世利益所玷污，仁慈也使人们将各种善（其中包括了爱）分为不同等级，这些善能将人类联系起来（我们将在有关和平状态的最后几页中发现有关的回响）。在这样的城市中，他人的承认，至少是根据声誉而获得的他人的承认，不会获得什么赞赏。

意见之城恰恰涉及他人的承认，在这个城市中，声誉、崇高只依赖他人的意见，依赖于对别人眼中的重要性起决定作用的人的依赖关系。荣誉在这里依靠他人的信任，帕斯卡关于“建立的崇高”的论述证明了这一点。

从这里过渡到家庭之城时，作者们在波舒哀献给君主的著作《从〈圣经〉的高尚话语中得到的政治学》[37]中，借助于家庭之城，以及它的忠诚价值、善良的价值、正义的价值、互相帮助的价值（这些改变了对父亲服从的方面），发现了结构最完整的论证。324

可以预期，因为从属于作为公民的崇高的合法原则的公意，卢梭的《社会契约论》被当成公民城市的最终参照。公民身份的关系通过与第二层面的整体性的关系而被中介化了，这个整体性在《社会契约论》中是以理性为基础的，而《社会契约论》使得每个公民仿佛与自己订立契约，并仅仅根据自我发表意见，与《利维坦》中顺从的契约相反。厄运躲藏在私人的诡计和狡猾中。决定性的鸿沟存在于公民城市与灵感的崇高、家庭的崇高和声誉的崇高的三段式之间。

在这本著作中，首先提到的商业之城的范式存在于亚当·斯密的著作中。它把服从于所有人胃口的稀缺商品作为中间环节："商业联系通过服从于所有人胃口的稀缺商品把人们联系在一起，贪婪的竞争使得与占有商品相关的价格服从其他人的欲望。"（亚当·斯密，《道德情操论》，61页）亚当·斯密的《道德情操论》在这方面构成了他的《国富论》的必要绪言；社会联系似乎是建立在与交换有关的天性上，但这又是在缺乏嫉妒感情况下发生的。[38]

商业界和工业界之间的对立构成了"展示世界"的首要篇章之 325
一。（吕克·博尔坦斯基，洛朗·泰韦诺，《论辩护》，241—262页）工业之城在圣西门《论工业体系》（1869年）中发现了它的范型，这与《社会契约论》有很大不同：工厂主们以专门技能处理"功利"。

我不打算考察辩护的种类，这些辩护占据了著作的绝大部分。各种事物、外在于人的客体有助于将这些社会文化的庞大群体认定为城市和人类共同体。没有辩护就没有正义，没有在人的状况和物的状况之间的调整就没有辩护。诉讼和纷争不仅无法就人的崇高达成一致，而且无法就物质配置的可靠性达成一致，而这种物质配置为"所处的处境"提供了稳定性。在这些有限共识的保护下，具有个性的生活艺术源于对“商议”的各种处境表现出敏感的实践智慧(phronèsis)(暂且用亚里士多德的词汇)。

对于关注消极动机的作用的我们来说，我们要追随将一种制度的繁殖力赋予“犯罪”的黑格尔，要追随将为承认而斗争的动力学建立在各种蔑视形式基础上的霍耐特，我们不能不跟随吕克·博尔
326 坦斯基和洛朗·泰韦诺，提一下内在于群体之间关系的分歧的各种情况。除了在每个属于崇高结构的人群中由辩护的检查所制造的那些对立外，对其他群体的认识往往把分歧扩展到检验活动自身，甚至争论它对实现公共福利的贡献。这种指责可以一直发展到因两个群体之间的冲突而宣告它无效。在缺乏属于同一辩护系统的论证基础的情况下，这场争论采取纠纷的形式——这一纠纷不仅仅影响既定共同体的崇高标准，而且影响崇高概念本身：一个工业巨子在一个乐队伟大指挥的眼中分量如何？在另一个群体中变得重要的能力可以因一种崇高层面的成功而黯然失色。从这里出发，我们可以发展一种批评类型学，这些批评以告发的形式从一个群体传给另一个群体。[39]但在我看来，其旨趣是在别处：它具有通过批评以另一个群体的价值观念（哪怕是改变世界）唤醒某个群体的每个角色的能力。人的新维度就这样被揭示出来，这是理解不同于自身的另一个群体的维度，人们可以将其比做掌握一种外语的能力，它达到了领会自己的语言与领会其他语言难分高下的程度。如果翻译自身可以被解释为使那些不可比较的东西成为可比较的方法［为了回应德西安娜（Détienne）的一个称呼[40]］，那么，是妥协的能力打开了通
327 向公共财富的幸运之门。我们的作者写道：“在一种妥协中，人们对于解决纠纷，即悬置纠纷，达成了一致，而纠纷在独一无二的群体中没有被对一种检验的求助所支配。”（同前书，337 页）妥协的脆弱清楚表现了在寻找明确的证据时公共利益自身的脆弱。妥协总是受到被各方小册子的作者揭露为放弃原则的威胁。妥协也适合一种类型学。[41]这种类型学也要求我们重新解释前述的主体权利的扩大步骤。这样，我们可以把妥协当成在来源于崇高结构的众多的冲突和争论的处境中相互承认具有的形式。

在这个历程结束时提出的问题在于，知道公共利益是否是妥协行为的前提或结果。矛盾或许在于，前提的地位（似乎作为妥协行为的目的而存在）只是通过将对一个特定城市的归属感相对化的公益能力而得到证实（辩护）。从个人方面看，与此相应的是，承认自己是从崇高的一个领域过渡到另一领域的角色的能力，它缺乏一种君临于所有仲裁的突出位置，它没有让自己陷入在“幻灭的相对主义和小册子作者的谴责之间”（同前书，421 页）的摇摆中。在这方面，没有什么会允许社会角色信赖实践知识的（phronétique）神 *328*
圣性，这种神圣性无法在处处追求适当行动的过程中区分正确和公正。

然而，我不想远离一种把崇高理念当成指导概念的分析，但不考察人们未曾考虑其辩护难点的东西，即，伟大与渺小对立的垂直维度所包含的东西，这种垂直维度似乎与在自我评价层面上的承认的水平维度相对立。我们在这里触及关于权力的深奥概念，但我们的作者未曾讨论过这一概念。然而，我们记得，因为黑格尔把《实在哲学》的最后部分用于对“宪法的形成”和宪法所要求的服从进行反思，我们更加不能回避这个困难。问题在于面对权力而“放弃”，甚至颂扬开创者的专制。在这方面，我们的词典在强调一种关系（如将发布命令的人和服从命令的人加以对比的权威）的不对称方面时，走向同一方向。我们知道马克斯·韦伯对支配形式和在主体方面与这些形式相称的信仰所做的著名分析。的确，由于权力被当成合法的并在此意义上具有权威性，或更准确说，受到别人的信任，命令的权利不是暴力。权威提出的问题曾经首次与帕斯卡著 *329*
作中的崇高问题相交叉。“贫困”与“崇高”对立，他在《思想录》中写道：“所有这些贫困证明了它的崇高。[……] 这是大阔佬的贫困。一个被废黜国王的贫困。”[42]的确，帕斯卡没有上崇高的威望的当，他很务实地证明这种威望乃是对社会联系不可避免地破裂的一种补救，人们在皮埃尔·尼古拉（Pierre Nicole）有关道德著述的《对年青国王的建言》和《论崇高》中看到了这一点。

这不是充分掌握这个问题的场所。[43]我在这里限于权威的文化方面，忽略制度权威的盲点，更确切说，忽略政治权威的盲点，我们对社会联系的坚持使我们远离了这种盲点。就此而论，一种纵向度因素悄悄被引入我们的词汇分析中，我们的第一研究就是从词汇分析开始的："认为……是真的"所特有的承认—赞同包含着一种"值得更多"（valoir-plus），要承认这一点就不能不提及一种高度。就这样，这个"值得更多"使权威理念的全部谜团在对"承认"这个词的词汇学分析的核心得以展开。

权威的外观更容易与集体生活的水平状态相匹配，它也显然与要求服从的命令的权力相分离；伽达默尔在《真理与方法》的一页著名文字中把这种权威称为"对优越性的承认"[44]，我们可以像他
330 一样这么称呼。因为每个相关论据都回溯到对于价值优越性（这些价值观将一座城市特有的生活方式区分开来）的信念，我们的社会学家的崇高概念似乎接近伽达默尔的关于对优越性的承认的概念。那么应该承认，这种关系是被引入到在这有限环境中的价值观的优越性与承认行为之间的循环关系，这种承认行为表现为在整个证明过程中参与对性质的检验。

承认优越性的最完美模式要到师徒之间的教育关系中寻找。在《论公职》（*De Magistro*）中，圣奥古斯丁从一开始就让两个行为，即教育行为和学习行为相对应，它们通过询问和追寻而重新联系起来。应该承认，由吕克·博尔坦斯基和洛朗·泰韦诺引入每个群体世界的论据中的这类优越性远远不是承认优越性的模式，师傅——他的话起权威作用——和他的学徒之间的关系提出了对优越性的承认的模型。为了公正地评价吕克·博尔坦斯基和洛朗·泰韦诺的著作，应该让他们有权在社会关系的制度化步骤的巨大领域中勾勒出相对独立的团体的效忠形象，而《论辩护》所考察的证明程序为这些形象提供了根据。总之，保持在陈述权威[45]、推论权威、思辨权
331 威限度内的权威的垂直关系，构成了对我们的事业的巨大困扰，而这个事业被故意地限制在相互承认的交互形式中。

(3) 多元文化和"承认的政治学"

我坚持把为承认而斗争的形式作为目的，而这种形式大大有助

丁对承认的主题的普及化，甚至使它平庸化：它与多元文化提出的问题联系在一起，它如同在其他战线上展开的战争，不管这场战争是被女权运动、黑人少数族裔发动，还是由文化上的少数派所发动（人们把“多元文化”这个词保留给了对平等的尊重的要求，这种尊重来自相同的制度环境内部被有效发展的文化）。这些不一致但经常汇合的斗争的共同关键是对文化少数派的独立身份的承认，但这些文化少数派始终处于不利的条件下。因此，这里涉及的是认同，但是在集体的层面上，并且是在一个时间维度中的认同，这个时间维度包含着过去对这些团体的种种歧视，这个过去可以是一个世纪，涉及奴隶制的历史，甚至涉及多个世纪，涉及妇女的处境。针对社会层面的平等的要求使用了对自我的评价，这种评价以属于公民社会（如大学）的公共机构和政治机构本身为媒介。

尽管这种为承认而斗争的形式在公共场合具有可见性（在盎格鲁-撒克逊国家尤其如此），把这种形式保留为目的的一个理由存在于“多 332
元文化”这类概念的极有争议的特征中，而多元文化使得保持描述姿态（它迄今已成为我们的姿态）变得困难。不成为雷蒙德·阿隆（Raymond Aron）所称的一种“介入性观察者”是困难的：他之所以是观察者，是因为他的首要责任是理解对立的论点并优先使用最好的论据。

我在查尔斯·泰勒的题为《承认的政治》的文章中发现了一种交叉辩论的模式，它在作者自己参与的论战处境中发现了它的限度，这场论战涉及魁北克法语区的命运。[46]查尔斯·泰勒首先在少数派团体或次要团体发动的争取承认的斗争的场景中发现了下述观点的证明：“我们的同一性部分地通过承认或通过它的缺场，或通过其他人对它的错觉而形成。”（泰勒，《多元文化》，41页）其结果是：它损害了受到伤害的团体成员塑造的自我形象，伤害了他们感到受到贬低、轻蔑甚至可耻的自我形象。缺乏承认（它的团体成员自认为是缺乏承认的牺牲品）的严重性来自自我贬损形式下的这种形象的内在化。查尔斯·泰勒做了说明的尝试，正如哈贝马斯和霍 333
耐特从中观察到的那样，他注意到这种完全带有现代色彩的牵挂（它把同一性与承认结合起来）之所以变得不可能，一方面是因为将光荣置于评价的价值顶峰的社会等级制的崩塌；另一方面是因为现代尊严概念的提升和它的结果，即平等的承认。人们可以发现，对个人主义的同一性的肯定是对尊严的普遍化看法，这样对个人主义同一性的肯定可以依靠卢梭和赫德尔（Herder）的声望实现，它在关于真实性的当代词汇中已经发现了它明显的夸张，哪怕保留，甚至强化一种要求的全面“对话”特征，这种要求包含了彻头彻尾的集体维度：我们可以说，人们正是以集体的方式要求一种单一化的承认。

查尔斯·泰勒，关注良好的论辩，他集中讨论了“差异政治学”的一些论题，将这种政治学与基于普遍平等的原则的政治学对立起来。在从一种政治学向另一种政治学的过渡中，努力发现一种悄然转变而非针锋相对，这样的针锋相对是由尊严理念自身所隐含的平等地位的定义的变化引起的；平等自发地要求一种有区别的对待，直到在制度的层面上要求确定被颠倒歧视的规则和程序。那对
334 抽象普遍主义加以责难的东西可能以自由中立的名义“对差别视而不见”。这样一来，从同一种主导概念，即包含平等含义的尊严概念出发，同样基于“平等的尊重”概念的两种政治学发生了冲突。

然而，在涉及它的制度应用时这种仁慈途径在被颠倒的歧视中发现了它的局限性，这种颠倒的歧视是以在过去牺牲相关民众利益时所犯错误的名义要求的歧视。如果这些制度化的程序将重新置于对差别视而不见的这个著名的社会空间中，并且不趋于稳定，它们或许是可以接受的。这种极端冲突的状况将在初级层面反映有关尊严概念本身的基本对立的观点：传统自由观依靠理性因素的地位，这种理性因素作为潜在的普遍人性被所有人分享。我们已经看到这种潜在因素在前面的部分是作为获得主体权利的个人领域的扩大而起作用。在差异的政治学的事例中，普遍承认的要求出自已分化的文化基础，一种对所谓潜在的普遍人性的肯定自身被当成了一种霸权文化的简单表达，一种白人文化、男性文化的简单表达，这种文化在启蒙时代达到顶点。在论证结束时，同样的普遍性显得是歧视性的[47]，特殊主义（particularisme）则以普遍原则的面目出现。

因此，卢梭的论证假设的普遍意志①被差异政治学谴责为同质化暴 335
政。问题恰恰在于知道，“有关基于对普遍能力的承认的平等尊严的全部政治学是否注定是同等同质化的东西”（同前书，72 页）。

因此抵触的地方在于，根据种种集体计划和继续生存的权利（如同在魁北克的事例中那样）拒绝承认一种合法性，这种合法性不同于通过宪法和宪法权利的相关概念体现的合法性。今天，在英语世界，尤其在加拿大，差异的政治学和自由的普遍主义的政治学在教育机构和商业规则中相互对抗。

一个不如泰勒那样投入的观察者可能想将妥协的模式移置于合法性的冲突中，这种妥协模式在前面被看成一种冲突，在这种冲突中，效忠并不具有集体命运的形式，更不用说采取继续生存的权利的形式。卷入其中的证人要做的是要求他的反对者把他们最好的论据带到讨论中来，如同他自己努力做的那样。就自由社会（在这个词的政治而非经济的意义上说）从此以后都要面对少数民族问题而言，这个紧迫性是重大的，因为民族国家的特征轮廓没有覆盖人种文化差别的地图。从此以后，人们会说，一个自由社会“通过它对
待少数民族的方式而凸显自己（其中包括那些没有参加对财富的公 336
共定义的少数民族），并且尤其是通过它给它的所有成员的权利而凸显自己”（同前书，81 页）。

这最后的箴言是对“承认的政治学”的界定，它在个人层面上的好处只能是自尊的增强。

在完成我们对为承认而斗争的各个形态的考察工作之际，我想追问各个阶段的斗争观念的影响。我要回顾一下选择切入这种相遇经验的角度的理由。一开始，重要的是回应自然主义者对霍布斯所说的自然状态的看法（它早就与“自然法”学派的创始人的观点相左）：《利维坦》排除了道德的全部原初动机，不仅仅是为了摆脱所有人反对所有人的战争状态，而且是为了承认他人也是具有与竞争、怀疑和光荣有关的原始激情的伙伴。通过使否定的潜在能力服

① 公意。

务于有效地实现意识或精神的过程，黑格尔在这方面提供了一个强大的思辨工具；我们没有忘记将“犯罪”当成规范产生者的那几页文字。“被承认”乃是整个过程的关键，这个过程在对黑格尔的论证“进行系统的再现实化”中被称为“为了承认而斗争”；此外，
337 强调的重点在于对承认的否定的否定形式，在于蔑视。关于整个过程所趋向的“被承认”本身，它直到最后仍保留着一部分神秘。的确，人们将这些规范的要求与这些要求所对应的创伤，与个人的新能力的现状进行对照，而这种新能力是为承认而斗争的过程造就的。通过与承认的连续模式相关联，我们可以命名自信、尊重、自尊，我们还详述了它们的形态。然而，这个新的主体能力的提升，是对我们第二研究中所列举的能力的补充，没有阻止一种苦恼情感的形成，这种苦恼的情感影响着附属于斗争观念本身的意图。

我们要问，人们认为一个主体何时真正获得了承认？

通过论证我们的研究专注于（在国家理论的确切意义上的）政治学的开端，我们或许避免了这个问题的部分尖锐性；在这方面，我们还远远没有达到一种与趋于成熟的政治哲学相关的确定性。只需提及《法哲学原理》的武断表述就足够了：“国家是伦理理念的现实（effectivité），亦即伦理精神的现实，这种伦理精神乃是对自身而言清楚明白、无可置疑的实体性意志，是能思考并有自我意识的意志，这种意志不折不扣地完成了它所知的东西。”（黑格尔，《法哲学原理》，第257节）承认被再一次提及：“国家是具体自由的
338 现实；可是，具体的自由在于人的独特性并且他的特殊兴趣获得了完全的发展，以及对它们的自为权利的承认［……］，一方面，它们由自身过渡到普遍物的兴趣；另一方面，它们带着自身的知识和意愿，甚至承认普遍物是它们自身的实体性的精神，只要它是它们的最终目的，就积极地为这种精神服务……”（同前书，第260节）由于缺乏外在国家权力的一种可比较的发展，《法哲学原理》只是对“世界历史”做了大致勾画，此外，人们还认识到它那变得难以置信的抱负——提起这一点是恰当的。我们也不要忘记，尽管《法哲学原理》的展开如此宏伟，但它只能覆盖客观精神的意义空间，

并让位于绝对精神，而绝对精神又让位于不同于承认难题的另一个难题，承认问题只是与“伦理性”的领域相吻合，而在这一领域“我”就是“我们”。

我们的怀疑仅仅涉及这个精神领域，以及属于它的承认模式。在这些范围内，这种疑虑采取了下述问题的形式：情感的、司法的和社会的承认的要求，以它的战斗和冲突的形式，不是被分解成不确定的要求，分解成“坏的无限”的形态吗？问题不仅仅涉及对缺乏承认的消极情感，而且涉及获得的能力，这种能力受到贪得无厌的追求。这里，诱惑属于“苦恼意识”的一种新形式，而“苦恼意识”要么属于 339
不可救药的受害感，要么属于对无法实现的理想的一种不倦吁求。

为了消除一种新“苦恼意识”的苦恼和由此而来的偏离，我建议考虑我称作和平状态的有效经验，并把它和一种“无休止斗争”的消极动机和积极动机放在一起，精神分析意义上的分析就可能如此。但我想从现在起说说我从这种并置中期待什么和不期待什么。和平的承认的经验不能代替由斗争概念本身引起的困惑的解决，更不能代替对当下的各种冲突的解决。伴随着和平状况的确定性宁可提供这样一种证明，即，为承认而斗争的道德动机不是幻想。这就是为什么此处只能涉及停息，涉及开阔地，涉及人们所说的“林中空地”(clairières)，在这里，行动的方向在怀疑的迷雾中若隐若现，这迷雾也带着适宜行动的印记。

V 为承认而斗争与和平状态

我在第三研究的最后部分想要论证的主题可以总结如下：在相 341
互承认的过程中对斗争观念的选择应该在相互承认的和解经验中寻找，这种相互承认有赖于既避免司法范畴，也避免商品交换范畴的象征性的中介；这些经验的独特性，远远没有使这些经验失去资格，而是强化了它们的重要性，甚至由此确保它们在被打上斗争印记的和解中心的辐射能力和灌溉能力（irrigation）。在展开马塞尔·埃拉夫（Marcel Henaff）在《真理的代价》中表述的这个观点之前

（我将在一定的时候解释选用这个标题的理由），我坚持与这些论点进行较量，它们阻止过早采纳一种过于有利于我的下述尝试的解释，即，把为承认而斗争的观念与我随某些作者一起称呼的和平状态连接起来。[48]

342 这里有两个障碍。第一个障碍与这些和平状态模式在我们文化中的存在相联系，这种和平状态被以它们的希腊原文的名称，即philia（在亚里士多德意义上）、eros（在柏拉图意义上）、agapè（在《圣经》和后《圣经》意义上）表示，其中的第三个名称，即agapè①，似乎预先反驳了相互承认的观念，因为像赠与这样的慷慨行为（至少是它“纯粹”的赠与行为）既不要求也不期待回馈。问题就在于知道，为了直面一种交互性逻辑，根据相互承认的观念所具有的相反的危险，是否应当保留 agapè 固有的单方面的慷慨的性质，这种交互性逻辑往往抹去了人际的特征，这些特征从这个研究一开始就凸显了我喜欢称之为相互性的东西，以使它区别于依附交互性逻辑的那种自主循环。在这方面，馈赠和回馈的矛盾将构成典型的斗争场所，在其中，agapè 的单方面性将有资格对一种交互性的逻辑发挥它的批判作用，这种交互性逻辑超越了互换赠品的情况下个人的谨慎姿态。这样，一种对馈赠的相互性进行解释的基础将会出现，而这种相互性基于象征性承认的观念。

1. 一种和平状态：agapè

343 吕克·博尔坦斯基是在行为社会学的框架中将爱和正义作为能力问题来处理。这个学科的问题可以用下述命题来概括：“这种人们力所能及的事情”（这部著作第一部分的标题）。[49]

值得注意的是，“和平状态”即居于首位的 agapè 与斗争状态完全对立，而斗争状态不被纳入复仇的暴力（我们的下一个模式将它放在馈赠和交易共同具有的交互性的名义之下），但它也主要包括作为其诉讼证据的各种斗争。这部著作就是建立在受正义影响的斗

① 早期基督教徒的聚餐。

争与和平状态的三部曲之间的对立之上，在这三部曲中，agapè 是最具特权的角色。

agapè 首先通过与正义的对照而凸显它的价值：正义其实没有穷尽被暴力开启并被报复重新开启的制止问题。正义与平等观念的关联包含了处于萌芽状态的新冲突，这些新冲突由证明原则的多样性所引起，而这些证明原则与作者在别处提到的“崇高结构”的冲突结构有关。这样的评论并不令我们吃惊：我们已经十分强调对正义的指称在我们的“为承认而斗争”的模式中的地位。如果中止争 344
论是和平状态的首要标准，那么正义就没有通过检验。相反，因为 agapè 忽视比较和计算，它使得对平等的参照失效。

边界（frontière）更多被和平状态所掩盖，agapè（聚餐）似乎最接近和平状态，这就是 Philia①。它显然涉及交互性。《尼各马可伦理学》对于友谊的分析的精髓涉及最利于相互承认的条件，因为这种承认使友谊与正义相互接近，对此，亚里士多德在著作中说，友谊不是正义的一种形态，它是与正义相关的。

更微妙的是，agapè，因为剥夺感的缺乏，而区别于柏拉图的爱欲（eros），而剥夺感滋润了它对精神升华的欲望。内心的丰富，在 agapè 方面，排除了这种剥夺的意义。我们意图的最重要特征在于，以 agapè 的方式分发馈赠时不图回馈。在此，这是 agapè 与对等观念无关的必然结果。这不是因为 agapè 忽视与他者的关系（如同那些关于邻人和敌人的看法所证明的那样），而是因为它通过使其避免审判而铭记了这种明显地追求平等的关系。这里最好涉及一种既不能衡量也不能计算的平等。在这种背景中提到的唯一交互性恰恰属于审判的范围，并按进行定罪审判的复仇女神（nemesis）的方式起着诅咒的作用：“进行审判吧，你们不会受审。”审判与计算俱 345
来，计算与担心同在。agapè 的无忧无虑使它悬置了争论，甚至在法庭上也是如此。忘记它所引起的伤害不在于把它们排除掉，更不是抑制它们，用阿伦特谈论宽恕时用的词句说，是“让它们离开”。

① 可译作“亲缘”“爱”。

agapè 不是因此就不起作用：克尔恺郭尔可以就有关“爱的作品”[50]发长篇大论；离开比较的领域，agapè 对“我们看到的人”保持关注；存在物的“不可度量”性“使得彼此的交互性变得无穷无尽”。因为在注意自身的同时争论与爱是外在的，爱没有对这些问题做出回答。更令人迷惑的是，agapè 保持着稳定性，保持着持存性，因为它的现在忽略了后悔和期待。如果它不是笼统地论辩，它就以例子和寓言说话，其夸张的结果误导了听众而非确保重新指导听众。

agapè 向博尔坦斯基的行为社会学提出的问题也是我们的问题：关于“agapè 的理论提出的一个中心问题，就是其地位问题。这里涉及一种能使我们允许描写人在现实中完成的行为的构造，涉及一种可以部分实现的理想，涉及一种乌托邦和假象吗?”（博尔坦斯基，《爱与作为能力的正义》，99 页。）自从人们既不把 agapè 的话语当成幻想也不当成假设以来，这个问题因对 agapè 话语的信任而
346 得到了它的严肃性和重要性。这种可信性恰恰对交互性的实践本身发生影响，就像其“邻人”概念重新使它发挥作用一样：邻人，不是处于邻近的人，而是关系亲近的人。对有关 agapè 的论述的可信性的检验包含了由这种亲近所开启的爱与正义之间的辩证法。

agapè 首先通过进入语言而接受这种检验，而语言以某种方式使得它与有关正义的话语相称。因为 agapè 的言谈，不管它的表达形式多么奇怪，这些表达形式都要获得公众的理解。关于 agapè 的话语首先是一种赞扬：在赞扬中，人一看见他的对象的影响超过了所有他关心的其他对象时就欢欣鼓舞。用查尔斯·泰勒的话说，赞扬就是以歌唱的方式表达的“强烈评价”：保罗给科林斯的书信（第八章）中对爱的赞美就是它的范例。另外，agapè 的突出之处是以 macarismes 的祈愿方式而受到赞美的（“幸运的人啊……”）。通过对戒律的口头表达，agapè 朝正义的方向前进了一步。“你应该爱”，罗森茨威格(Rosenzweig) 在《救赎之星》中将这样的戒律与法律和它的道德强制对立起来。先于所有法律的命令是爱人给被爱者的话语：爱我！这是通过温柔的恳求而显示出的爱本身。我们或许敢在此谈论与赞美诗和
347 祝福相近的命令的诗意用法。让我们给这两个松散的特点加上隐喻化

的力量，而这种隐喻化依附于 agapè 的表达，并如《雅歌》[51]证明的那样，使得它重新与情爱的类似力量联系起来。

agapè 进入到语言中肯定没有消除爱与正义之间的不对称，帕斯卡在他著名的《论崇高的层次》的片段中将它发挥到了极致。[52]一直延伸到回馈的悖论中的爱与正义的辩证法恰恰包括了不对称工作。正是在语言层面上这种不协调的辩证法才得以理解：agapè 要表现，要宣布，正义则要论辩。在法庭上，这样的论辩仍然是为与和平状态对立的争论服务的。当法庭的判决结束了诉讼和司法辩论时，司法争论与和平状态的距离在某种意义上达到极致；判决是作为一种话语出现的，这种话语将被宣布为受害者的原告放在一边，将被宣布有罪的他的对手放在另一边。因此，法官不仅作为天平，而且作为裁判者向我们问好。争论被解决了；但如果不接近和平状态，它只是避免了报复而已。

但法庭和论辩之间的联系不仅在刑事法庭的层面上是显而易见的，而且它以多种多样的形式出现在下述情境中：在那里，个人要受辩护的检验，而这种辩护是由这个或那个城市中获得一个地位或 348
保护一个地位引起的，这些城市属于泰韦诺和博尔坦斯基所说的崇高结构。这种辩护的情况是我们这样的社会特有的，这样的社会要用商业和非商业财富分配的术语加以定义（角色、任务、权利和责任、优势和劣势、利益和负担）；没有这些在群体中赋予他们地位的分配规则，个人就没有社会存在。正是在这里，正义，作为分配的正义，作为主导所有分享行为的风俗道德，进行着干预。“给每个人应得的东西”，无论在什么分配情况下，这都是对正义的最一般表述。自亚里士多德以来，伦理学家重视被如此定义的正义和平等之间的联系：“以类似的方法对待类似的事情”。

一座桥梁可以架设在 agapè 之诗与正义的散文之间，架设在赞美诗与形式规则之间吗？应该架设这座桥梁，因为生命的两种形式，根据 agapè 的方式，根据正义的方式，回溯到同一个行动世界，在这一世界中，它们渴望表现出“各种能力”；这种对照的特殊时机恰好是馈赠。因为 agapè 只包含一种欲望，即给予的欲望，由于没有剥夺，我们还可以说它与欲望无关，这就是对其慷慨的表达。它因此出现于日常世界的环境中，在这个世界中，馈赠具有一种交换的社会形式，正义精神在交换中通过相等规则而得到表达，如同
349 在其领域的其余部分中发生的那样。不管关于馈赠的经济学的古老起源是什么（馈赠成了接下来讨论的对象），馈赠仍出现在我们的社会中，而且这是个被商业经济支配的社会，在这个社会中，一切有价，但服从于支配馈赠和回赠之间关系的社会法规。agapè 的人，即行为社会学认出其面貌和态度的人，他们迷失在行为计算的世界和相等的世界中，在这个世界中，他无法进行辩护；因为忽视了给予回馈的责任，如果不期待什么回馈，他就没有超越最初的状态。

陀思妥耶夫斯基将白痴的难以忘怀的形象赋予了这个无辜者。并非因为梅什金（Mychkine）公爵是人们通常所称的白痴：他对局势具有令人惊愕的理解，这种理解使得他出现在一切有争论和争执的地方。但他不是根据正义的规则进行裁决。他的行动每次都是不绕过普遍规则的令人满意的行动。人们可能宁可用恰当（justesse）这样的词而不用正义这样的词来刻画他的行为。所以，对采取第一种姿态的人（聚餐的人）与采取第二种姿态的人（正义的人）之间的行为的主要印象只能以误解来形容。agapè 失去了将它排除出世界的“纯粹性”，正义失去了“对相等的规则的服从”给它赋予的“安全性”；如果我们和博尔坦斯基一起补充说，
350 在生命的具体处境中，每个伙伴可以瞬间从一种状况“转向”另一种状况，那是彻头彻尾的误解。[53]

这种误解和这些“转向”或许是馈赠和回馈的关键矛盾之一。现在，这个矛盾将吸引我们：或许它们同等地组成了根据相互的承认对这些矛盾进行解决的方式。

2. 馈赠与回馈的矛盾和交互性的逻辑

对交互性概念的解释是出自对马塞尔·毛斯（Marcel Mauss）的著作《论礼物》[54]所做的讨论，我把交互性当成下述论题的替代物：它使相互承认的观念成为解决馈赠与回馈的矛盾的钥匙。

简单地说，毛斯将礼物置于交换的一般范畴之下，如同商品交换，它可能是商品交换的古老形式。社会学—人种学家正是对这些古老特征感兴趣。在新西兰毛利人那样的群体中，进行礼物交换方面的难解之处，不是给予礼物的责任，甚至不是接受礼物的责任，而是回赠的责任。如何解释“这些给予礼物的自愿性，比如说表面上的自由性和无偿性，然而又具有强制性和利益相关性”呢（毛斯，《论礼物》，147 页）？什么东西形成了三种责任之间的联系：给 351
予、接受、回赠？毛斯以这样的话来表述这个问题：“在人们给予的东西中存在着什么样的力量使得受赠人回赠礼物？”通过这样的表达方式，毛斯采纳了被观察居民的语言，他不仅在对支撑作为回馈责任的那种联系能力发出疑问时如此，而且在把这种力量置于被给予的东西（这种东西被当成有活力的）时也是如此：“在送礼节（Polatch）[①] 交换的礼物中，有一种变动促使礼物不断易手，促使礼物被给予和回馈。”（同前书，214 页）因为最接近毛利人的传统，毛斯因此采用了通过这种传统而附属于“豪”（hau）这个词上的潜在概念体系，这个词表示这种赠与礼物时迫使人做出回报的力量。正是人种学家对这种解释的信任引起了讨论：这是土著人对自己的实践所做的解释。

在《毛斯著作导读》中，列维·斯特劳斯指责作者屈从于通过“豪”而进行的解释。他问道，人种学家不是任凭自己“被土著人哄骗”吗？对回馈之谜的理性阐释完全是另一回事：“豪（hau）不是交换的最后根据。这是有意识的形式，一个特定社会的人［……］正是在这种形式下把握了一种无意识的必然性，而它的原因另有源头。”在求助于无意识概念时，列维·斯特劳斯阐释了不同于有意识经验的另一个领域，即象征思想的规则的领域；只要它 352
遵守那些规则，这就是交换礼物的真相：豪（hau）这个概念在毛斯眼中具有对交换的真相加以掩饰的功能。在有魔力的思想祈求一种被掩盖着的力量的地方，这位学者想起了中世纪的“催眠剂”，

① 印第安人交换礼物的宗教节日。

他将一种交换的简单规则置于光天化日之下。

克劳德·莱福特（Claude Lefort）[55]，如同引用过他的论著的博尔坦斯基所回忆的那样，是指责列维·斯特劳斯在试图将社会问题还原为可以通过规则来计算的世界时缺乏“内在于行为的意向”的第一批人之一。礼物的意义本身就这样被取消了。可是，只要我们不把回馈的责任与“给予的责任联系起来，以至于在最初的礼物中表现为馈赠行为”，这种意义就隐而不显。克劳德·莱福特期待我们以后会提出那种解释，他同时写道：“馈赠与应该加以回报的观念假定他人是另一个自我，这个自我应该如我一样行动；这种回赠的举动向我证明了我自己的举动的真实性，即我的主体性［……］的真实性，因为人们相互证明他们不是物。”一种行为社会学，与源于涂尔干的传统的关于社会事实的社会学相对立，它可能重新考虑由梅洛-庞蒂的现象学引发的对克劳德·莱福特的批评；它将拒绝为了外在观察者的构造而牺牲参与者的证明。

我担心看到像这样牺牲社会行动者所引用的辩护会在一种交互性
353 逻辑中结束，这与马克·罗金·安斯巴哈（Mark Rogin Anspach）在《投桃报李——交互性的基本形态》[56]中提出的逻辑相似。在前言中，作者宣称：“交互性关系不能被归结为两个人之间的交换。一个超越的第三者每次都出现，即使这个第三者只是关系本身，而这种关系是作为参与者而完完整整地出现。”（安斯巴哈，《投桃报李》，5页）

在离开行为社会学的层面时，我们不仅离开了参与者给予的证明的层面，而且离开了正义和爱这两种“能力”可以相互对立的层面。在关于相互关系的现象学面对交互性逻辑要求获得它的权利时，从视野中消失的 agapè 在这个阶段只能被保留下来。

首先需要说说这种交互性逻辑的优点，以便确切衡量以承认的形式来进行解释的新颖性，而承认是内在于个人之间的交易的。

这种交互性理论的第一个明显优点是一开始就覆盖了广大的领域，其范围包括了报复、赠与、交易。根据这部著作的副标题，这三个范畴构成了“交互性的基本形态”。

第二个优点是将交互性纳入了一种恶性循环或良性循环中：从

报复的恶性循环（犯罪对反犯罪）向馈赠的良性循环（赠与对回 354
馈）转化的问题就这样被提出来，牺牲打开了通向积极交互性的道路。

在参与者的层面上，人们可以感到报复的恶性循环特征，然而，参与者们不能够提出这一规则：“杀人者必偿命。”正是这样的规则将报复者变成一种制度的匿名行动者，从而使他成了一个凶手。这个制度超越了这个报复者，并且只是通过它的变动而作为制度长存下去。从第一阶段开始，人们可以发现像黑格尔那样对犯罪中的否定力量的考虑或像特里科（Tricaud）[57]那样对侵略伦理的考虑，同时，像韦尔丹尔（Verdier）[58]那样对报复在特定社会实践中实施的社会调节作用的考虑，统统被中立化了。参与者“之间”发生的事情从属于一种自律体系的自我指称——用让-皮埃尔·德普耶(Jean-Pierre Dupuy)[59]的术语说，是在“保持一种合适行为”的意义上做到这一点。一些明显的现象学特征，如自我的现象学特征(自我在把头颅交给刽子手去砍时或许把自己奉献给了刽子手)，不禁让人想起牺牲的奉献特征，这种牺牲被认为提供了从报复的恶性循环向馈赠的良性循环转化的基础。在一个系统的观念中，我们不应该对具体的举动（如，放弃以暴易暴，避免受“杀人者偿命”原
则的影响）视而不见，以便最后将和解的整体性转到在宗教制度中 355
被当成神的第三者上。在牺牲的暴力的源头出现的“未杀人者被杀”的现象仍然属于事故的范畴。如果关于赠礼的牺牲的格言是“给那将要给予的人”，那么，呈现赠礼的举动仍然是赠送的举动，这种赠送活动始于送礼制度。

然而，为有关赠与、回赠的系统观点进行辩护的东西，是将这个谜团上升为不一贯的思想的强烈意义上的悖论。悖论是这样表述的：受赠人如何被迫回馈呢？如果后者被迫表明是否慷慨，最初的赠与怎么可能是慷慨的呢？换言之：通过回赠而承认一个礼物，不就是毁掉这样的礼物吗？如果给予礼物的第一个举动是慷慨，那么被迫进行回赠的第二个举动就取消了第一个举动的无偿性。系统的理论家将这种循环（重新成为恶性循环）列在双重束缚（double bind)、双重纽结的形态下。以罗素（Russell）的类型论为模型的解决方案在于将交互性规则和个人之间的交往置于两个不同层面上。循环因此出自两个层面的混同，交换层面自身和个人的谨慎举止的层面。

安斯巴哈承认在报复的循环功能与赠与的循环功能之间存在着一种重要区别：报复的循环在经验中可以被感受到；赠与的循环对于古代社会的现代描绘者来说只存在于理论中。在此意义上，通过
356 将赠与的精神置于第三者“豪”中，土著人已经觉察到了这方面的某些功能。[60]总之，在赠与方面，是这位理论家，而不是交易的参与者，构建了双重束缚式的论据，因为这个理论家不同于因悖论而困顿的报复者的处境。理论家区分了两个层面，交互性层面和交换动作的层面。借助这些区别，这个理论家可以引述“在作为超验统一性的交换和构成它的个体行为之间的一种循环的等级体系，但不是恶性循环的等级体系”（安斯巴哈，《投桃报李》，44 页）。交换的超验性并不妨碍它依靠这些相同活动的良好开展存在。

在这个世界祛魅化的时代，这种超验性的地位有待确定。根据让-皮埃尔·德普耶构想的思想模型，这涉及自我超越的过程，这个过程只能根据“循环因果性”加以表达，这类因果性既在交互性体系的层次又在两个层次自身之间，即，参加者之间的谨慎活动得以开展的“第一个层次和元层次（métaniveau），第三者处于元层次，它体现了作为超越者的交换活动”（同前书，45 页）。在此，这种解释的首要优点是既给毛斯提供了“豪”的超越性的理由，又给列维·斯特劳斯提供了对交换的交互性进行逻辑阐释的理由。

至于我，我不对一个自主体系的自我超越性概念的逻辑一致性
357 表达意见。我感兴趣的是总的循环“通过一种自我超越的过程从相互作用中出现”的方式。因此需要关注“参与者之间的谨慎活动”的特征，因为这个制度是从中产生的，我们与其专注于“第三者之谜”和现代人对“豪”的神秘超验性的重新解释，还不如专注于参与者们在将赠与认作赠与时所做的事情。从承认的一种意义（即“承认为……”的意义，因而指“认同”的意义）过渡到承认的另

一种意义，后者是指一直引起我们关注的相互承认的意义。[61]

可是，作者帮助我们通过对个人行为的各种评论保留了相互性（使之与交互性的自我超越对立）的这个“内在”维度：停止回击，在给予的时候提供，预期以这种或那种回馈的方式接受，不考虑抢先一步的行为，“不抢先一步，就没有可能的赠与。”（同前书，225页）这些行为将首次赠与带到了关注的核心，首次赠与成了第二次赠与的模式；的确，在“为了让别人给予而给予”这一表述中存在着许多“为了”的变种。这些变种是对交互性的中性表述得以从中出现的变种，而交互性（réciprocité）不同于在我们中间循环的相互性（mutualité），它在我们头顶上盘旋。如果交互性恰恰以水流的 *358* 方式循环，对参与者来说，重要的不是阻断这样的水流，而是维持它。这就是信任的工作。毛斯在这里谈论“由‘豪’确保的‘确定性’”。列维·斯特劳斯注意到“对圆圈将再次闭合有信心”的必然性。这意味着进入到有效行动层面上的赠与不是没有风险。当这种理论说：“应该永远期待全面循环的回归”时，捐赠人和受赠人从行动层面上看，承担着有风险的不确定的责任来维持和继续在他们之间进行的交换。从此以后，我们可以在两种意义上理解安斯巴哈的建议：“我们应该试图超越回馈问题。”（同前书，48页）这位理论家通过改变讨论的层面来完成这一点；交换的主角可能通过从“为什么回赠”的问题回到“为什么给予”的问题实施了这样的超越，因为回馈是随第一次赠与而来。以后我们会说，agapè（聚餐）的某种“没有回馈的给予”可能因此被保留在回馈实践中。

正是在赠与和交易的差别中关于赠与的现象学恢复了生机。这位理论家自愿地接受这一点：“整个群体在交换制度中以最绝对的方式扮演交互性中介的角色，这种交换制度无疑是下述这样一种制度，在那里，在个人交易，即现代交易制度中不再存在完全的赠与。”（同前书，57页）在这里，“非人格的法律”与源于社会的自我超越性一起盛行。（出处同上）进而言之：在交易中，不存在回 *359* 馈的义务，因为不存在要求；付款完毕后参与交换者的相互义务就结束了。人们可能说，交易是没有相互性的交互性。因此，相比之下，交易回到了礼物交换所特有的相互联系的原始状态（这种礼物交换是在整个场地内进行的）；通过与交易对照，强调的重点落在了首个捐赠人的慷慨上，而不是落在对回赠礼物的要求上。这个分类学家自己承认这一点：“进行回赠，通过交互性的相应举动而承认首位捐赠人的慷慨，就是承认这样一种关系：先前的礼物只是这种关系的一种载体。”（同前书，59 页）在这个引文中，“承认”这个动词同时在两个层面上发挥作用：在这个句子的第一个部分中，“承认”展现了赠与举动本身的双重慷慨；在第二部分，它会将其与关系等同起来；但这第二种承认仍然是交换参与者的有效行动抑或仅是理论家的一种构造呢?[62]

3. 礼物交换和相互承认

前述两个讨论已经将交互性问题（正如在礼物交换中它被在伙
360 伴之间表现的那样）推到了前台。经过最终的讨论，考察由 agapè 构造的和平状态的模式而引起的第一个讨论，已经导致保留一种在首次“赠与”中表现出的慷慨观念，而不考虑这样产生的回赠责任：因为摆脱了对等规则的慷慨支配着正义关系。第二个讨论，从被视为谜团的回馈的责任出发，提出在一种系统性层次上建立交互性的多种形态的循环，这种系统性层次不同于受回赠的矛盾困扰的有效经验的层次。在这个讨论阶段，求助于相互承认的概念，与交互性概念相比，相当于为交换参与者之间的相互关系作辩护，而这种交互性概念被理论置于高于社会公职人员及其交易的地位。按语言惯例，我保留了“相互性”这个词，用它表示个人之间的交换，并用“交互性”这个词表示系统关系，而这种关系的相互性联系只是构成交互性的“基本形态”之一。交互性和相互性的对比从现在起被当成这个主题的一个基本前提，这个主题集中于象征性的相互承认的观念。礼物交换从此以后将被比做唯一的商品交换，但既不再考虑司法范畴的对等规则，也不考虑作为报复的交互性的其他形态。

361 在这方面，我们怀有一种直觉信念：商业领域是有限度的。迈克尔·沃尔泽的书《正义的领域》证明了这一点；依靠仍然充满活力的文化遗产，这本书限于肯定本性并不显得唯利是图的财富存在；作者还谈到“被分享的价值观念”（shared values）。但我们对商业领域的侵蚀的抵抗从何处汲取它的力量呢（在我们的社会中尤其如此，正如在讨论为承认而斗争的第三模式时所说的那样，我们的社会已经解决了权利平等分配的问题，但没有解决财富平等分配的问题）？因此，为这些“被分享的价值观念”寻找表达的特殊地位是必要的。

我把解开这个谜团的观念归功于马塞尔·埃拉夫的题为《真理的代价》[63]这本著作，他求助于象征性的相互承认的观念，来命名“仪式性的互赠礼物之谜”。

作者将他著作的第二部分作为毛斯的《论礼物》所引发的讨论的继续。但书中展示的全部策略的独创性在于推迟这场讨论并使其附属于“无价（sans prix）”这个范畴的事先检查。时机成熟之时，这种绕远路的好处将是把赠与的实践和属于经济领域的实践区分开来，赠与不再表现为一种商品交换的古老形式。可能继续成为问题 362
的古老形式被转到了交换的仪式性上，而它与承认的象征性的联系还有待揭示。

一切都是在具有不同起源的两个问题之间的交叉点上起作用。关于“无价”的问题在我们自己的文化中是通过真理——或至少是对它的探索——和金钱之间的关系而被提出来的。我们一直感谢苏格拉底开始了这场争论。柏拉图转述说，苏格拉底宣布不计报酬地进行教导；正是智者们要求得到报酬；在他们尊崇神时，苏格拉底只接受给他带来光荣的礼物。一种具有敌意的悠久历史就这样在知识圈和商业圈之间展开了。这种敌意一直到雅典人对公民的定义中还能发现一种回响：商人被排除在自由人的群体之外。[64]商人为他人买卖，他崇尚实用，而不崇尚空谈和奢华。总之，尽管有苏格拉底，有灵感的思想家和能干的专家之间的界限不断地从知识交换的领地中被抹去；在它这方面，人们无可奈何地承认商业是一门技艺，它是危险的，但又是必需的；商业自愿地落入外人之手，经常

363 是落入歹徒手中。亚里士多德提出的货币理论没有提高商人的声誉，虽然在《尼各马可伦理学》第五卷第八节中，货币因其具有等价交换的功能而被置于正义的领域中。中世纪史研究者雅克·勒·高夫（Jacques le Goff）提到，在中世纪，教士们对注定获利者的消极评价与民众对作坊主和艺术家的尊重之间存在竞争；至于抵押放款人，他仍将与高利贷者难以区别，高利贷者出卖了避免从属于唯一上帝的时间。的确，这场战斗在文艺复兴时代和宗教改革时代将要失败，但对金钱的怀疑将持续存在，而钱又能生钱并能变成商品。福楼拜与波德莱尔对此和马克思一样感到愤怒。[65]然而，商人的胜利也是市场的胜利，但这种胜利将不能抹去苏格拉底临死时的话语和举动，也没有抹去这样的问题，即，是否仍存在着非商业的善。马塞尔·埃拉夫在他著作的第一部分的结尾评论道："重要的是思考一种完全不是商业类型的交换关系。"（埃拉夫，《真理的代价》，134 页）正是在这一点上，"无价"的问题与礼物问题重新交织在一起，而礼物问题来自完全不同的视域，一种有关古代社会的人种学的视域。这两个问题在有关象征性承认的主题上接合在一起。

马塞尔·埃拉夫重新开始了对礼物交换之谜的解释，以至于到了这样的程度：对毛斯《论礼物》的结论的讨论主要是根据列维·斯特劳斯所做的批评。就像毛斯描述的那样，通过将交换表示为
364 "仪式性的东西"，埃拉夫的论点出于双重的断裂：一方面与对礼物的说教式解释决裂，这种解释取消了我们以后将重新讨论的礼物的节庆方面和奢华方面；另一方面与经济学家的解释决裂，这种解释使礼物成了商品交换的一种古老形式：仪式性的互赠礼物既不是商品交换的雏形，又不是商品交换的对手，也不是商品交换的替代者；它处于另一平面上，但恰恰处在无价的平面上。这意味着，仍存在着谜团，即，回赠的义务。

我们还记得，对于毛斯而言，谜语的答案应该从被交换的东西那里去寻找，从作为礼物的赠品那里寻找；这个人种学家自己重拾对相关的土著人的解释，根据这种解释，使我们回赠，使我们报答的力量以一种神奇能量的方式存在于事物本身中，这种能量可以将

被交换的财富归于它的诞生地。列维·斯特劳斯的批评和前面我们已经说明过的批评被认为是以这种神奇力量的逻辑术语而进行的重新解释：通过把强迫捐赠人回赠的力量转到关系本身，这个结构主义论题的确使得这样一种能量非物质化了，而那个具有魔法的思想将这种能量定位在作为被交换物的礼物中。这个论题仍处于与有魔力的思想同样的思路中，因为关系承担着第三者功能，并从这种意义上讲，它类似于毛利土著人提到的“豪”。以交换关系特有的驱动力取代被交换物中的魔力维持了对被交换的第三者的重视。埃拉 365
夫发动的思想革命在于把关系的重点转移到捐赠者和受捐者身上，并且在参与者之间的相互交换本身中寻找谜语的答案。他的思想革命还在于把这种分享的活动称作相互承认。如果我们把被给予和回赠的东西当成抵押（捐赠人投入在礼物中的抵押）和对承认过程的替换，对回馈举动出现的信任的替换，那么，被设想存在于事物本身中的力量的原始之谜就会烟消云散。或许正是承认关系的性质把它的意义赋予了人们所称的礼品。我要补充的是，人们可以把相互关系当成一种自身不被承认的承认，因为它与其说专注于语词，还不如说专注于举止，并且只有通过礼物的象征才能做到这一点。

这里进行的分析可以说是韦伯意义上的典型的理想分析，因为它形成了与概念的明确表达和经验的例证相等的部分。随后的评注目的仅仅在于利用这个分析的展开的根据。

第一个评论旨在强调这种分析在概念方面的二分特征，这种特征以后应该借助于历史经验来加以修正。与对毛斯《论礼物》的解读所暗示的东西相反，礼物的交换既不是商品交换的雏形，又不是商品交换的对手，也不是商品交换的替代者。价格很高的礼品完全 366
不是在能够买卖意义上的商品。因为它们绝不会“自外于这种抵押并充当相互承认关系的替代者”。正是在这一点上，“礼物”和“无价”这两个问题重新交织在一起。

它们不仅仅重新交织，而且还相互支持。历史提供的场景是一种“无价”不断失败的场景，而“无价”被商业社会的发展所抑制。教师，甚至苏格拉底派也让自己得到酬劳。在他著作的结尾，埃拉夫考虑“商品交换的合法形象”：“被恢复声誉的智者”“合法商人”“得到报酬的作家”“得到报酬的心理医生”。这个问题出现了：还存在非商业的财富吗？对此，我们可以回答说，赠与的精神在财富的范畴内部引起了一种断裂，而财富的范畴与对作为一个庞大分配系统的群体性的总体解释有关。人们将因此谈论非商业的财富，如安全、权威的功能、义务和荣誉，“无价”成了承认非商业财富的标志。相反，或许我们可以发现各种具有无价形式的礼物，无论是涉及有价值而无价格的道德尊严，还是涉及人类身体的完整
367 性，抑或是人体器官的非商业化，而不考虑人体的美丽、花园和鲜花的美丽以及风光的壮丽。在这里，或许应该从康德的《判断力批判》的趣味判断这一边架设一座桥梁：谁知道是否不存在礼物，是否不存在通过这种判断而获得的相互承认呢？关于判断，康德说，它没有客观的指称对象，并只从可交流性中得到支持。

评论的第二条思路是：为了修正典型的—理想的分析在其概念维度优先考虑的那种二元对立方面，现在宜于着手更仔细地考察存在于礼物交换和商品交换之间的意义差异和意向差异的具体经验，即使它们没有相互对立（如同在举行礼物交换的仪式时那样），而是在日常实践中混杂在一起。在这方面，历史的观点可能是受欢迎的，纳塔利·泽蒙-戴维斯（Nathalie Zemon-Davis）的著作《论16世纪法国的礼品》就属于这种情形[66]；作者制定的有效实践的图表的确限定在一个时期——作者是研究这一时期的专家——但这个世纪恰好是西方文化在几种遗产中犹豫不决并创造了一些生活模式（我们仍然受益于这些模式）的世纪。但这种历史调查的最大好处是它有助于区分两种交换，即商品交换和非商品交换。即使这两种
368 交换不仅是同时代的，而且相互补充并巧妙地对立着。因此，这种典型的—理想的研究方法固有的二元对立的方面在注意复杂特征时获得了某种纠正，对这些特征，历史学家的学问是很敏感的。

复杂性的三个特点就这样凸显出来，它们源于某个特定时期的交换形式的混杂。

第一个特点涉及基本信念的多样性，这个信念乃是“赠与精

神”（esprit du don）的来源；第二个特点涉及礼物的提供和商品的提供之间的混杂；第三个特点将注意力集中在对赠与的有效实施的失败形象上。

一些信念和规定在礼物的转手方面起主导作用，在此层面，作者看到“赠与精神”来自一系列不同的核心信念：一方面，相较于个人之间的赠与行为，神圣的赠与行为占优先地位的《圣经》主题排除了所有等价回报，而在人类实践中推荐无偿的做法：“你们白白的得来，也要白白的舍去”（《马太福音》，10.8）；另一方面，有关从希腊罗马那里接受过来并为人文主义所珍视的慷慨大方的伦理学，以轮回的方式重新将捐赠人和受捐人置于平等地位，相互携手的美惠三女神显示了这种轮回；邻人的友谊和慷慨的恩惠是对这两个核心信念的补充。至于给予的时机，与时间的关系是基本的。庆典被历法所加强，而历法标明了季节的回归、新一年的到来、礼拜节日和主保瞻礼、个人和家庭生活的轮回——出生、结婚、死亡和 369
成长仪式（rites de passage）——此外还有遗传和遗赠。这些铭刻在人类时间中的有力规定，“为在不同社会环境中给予和接受提供了理想”（纳塔利·泽蒙-戴维斯，《论 16 世纪法国的礼品》，26 页）。作者还注意到：“16 世纪的人们同样非常关注这种环境的局限，关注人们能得以将赠与和出售区别开的标志，并注意到一种强制给予的礼物的责任。”（同前书，36 页）恰恰是这些实际做法使得意志和责任吻合的困难出现在给予行动中。我们将在讨论第三点时重新回到这个问题。

我所保留的第二个教导涉及出售与赠与之间的复杂关系。作者越是拒绝用商品经济替换礼物经济的主张并且为它们的持久共存辩护，这个主张就越提防一种忽视它们相互交错和相互借鉴的二元对立观点，并且冒着我们最后会强调的那些曲解的危险。我们刚刚提到的给予时机也是一种系统对另一系统侵蚀的时机：“在 16 世纪令人感兴趣的东西，是这种对赠与和出售之间关系的敏感性，是这种对两者的界线的兴趣［……］在 16 世纪，尤其重要的是，当我们时刻想起两者的区别时，在赠与方式和出售方式之间频繁变换的可能 370

性。”（同前书，72 页）这方面的例子很多：出售的交易（尤其在邻里关系中），如果不附带赠送就不能进行，这一点表明伙伴们没有摆脱所有以后的关系；出借和借入，尽管包含利息，但是以信誉保证的；雇佣和学徒的合同，履行回报性的服务，伴随着小礼物和其他殷勤举动，而这些殷勤举动通过礼物保持着感谢之情。保持和超越赠与与出售之间的界线的最有趣事例涉及所有与知识有关的交易。我们重新发现了苏格拉底的难题。书的例子在这方面具有范例性；拥有印刷机械的编者区别于作者：作者通过题献和捐赠提供他的书籍，但编者无论是否得到准许，都要出售书籍。我们的历史学家提到已经经历出售、赠与、遗赠过程的书籍的例子，这些书籍存放于私人图书馆或半公共图书馆，而贵族图书馆和皇家图书馆给它们提供了最终归宿。教师职业、医学训练和助产士的职业活动获得的酬劳处于礼物和薪金之间，甚至“酬金”都没有排除谦恭和恳切的礼物。对这些混合物的检视强化了对感激之情的重视，在受赠时，这种情感将给予和回赠分离开来并重新结合，
371 如同我们以后要强调的那样。正是这种情感的性质确保了分界线的稳定，这条界线从内部贯穿礼物和出售之间的混合体。

但感谢也是一条脆弱的界线，它使赠与的方式遭到各种各样的歪曲，而这些歪曲再次使我们的典型的—理想的分析回溯到它的出发点，即赠与的慷慨和回赠的义务之间的关系的悖论。这个悖论可以在任何时候转向疑难，甚至转向对伪善的谴责。我们的历史学家的著作的第三点教导迫使我们后退了一步。她说：“赠与可能失败，这件事吸引了 16 世纪的人们。”（同前书，105 页）礼物的持有人可能变成一个被回赠的强制性压倒的感恩人；在他这方面，拒绝回赠，或在回赠上过于拖延，或回馈品的低劣，都可能引起愤怒或无情谴责。如果赠与的实践在交互性逻辑的起源处接近双重束缚的理论悖论，“赠与的礼物”（同前书，105 页及以下）不乏其例：在家庭中，因为家传而导致的礼物承诺的解除；在社会关系中，与进步和声誉相联系的手段，引发奉承者的姿态的利益要求；最后，每个人束缚在无尽的责任关系中，所有这些似乎是这个时代的特征。在

蒙田那里，这种类型的强制使得人们宁要严格的合同，而不要善行和恩惠的倒错游戏。[67]至于政治生活，腐败首先在司法机构中横行，372
而且也在获得皇家特权的恩赐时横行，真正说来，腐败出自糟糕的礼物循环而进入了“恶意的礼物”循环。我们的历史学家在论腐败这一章的结尾提出了这样一个问题：“一个不断送礼并履行回馈义务的社会用显然达不到目标的礼品能做什么呢？停止一切送礼！真是难以想象！将好的交互性与坏的交互性区别开来吗？但如何做到呢？”（同前书，153 页）

我们也应该接受这样的问题，因为它涉及礼物的交换所提出的难题的本质。要使这个问题成为给社会实践提出的真正问题，而不仅仅是给交互性理论提出的真正问题，就必须事先接受“真是难以想象！”这个感叹，这个感叹紧随着“停止一切送礼！”这令人丧气的假设。马塞尔·埃拉夫的观点所确立的信念，即，基于象征模式的相互承认的有效经验是由仪式上的互赠礼品提供的，这一信念仍然与下述供词一样真实，根据这个供词，“礼单明显充满了潜在冲突”（同前书，191 页）。为了保护对相互承认的这种有效经验的成功，应该接受“区分好的交互性和坏的交互性”这一关键任务。

应该通过求助于典型的—理想的分析的规范性资源而致力于这
种关键任务［与马克斯·韦伯期望的相比，我很少把典型的—理想 373
的分析看成价值中立的（Wert-frei），从价值论观点看是中立的，即使马克斯·韦伯不总是忠实于这种原则的禁欲主义］。当我从一定程度上接近送礼的仪式方面（我想就此打住）时，我会像克劳德·莱福特在前面所要求的那样主要强调给予的方式。这在它最初的发展方面令人惊讶，我甚至要提前说，这在其性质方面同样令人惊讶。我们已经对回赠的义务发表过评论，但我们没有充分地关注这个问题：为什么给予？对赠与的承诺构成了开始整个过程的举动。赠与的慷慨引起的不是一种归还（restitution）（归还在本意上可能取消了最初的赠与），而有点像是对一种奉献的回应。说到底，应该把最初的赠与当成第二次赠与的模式，如果我可以这样说的话，把第二次赠与看成第二次最初的赠与。交互性逻辑根据双重束缚来重新解释回赠的义务，这种义务很大程度上是少许现象学内容的一种构造，这些现象学内容给两个层次的区分以借口，一个是实践层次，一个是具有自我超越性的自主循环的层次。回馈之谜所发挥的吸引力导致忽视中途相遇的赠与活动具有的明显特点，如：提供、冒险、接受，最后是在赠送一个简单东西时，给予自己的某种东
374 西。当毛斯写道："人们在给予时被给予，如果人们被给予，这是因为人们应该以他自己和他的财富对别人负责"（毛斯，《论礼物》，227 页，转引自埃拉夫，《真理的代价》，171 页）时，他已经觉察到了我们以勇气说出的这些情感的重要性。

在这点上，我要建议将涉及这种赠与意向的现象学与我们对 agapè（聚餐）的最初分析联系起来，在这样的分析中，重点在于不期待回报的赠与。初次赠与的风险，带着奉献的情感，没有保护某种期待的无利害关系的特征吗？而这种期待在封闭于对回馈的期待前，首先是接收礼物。这个期待自身，可以被无限地延迟，甚至从视野中消失并明显被遗忘，也可以成为对一种惊喜的期待。将第二个礼物放置于与首个礼物相同的情感范畴中，这就使得第二个礼物成为不同于一种回馈的东西。我们不应谈论回赠的责任，而应该在 agapè 的气氛中，谈论对出自最初赠与的慷慨的要求做出的回应。我们不应该循着相同思路特别强调给予—接受—回赠这三部曲的第二部分吗？接受因此成了关键性范畴，因为接受礼物的方式决定了受赠人感到有义务回赠的方式。一个刚刚顺便提到过的词回到脑海中："感谢"。可是法语恰好是将"感谢"（gratitude）也说成"承认"（reconnaissance）的语言之一。[68]感谢减轻了回赠责任的重负，并把这样的重负引向一种慷慨，这种慷慨相当于引起最初赠与的慷
375 慨。这或许就是历史学家提出的下述问题的回答，这个问题涉及"区分好的交互性和坏的交互性"的可能性。最后，一切取决于给予—接受—回赠三部曲的中间主题。我要重新考虑的是，良好的接受建立在感谢的基础上，而它是区分好的交互性和坏的交互性的灵魂。通过分解继而重组赠与和回馈之间的关系，给予（pourvoir）满足了良好的接受。感谢将给予—接受这个重大成果的活动放在一

边，将接受—回赠这种活动放在另一边。相较于公正的对等，而且也相较于出售的对等，它在这两对活动之间加深的间距是一种不精确的间距。这是双重的不精确：它涉及价值和时间上的延迟。在这一系列的感谢之下，被交换礼物的价值无法根据商品价格来估量。这就是在礼物交换上无价的标志。至于适宜于回赠的时间，人们可以同样不精确地谈论它：这是对于回赠无关紧要的 agapè 在礼物交换上的标记。这种在给予—接受和接受—回赠之间的间距就这样既被感谢所深化而又被它超越了。最后，我们以关于感谢伦理学的术语深化了对礼物交换进行的典型的—理想的类型分析，我们要将这种深化归于赠与失败的情形。

最后一系列的评论将我们重新带回到最初的意图，它将活生生的赠与经验与“为承认而斗争”对立起来，并与它在实现有效的“被承认”方面的不确定性对立起来。我想最后强调赠与的仪式特 376
点。这样说是不够的：在撇开与买卖相关的交易时，这种仪式化特征注定要将礼物交换和商品交换区别开来，甚至也不能这样说：这种特征强化了最初赠与的慷慨对支配回赠责任的优势。这种仪式的特征保持着一种与承认的象征特征的复杂关系，由于承认通过交换的身体语言来掩饰和表示，我可以冒险地说它自己被忽略了。更有甚者：由伙伴们采纳的礼仪安排所强调的仪式特征，为了将礼物的交换区别于日常生活的各种交换，力求强调和保护交换的节日特征。我很想集中关注这种节日特征，以使它受到说教的简化（réduction moralisant）的保护，我们看到这种说教的简化显露在斯多葛派对被上升为义务的“善行”的颂词中，这样的简化具备了人们在被组织起来的慈善事业中和慈善机构中所知道的广度，这些慈善机构力求以正当方式填平在分配的正义和重新分配的正义之间的缝隙。对于这些慈善事业和慈善机构没有什么可反对的，它们的社会必要性显而易见，并且应该清楚地把它们与正义的扩大的概念联系起来。成为问题的是，在节日中逃避道德化的东西。它的例外的特征似乎是反对道德的。在赠与的实践中，它就是节日的特点，如 377
同我在我近作的结尾谈到的宽恕举动或宽恕要求的严肃性，这种要求以勃兰特总理的举动为标志，他跪倒在华沙纪念碑前以悼念大屠杀的受害者。我一直说，这样的举动不能创造制度，但通过揭示相等的正义的局限，并在后民族层面及国际层面为政治和权利的前景开辟一个希望空间，这些举动掀起了一场哺育和滋润的运动，它们有助于历史以隐蔽和迂回的方式向和平状态发展。节日居于以爱欲形式、友谊形式、社会形式而出现的爱的艺术的仪式中，节日与刚刚提到的宽恕要求的举动属于同一个精神家园。另外，在身体语言的层面，节日送礼相当于语词层面的赞美诗；它就这样加入了我喜欢将其置于受到祈愿的语法支持的表达式的整体，而这种祈愿式既非可描述的也非规范的。

现在可以重回前一研究的结尾所提出的问题，这个问题涉及为承认而斗争的主题与和平状态的主题之间的关系。我们问，个人何
378 时认为自己获得了承认？承认的要求可能无穷无尽吗？恰恰是鉴于这个存在问题，我们提出了这个假设，即，在礼物交换中，社会伙伴们产生了一种有效承认的经验。但我早就在这样的期待上加上了一条保留意见：我们不应该指望从通过礼物而获得承认的研究中得到超出悬置争论的东西。我因此是在困惑的森林中谈论一块“林中空地”。我现在可以说为什么它是这样：赠与的经验，除了它的象征特征、间接特征、稀有特征甚至例外特征外，与潜在冲突的承载不可分离，这些冲突与慷慨和责任之间的创造的紧张相联系；赠与的经验与“为承认而斗争”联结起来，这正是对礼物的典型—理想分析引起的疑难所在。

为承认而斗争或许仍无穷无尽：至少，在礼物交换中，主要在它们的节日期间，有效承认的经验赋予“为承认而斗争”以一种保证，即，将为承认而斗争与权力欲区分开来的动机，并使之受暴力的吸引的保护，这一动机既不是幻想，也不是徒劳。

◇ **注释** ◇

[1] 在图型的层面上，“协同性（交互性）的图型，或相较于它们属性的实体的交互因果性的图型，乃是一个实体的种种规定和另一实体的种种规定根据普遍规律而共在”（A144，B183—184）。（蓝公武中译文是：“相互关系或交

互作用，即在实体所有属性方面，实体间互为因果之图型，乃一实体之种种规定与他一实体之种种规定，依照普遍的规律共在。”——译者注）

［2］埃德蒙德·胡塞尔，《笛卡尔式的沉思》，《胡塞尔文库》，第一卷，海牙，尼霍夫出版社，1963年；佩费（Peiffer）和列维纳斯法译本，巴黎，阿尔芒·科兰出版社（Armand Colin），1931年；弗兰出版社，1947年；新法译本由劳奈（M. de Launay）翻译，巴黎，法兰西大学出版社，1991年。

［3］列维纳斯，《总体性与无限性。论外在性》，海牙，尼霍夫出版社，1961年。

［4］列维纳斯，《异于存在抑或超越本质》，海牙，尼霍夫出版社，1974年。

［5］保罗·利科，《“异于”。对列维纳斯〈异于存在抑或超越本质〉的解读》，巴黎，法兰西大学出版社，1997年，1页。

［6］“‘异于存在’（L'autrement qu'etre）通过‘言说（Dire）’来表达，为了使异于存在摆脱‘所说’（dit），对这种‘言说’也应该不说（dédire）。在‘所说’中，异于存在一开始只表示‘以另一种方式存在’。”（同前书，10页）

［7］我在《“异于”》（我在其中提出了我对《异于存在抑或超越本质》的解读）中指出：“我不知道，读者们是否评估了一种矛盾的异乎寻常之处，这种矛盾在于以恶意的方式说出伦理状况的极端消极的程度。对‘侮辱’（不正义的顶点），要求人们报以仁慈：‘正是由于有抵押，在世界上才可能存在怜悯、同情、原谅和亲近。’”（同前书，186页）

［8］“政治倾向于相互承认，即，平等；它确保了幸福”（列维纳斯，《异于存在抑或超越本质》，35页）。“人们应该记住，亲近（proximité）不是从一开始就是正义的判断，而首先是对他人的责任，亲近只是随着第三者的进入而变成了正义。”（同前书，84页）但谁是第三者？是他者的他者吗？是不同于他者的他者吗？或者，据我看来，是真理的场所而非国家的场所吗？是涉及“同”与“异”的话语的场所吗？是仁慈的箴言的场所吗？

［9］列奥·斯特劳斯，《霍布斯的政治哲学》，安德烈·埃内格伦（André Enégren）和马克·劳奈（Marc Launay）法译本，巴黎，柏林，1992年。

［10］我的引文出自迈热（Gérard Mairet）翻译的《利维坦》，巴黎，伽利略出版社，2000年。

［11］我在这里要感谢《主体性的另一条道路》［巴黎，博赫出版社（Beauchène），2000年］的作者扎尔卡（Y.-Ch. Zarka）。他在这个标题下指出了不同于笛卡尔的另一条道路，即，“发现从格劳修斯到莱布尼兹的法权主体”

的道路。

[12] 他的榜样苏亚雷斯（Suarez）和隐于其后的托马斯坚持认为，正义包含着平等：自身平等的东西是相互一致的。格劳修斯不会忘记把这种天性归属于人的社会本质：不然的话，如何谈论尊重他人的财富，谈论遵守既定诺言，谈论赔偿损失，谈论实施惩罚呢？第三方每次都牵涉其中。但人是什么呢？总之，如果 jus naturale（自然法）开辟了主体性的另一条道路，那么，这条道路依照互动的快速方式从一开始就是主体间的道路。

[13] 阿克塞尔·霍耐特，《为承认而斗争。社会冲突的道德原理》，皮埃尔·吕希（Pierre Rusch），法译本，巴黎，瑟夫出版社，《通道》丛书，2000 年。

[14] G. W. F. 黑格尔，《伦理生活的体系》，雅克·塔米尼奥评注和翻译，巴黎，帕约（Payot）出版社，1976 年。

[15] 雅克·塔米尼奥，《黑格尔的国家哲学的诞生，耶拿哲学的评注和翻译，1805—1806》，巴黎，帕约出版社，1964 年。

[16]“我的积极自我存在于公众意志中。就自我知道公众意志是被自我设定而言，这一点意味着自我作为理智而‘被承认’——在公众意志中也有消极地存在的我的‘自我’，这个自我是作为‘我的力量’、作为自我否定的普遍性而存在的。这一点是通过它的必然性的直觉，或通过放弃它而被人所了解。”（同前书，259—260 页）

[17] 阿克塞尔·霍耐特，《为承认而斗争》。

[18]“我们假设：对现实的接受是一个无尽的任务，人类不能摆脱由内部现实与外部现实的联系所引起的紧张。我们也假设：这种紧张可以通过一种无可争议的中间场所（艺术、宗教等）的存在而得到减轻。这个中间领域与游戏空间处于直接的连续状态，‘迷失’于他的游戏中的小孩正成长于这样的游戏空间中。”维尼柯特，《游戏和现实》，引自霍耐特《为承认而斗争》，126 页。

[19] 西蒙娜·韦伊，《论友谊》，《著作》，伽利略出版社，《第四》丛书，1999 年，755 页。

[20] 我在此要感谢皮埃尔·勒让德（Pierre Legendre），《继承而来的无价的对象。对西方系谱原则的研究》，第四讲，巴黎，费耶德（Fayard）出版社，1985 年。

[21] 我初次涉猎诞生的主题是在《意志哲学》中，见第一卷，巴黎，欧比耶（Aubier）出版社，1950 年，407 页以下（以绝对的无意为标题）。奇怪的是，这个标题仍局限于对早已诞生的存在的一种反思，这种存在的诞生不以父母的愿望为转移——不管它是什么。我从束缚人的客观性出发拒绝我所说的

"遗传的前提",换言之,拒绝继承。

关于起源(它不是开端),安格卢斯·希勒西耶(Angelus Silesius)指出,"玫瑰没有原因,它因为盛开而盛开"。

[22] 我把象征层面上的谱系原则的最终基础问题搁置一边:是代表双性的男性生殖器吗?是伟大的他者吗?是原始的父亲吗?继拉康之后,这个问题折磨着皮埃尔·勒让德。对我来说,在我计划的范围内,我限于讨论谱系学原则,这种原则是亲子关系的所有不变项中的不变项。所有等级早就处于无限的时间梯度上,它们既是被建立者又是从事建立者,因为没有什么创始者;所有的后裔都是双重的,既是父系的孩子,又是母系的孩子。女性和男性早就存在。这种双重状况,涉及等级和后代,它足以在直系尊亲秩序中建立一种报恩关系,并在直系后代的秩序中建立一种继承关系。如果没有接受谱系原则的绝对基础的问题,在父系和母系双重后裔范围内承认自身的血统的经历足以面临全能的幻觉,足以唤醒诞生的秘密,并足以充当这样一种异议的证人,这种异议是谱系原则对造成血缘不清的乱伦冲动的异议。

[23] 霍耐特在这方面引用了黑格尔《哲学全书》的原文,黑格尔清楚地强调了承认的双重目标:"在国家中[……]人被承认为并被视为一个理性的存在者、自由的存在者,被承认并被视为人,并且这个独特的个人,通过下述方式使自己配得上这样的承认:通过克服他的自我意识的自然性,他服从宇宙,服从自在自为的意志,服从法律——法律以普遍有效的方式表现出与他人的关系——他把这些事物承认为他自己想被看做的事物,承认为自由者,承认为人。"黑格尔《哲学全书》,转引自霍耐特,《为承认而斗争》,132—133页。

[24] 霍耐特在这点上追随哈贝马斯,他以一贯的方式,将后习俗道德(后习俗道德以这些权利的获得为特征)与习俗道德对立起来,这种习俗道德被对共同体效忠的关系所支配,而这些共同体从传统中取得它的权威。我将不求助于这种对立,因为这种对立很可能将向现代性的复杂过渡过于简单化。对习俗阶段的评估和对后习俗阶段的尊重之间的断裂并不彻底,以致"评估"这个词汇不可能和主体间承认的第三模式一起回归。

[25] 罗伯特·阿莱克斯,《关于奠基的理论》,法兰克福,1966年。

[26] 托尔克特·帕森斯,《现代社会的制度》,由盖伊·梅尔雷(Guy Melleray)译为法文,巴黎,迪诺(Dunod)出版社,1973年。

[27] 乔尔·范伯格(Joel Feinberg),《权利的本性和价值》,《权利、正义和自由的界限。社会哲学文集》,普林斯顿,纽约,1980年。

[28] 让-马克·费里,《经验的力量》。

[29] 在第二研究的最后部分，我对“社会能力”做过一些反思。在这种反思的框架中，我回应了对同一性观念所进行的这种结构分析。

[30]“问题主要涉及在社会环境中可以保持和产生人格同一性的各种条件，正是在这样的社会环境中，人的承认被‘制度调节者’（如，货币符号和司法规则）、被一般构成‘制度’的所有东西以及所有相应的‘符号’彻底中介化了，这种‘制度’表现为不同形式，如，技术、货币、财政、官僚、司法、民主、传媒、教育、科学，等等，而那些符号由于在重要的集体事业中协调个人行动而同样成为行为的指南。”让-马克·费里，《经验的力量》，9 页。

[31] 格伦，《人类学和社会心理学》，1986 年；巴奈（J.-L. Banet）法译本，法兰西大学出版社，1990 年。

[32]“交往是我们的后工业的意识形态，但它包含另一种道德理想，这种理想需要通过那些不可能冒犯这种理想的人（本雅明谈到的这些匿名牺牲者）的承认而加以恢复和扩大，他们甚至不能够在此引用（关于历史概念的第三种观点）。在本雅明那里［不同于约纳斯］，责任并不指向未来，而是转向过去。在这方面，交往伦理学接近宗教，因为它也是一种赎罪伦理学。这样，它建基于重构的同一性，而非基于论辩的同一性。”让-马克·费里，《经验的力量》，156 页。

[33] 我在此将不谈论公民权问题，我在考察查尔斯·泰勒讨论“承认的政治”的著作时重新发现了这个问题。让-马克·费里参加了由哈贝马斯发起的一场讨论，这场讨论涉及国家与后国家的关系，更确切地讲，涉及欧洲建设。（让-马克·费里，《经验的力量》，161—222 页）

[34] 吕克·博尔坦斯基，洛朗·泰韦诺，《论辩护。崇高的结构》，巴黎，伽利略出版社，1991 年。

[35] 保罗·利科，《正义》Ⅰ，《正义要求的多样性》，巴黎，《精神》，1995 年，121—142 页。

[36] 在这方面，有好几个先例：亚当·斯密（Adam Smith），《道德情操论》，巴黎，吉约曼和西埃（Guilllaumin et Cie）出版社；法文本由格鲁希女士（Mme S. de Grouchy）和孔多塞侯爵夫人（la marquise de Condorcet）翻译，1759 年第一版。赫希曼（A. Hirschman），《激情和兴趣》丛书，巴黎，法兰西大学出版社，1980 年。

[37] 波舒哀，《从〈圣经〉的高尚话语中得到的政治学》，第一版，日内瓦，德罗斯（Droz）出版社，1709 年。

[38]“我们应该感谢赫希曼，他通过对欲望观念、荣誉观念、自爱观念，

以及虚妄观念、欲念观念、美德观念等一系列理智构思的分析，重构了激情概念和兴趣概念的研究史，这些概念先于亚当·斯密的体系构造，更宽泛地说，先于对自由主义的充分论证（1977—1982）。”吕克·博尔坦斯基，洛朗·泰韦诺，《论辩护。崇高的结构》，68 页。

[39] 我们的作者在关于“批评的画面”的第八章中做过这件事情。（吕克·博尔坦斯基，洛朗·泰韦诺，《论辩护。崇高的结构》，291—334 页）

[40] 马塞尔·德西安娜，《比较不可比较的事物》，巴黎，瑟伊出版社，《二十世纪》丛书，2000 年。

[41] 吕克·博尔坦斯基，洛朗·泰韦诺，《妥协的角色》，《论辩护。崇高的结构》，357 页以下。

[42] 帕斯卡，《思想录》，拉弗马（Lafuma）版，第 116 节。

[43] 参阅保罗·利科，《公正》Ⅱ，《权威的矛盾》，巴黎，《精神》，2000 年。

[44]“人的权威的最终基础不在于一种服从和放弃理性的行动，而在于一种承认和认识的行动：认识到别人在判断上和洞察力上的高明，认识到他的判断占优势，认识到他超过我。这件事与以下事实相联系：事实上，权威不是接受的，而是取得的，并且必然被追求它的人获得。它依赖于承认，因此，依赖于理性本身的行为，这种理性行为意识到它的局限性，承认别人有更大的洞察力。权威这种被正确理解的意义与对一个既定秩序的盲目服从无关。不，权威与服从没有任何直接关系：它直接与认识有关。”伽达默尔，《真理与方法，哲学解释学的基本特征》，由皮埃尔·弗吕雄（Pierre Fruchon）、约翰·格朗丹（Jean Grandin）、吉尔伯特·梅里欧（Gilbert Merlio）重新审定和编辑的完整版本，巴黎，瑟伊出版社，300 页。

[45] 关于区别于制度权威的陈述权威，可参阅保罗·利科，《公正》Ⅱ，119 页。

[46] 查尔斯·泰勒，《多元文化。差异和民主》，巴黎，富拉马翁出版社，1994 年。

[47]“差别政治学的最极端形式所包含的谴责是：盲目的自由主义自身是特定文化的反映。”查尔斯·泰勒，《多元文化。差异和民主》，64 页。

[48] 吕克·博尔坦斯基，《爱与作为能力的正义》，第二部分，《Agapè，对和平状态的一种介绍》，巴黎，梅答耶（Métaillé）出版社，1990 年。

[49] 这句格言要与上述《论辩护。崇高的结构》这部著作的既有主题联系起来。

[50] 克尔恺郭尔，《全集》，第十四卷，巴黎，奥然特斯出版社，1980 年。

[51] 在《思考〈圣经〉》这部文集中，我给讨论《雅歌》的那一章确定的标题为“隐喻的花园”。这种超出情爱的意指能力因尼格伦（Nygren）将爱若斯（eros）与 agapè（聚餐）对立起来而被低估了，建立在爱若斯和 agapè 的二元区分之上的所有对立紧随其后。

[52] “所有的物体合在一起，所有的精神合在一起以及所有它们的产物，都比不上最微小的仁爱行为。那是属于一种更加无限崇高的层次的。”帕斯卡，《思想录》，布伦士维格（Brunschvicg）版本，第十二节。

[53] 作者试图描述这类礼尚往来的过程，在这一过程中，人们依次可以看到，如果馈赠被拒绝而被迫加以辩护的慷慨，以及被自由和慷慨大度所弱化的争讼过程及其明显不固定的特征。人们可以追问，在《路德福音》中将“爱你的敌人”的训命（最终对期待回报表示谴责）与黄金规则的相提并论是否不属于这种平衡（《路德福音》，6.27，6.35）。

[54] 马塞尔·毛斯，《论礼物——古代社会里交换的形式与根据》，《社会学年鉴》第二系列，1923—1924 年；第一卷，重载于《社会学和人类学》，巴黎，法兰西大学出版社，1950 年再版；《战车》丛书，1999 年，序言为列维·斯特劳斯对马塞尔·毛斯著作的介绍。

[55] 克劳德·莱福特，《交换和人类斗争》，1951 年，收入《历史的形式——政治人类学文集》，巴黎，伽利略出版社，1978 年。

[56] 马克·罗金·安斯巴哈，《投桃报李——交互性的基本形态》，巴黎，瑟伊出版社，2002 年。

[57] 弗朗西斯·特里科，《谴责——对侵略伦理角色的探讨》，巴黎，达洛斯（Dalloz）出版社，1977 年。

[58] 雷蒙德·韦尔丹尔，《报复》，第四卷，《在西方思想中的报复》，热拉克·库尔图瓦（Gerarc Courtois）重新汇编和推荐的文本，巴黎，屈雅斯（Cujas）出版社，1980—1984 年。

[59] 让-皮埃尔·德普耶，《在人工智能科学的起源处》，巴黎，《发现》丛书，1994 年。

[60] “‘豪’（hau）事实上只是礼物自身循环的一种物化。”马克·罗金·安斯巴哈，《投桃报李》，42 页。

[61] 作者在一种传统的表达式中遇到了“承认”一词的这种用法，这种表达式是：“在承认尚未承认的东西的形式下”（安斯巴哈，《投桃报李》，52 页），这里涉及的是信息向元层次的传递。这种承认—认同出自双重束缚这个

表达式："通过回赠而承认一个礼物，不就是摧毁它作为礼物的价值吗？"理论想要区别的这两个层次在"承认—为"这个表达式中被重新联系起来。（同前书，53—54 页）

[62] 衡量信任现象和信任消失现象的地位是另一个讨论主题，而信任消失现象与货币交换信用的维度相联系；在这方面，安斯巴哈的著作与亚当·斯密的"看不见的手"的隐喻所象征的乐观主义精神背道而驰；他表明很多人是"市场的囚徒"。（安斯巴哈，《投桃报李》，68 页及以下）面对这样使人想起恶性循环（报复首先表明这种恶性循环）的主题的无能，作者乞怜于"一种超人力量的帮助，一种处于元层次的力量的帮助。他补充说，很幸运，确有这样的力量，这就是国家［……］，借助于国家，个人通过'豪'（hau）摆脱了恶性循环"（同前书，72 页）。在此与我们相关的只是一种确信，即，国家应予重视的信用现象，在经济领域具有不同于信任的性质，而信任显然进入了礼物的不断交换过程。

[63] 马塞尔·埃拉夫，《真理的代价——礼物、金钱、哲学》，第二部分，"礼物的世界"，巴黎，瑟伊出版社，2002 年。

[64] 参阅埃米尔·本维尼斯特（Émile Benveniste），《印欧语系风俗词典》，巴黎，子夜出版社，1969 年。根据本维尼斯特的看法，商人早就不在印欧语系的三个基本职业的名单上。在讨论商业的第一卷第六章，人们可以读到这样的题目："一种无名的职业：商业。"

[65] "我的服务仍是不确定的，并因此是无价的。"古斯塔夫·福楼拜，引自马塞尔·埃拉夫，《真理的代价——礼物、金钱、哲学》，142 页。

[66] 纳塔利·泽蒙-戴维斯，《论 16 世纪法国的礼品》，法译本出自丹尼斯·特雷韦勒（Denis Treiweiler），巴黎，瑟伊出版社，2003 年；原始标题：《16 世纪法国的礼品》，麦迪逊，米尔沃基，威斯康星大学出版社，2000 年。

[67]"我坚持应该靠权利和权力而生活，不是靠不光彩的财富而生活，也不是靠恩赐而生活［……］我不想完全承担所有责任，尤其是承担通过光荣的义务将我束缚住的责任。除了给予我的东西并要通过感谢来表达对其意愿的东西之外，我不觉得还有什么要做的，我更乐意接受要花钱买的义务。我坚信，对后者，我只需提供金钱；而对其他义务，我却要全身心投入。以诚实者的法律来捆绑我的绳索在我看来比民事限制更加具有强制性并且更容易招来厄运。我受公证人的束缚要轻于受我自己的束缚。"再者，"由于我擅长关于公认的福利的科学（那是一门很有用处的精密科学），我再也看不见比到此刻为止的我更为自由但负担更少的人。我把使我受惠的东西归于公共义务和与生俱来的义

务”。这位历史学家指出，事实上，蒙田并没有像这幅自画像表明的那样不受恩惠的束缚。[纳塔利·泽蒙-戴维斯，《论16世纪法国的礼品》，117页] 现引用与法官的指控，继而与区长的指控相联系的和解协定：“作为参加者和观察者，蒙田对公共的福利和恩惠做了论述。”(出处同上)

[68]《利特雷法语词典》把这个例外置于意义11之下：“富有情感地回忆起被接受的善行，并伴随着在回赠相同的东西时清偿的欲望。”《罗伯特法语大词典》在动词和名词的基本意义的三大类别中加以区分，将整个第三类意义归属于承认—感谢，将它与承认—认同和在接受、当成真实的（或当成如此）意义上的承认区分开。在从12世纪就得到证实的第三种意义中，承认(reconnaître) 代表了“通过感谢证明有人从某人那里受惠了某种东西、某种行动”。我们看到人们如何通过善行的心照不宣从第二种意义过渡到第三种意义，而这种善行是作为“被承认的”价值，“被供认的”价值，因此作为“被当成真实的”价值的。

结论 一个过程

在这几页结论中，我想面对的问题是知道使用“过程”（parcours）这个词的依据是什么（这个词被用来描述这部著作的特点）。379 这样一来，我们在这些论据之间假定了何种联系呢？如果我们不要求为这样的整体提供理论标题，我就再也不会仅仅看到一段观念的史诗。处于这一浏览过程的两端之间的中间位置是什么呢？

作为我的回答的前奏，我不妨回顾一下这项工作开始时所做的证明，即对下述矛盾的证明，一方面是缺乏与认知理论相提并论的有关承认理论的哲学学说史，另一方面是在词汇学层面上的一贯性，它使我们能将“承认”这个词在日常语言使用中的各种词义变化置于词典中的一个独特词条之下。真正说来，这是我在哲学工作中第一次将一部按字母顺序编排的类似词典（如《罗伯特法语大词 380 典》）当成首要指导，当做我主要的信息来源。我对词典编纂者的先期工作深表感谢。我首先要感谢它收集了广泛的词汇。这最初的证明使我对我们的当代人经常回溯到一种特殊意义保持警惕，如承认受到歧视的个人之间的差别，这个主题在我这里只在过程结束时才出现。其次，我要感谢这部词典汇集了由谈话和文学的用法所证实的各种词义；我通过寻找支配我本人的编排活动的指导线索对此进行回应。最后，我要感谢在克服相同词汇的壁垒中，两个连续词义之间的意义发生偏离时隐藏着言下之意（non-dit）；我通过探讨这个结论主要关注的偏离对此进行回应。在“承认”庇护下的哲学的历程从此以后不可能在于对有规则的多义性的一种简单重复，而词典编纂者在日常语言用法的唯一强制下构造了这种有规则的多义性。这种不可能性源于哲学词典的词汇与被我当成“思想事件”的东西的联系，而这些“思想事件”发生在那些新颖问题在可以设想的事物的空间中刚刚出现之时。

在对动词“承认”（reconnaitre）的用法进行语法考察时，我找到了对付这种哲学层面上的语义混乱的最初办法，而根据这个词的用
381 法，这个词可以采取主动语态——“我承认”，或采取被动语态——“我被承认”。我觉得，这样的区别似乎透露了“承认”这个词的一连串哲学用法发生了直接的意义改变，之所以有这样的改变，是因为能够将动词“承认”（reconnaitre）的主动语态用法（心灵对意义的把握在其中得到了表达）与被动语态的要求（被承认是其关键所在）相对应。粗看起来，这事实上是我可以开始称之为一种过程的动力，这个过程指从承认—认同（思想的主体在其中有效地追求对意义的把握）过渡到相互承认（在其中，主体经过对自身的各种能力的承认，被置于一种交互关系的保护下，而这种能力调整他行动的力度、调整他的作用）。这样一来就产生了有规则的多义性的哲学对等物，这种有规则的多义性源于词典编纂者在词义分散的范围内的工作，而这些分散的词义被纳入了我们的自然语言的词汇的日常用法。

但是，如果在哲学层面上从一种词义到另一词义的派生过程不受某些隐藏的问题所引导，而这些问题的组织力量只是在重新阅读时才真正出现，那么，这种依靠一种简单语法论据的条理化仍是一种适宜之举；当克服词汇层面的间距可以归属于隐藏在先前的释义
382 中的言下之意时，目前的著作可以被看成对间距的研究，这种间距影响文本的所有方面。我把这项工作分成三条不同的路径，其错综复杂性强化了那种配得上“过程”（parcours）之名的连贯性。

我把同一性主题的扩展放在第一位——然后，增加相异性的主题——最后，在最隐蔽的背景中，增加有关承认与不承认（méconnaissance）之间的辩证法的主题。

1

就同一性而论，尽管它要根据叙述的同一性来理解，但我决不

认为，根据第一研究，人格的同一性会消除一般某物的逻辑同一性；我同样不认为，在相互承认的氛围中，通过交易而获得承认的与群体成员的同一性使得有能力的人的同一性的特征成为多余。在与作为表象（Vorstellung）的世界概念决裂时，或如同列维纳斯所言，在“表象的废墟之上”，我将宁愿谈论同一性的过程，它始于对一般“某物”（被承认为不同于所有他者的他者）的认同，贯穿着对“某人”的认同。正是基于“某物”与“某人”之间的这种过渡（对不可承认东西的经验将它戏剧化了），从“某人”到“自身” 383
（“自身”的能力中得到承认）的过渡才得以确立。这种过渡在认知（épistémique）层次被证明与承认之间的同义所强化。我对“我能够”充满信心，我证明这一点，我承认这一点。叙述的同一性就这样被置于对各类能力的通观的战略地位，用汉娜·阿伦特的话讲，叙事说出了行动的“主体”（qui）。与我以前的著作《作为他者的自身》[1]不同的是，我没有把这种概观过程局限于对能力的简单列举，我开启它，不仅像我曾着手考察“可归罪性”（imputable）所做的那样，而且把记忆和承诺添加到这种概观上，在记忆和承诺中，自我的时间性朝过去和将来两个方向展开自身，与此同时，正在经历的现在揭示了它在场和起始的双重价值。自我的承认—证明的知识没有被丢弃，更没有被向相互承认的阶段的过渡所抛弃。我首先要指出的是，它现在仍然涉及并始终涉及认同。“被承认”，如果这件事曾经发生，对于每个人来说将是借助于他人对其能力的王国的承认，而接受对他的同一性的充分保证。至于我相信应提供给为了承认而斗争的观念的补充部分（在礼物交换中作为相互承认），它现在使我有机会强调承认—认同的持续性。这是同一种辩证法，它的进程始于一般“某物”，经过了“某人”和“自身”，一直到这种同 384
一性出现于相互性中，希腊人为相互性保留了华丽的代词 alleloï—副词 allèlôn：“相互”“彼此”。

这或许就是给这一系列的研究所做的对“过程”这个词的最初证明：对处于各种偏差中的同一性的概观，将认同的逻辑意义重新纳入其存在意义，借助于为承认而斗争的经验与和平状态的经验通过被承认对它进行重述。在我看来，这些重复性的举措具有探讨偏差的价值，而这种探讨为本书提供了存在理由。

2

对同一性的概观，与对相异性的概观相平行。为了充分阐释它，在此应该对这部著作进行反向的阅读。相异性在相互性中达到它的顶点：在承认—认同背景中预示康德的“相互作用”图式，在人文科学的层面（康德在他的图型理论和在他的“原理分析论”的补充分析中没有看到人文科学），这一图式在交互性的被清理过的形式中，在由“无价”所强调的非商品交互性的形式中获得了充分
385 的实现。为承认而斗争，在我的文章中先于在对礼物的仪式性交换中发挥作用的承认，将相异性—对立置于关注的中心。与阿克塞尔·霍耐特的一次对话使我有机会强调冲突的多种形式，这些形式是对耶拿时期的黑格尔区分的三种承认形式的回应。至于我，我已经提到属于社会竞争的其他类型的冲突。根据泰韦诺和博尔坦斯基的看法，“崇高的结构”就是如此，在此，对每个人在崇高和渺小的相对层级上的位置的辩护，对应于城市或群体的多样性，崇高结构就在这些人群之间被分配。这些作者在他们著作中最后提到的妥协形式无不使人想起 agapè（聚餐）状态代表的那种休战，以及它们和解的前景。无疑应该同样提到在辩证法的另一背景中所做的分析，这是以丰富性为特征的爱与相等的规则所支配的正义之间的辩证法。相异性的形态在相互承认的层面是无数的，在这部著作中提到的相互承认将冲突和被分享的慷慨交织在一起。

在回顾我们的研究过程时，应该强调并且在必要时发现，在这部著作中讨论自我承认的部分文字预示着相互性。我有意把主要重点放在能力研究方面的自我肯定（Selbstbehauptung）上。为给相
386 互承认赋予丰富的意义，应该如此：建立在交互性上的交易想要充分发展的东西，恰恰是这些交易的主体的能力，这些交易本身是通过他们的行动能力而进行的。社会关系无法代替行动能力，而个人是这种能力的承担者。在这方面，证明和承认之间的相等只能强化

自我承认的自我肯定特征。这意味着，重新阅读有关能力发掘的那几页文字不能忽略在“我能”的每个形态上加上在自我肯定与对他人的指称之间的一种默许的关联。自我肯定不表示唯我论。从荷马的英雄时代起就被提到的行动责任将是重建相异性关系的首要场所，这种相异性蕴涵在那些深思熟虑行动所采取的每个决定中：所有在战舰上的希腊军队是他们指挥官的成就的见证人。阿基里斯的愤怒是公开的，他撤退到他的帐篷中是在众目睽睽下进行的；围绕着葬礼柴堆的最后和解几乎使得处于和平状态的人们实现平等，而我是在相互承认的名义下提到这种和平状态。怎能不想起在尤利西斯和佩涅洛佩之间的最终相认（它结束了诗人称之为“陷于千百次轮回的人”的工作）以一场可怕的杀戮为代价，以对相互竞争的求婚者的杀戮为代价呢？“报复”，就是编者通常给予的名称，并且无疑也是被公众给予的名称，甚至是那位行吟诗人在《奥德赛》的最后几卷给予的名称。这是多么恶劣的相异性（它属于对行为责任的 387
承认），这是对英雄的所有对手的大屠杀！

应该以同样的精神重塑对能力的概观，这些能力总体上描绘了有能力之人的画像。与希腊人相比，我们已经强调反思性，正是这种反思性给自我肯定的表达以充分的辩护。但反思性不能掩盖由“我能”的每个模型的运用所包含的相异性。在对它们的潜能性层面的各种能力进行分析时，如果可以对所有主体间性的联系撇开不谈，从能力向运用的过渡就不再允许我们做这样一种省略；的确，不以听的能力为前提并且期待有这种能力，说话、谈论就无法进行。问与答的众所周知的关系是这方面的典型。从“我，这一个人，我叫……”这种形式上的自我指涉看起，自我肯定在确定一个专有名词的形式下预设了他人的采纳行为；通过身份，甚至在我通过教育展示自我指称的能力之前，所有人都承认我的主体地位。然而，在自我指称和别人的命名之间的这种交错中相互性仍然没有受到检验。

能够—做（pouvoir-faire）的事例，已被当成行动能力的第二种形式，它要求在“能够说”（pouvoir dire）的维度上做出与自我指

称同类的补充。在物理领域和社会领域运用这种制造事件的能力是
388 在相互作用的状态中展开的，在那里，如同在集会时的行为，别人可能依次扮演障碍、支持、合作者的角色，在这些行为中，有时很难区别每个人的贡献。总之，如果主体间性在此是运用能力的一种众所周知的条件，那么，它就如同行动能力那样不处于基础的地位。

我们有几次仿效汉娜·阿伦特把表示行为“主体”（qui）的功效归于“叙述能力”，就这种叙述能力而言，它在运用中服从于行为自身相同的条件，而将行为作为情节构成了 mimèsis（模仿）：没有不掺和着生平的叙述，直到它成为在有关主题的文献中资料翔实的混合体。情节是恰好组成事件和人物的整体的轮廓。最后，叙述，如同言说，需要一双耳朵，一种倾听能力，一种接受（它同样属于在此不是我关注焦点的接受美学）。但在说、行动和叙述中相互作用的重叠层次不应该取消对行动能力的最初指称，而对自我的承认构成了对这种行动能力的证明。

将面对他的对方而采取行动的能力重新集中到他自身上属于可归罪性观念，他的对立面依次是提问者——“谁做了这件事？”——审问者——“承认说你们是负责任的行为人”——控诉人——“准备好承担你们行为的后果，弥补损失并忍受痛苦”。审
389 判官更多的是谴责的承担者而非赞美的承担者，在他的注视下，主体供认是其行动的真正实施者。他者因此以某种方式围绕着同一件事。

我们已经把记忆和承诺置于被假定的能力的范围内，它们具有显示每种相关的能力的时间维度的优点。我们在此重新提到每种能力只是为了进行另一次结合，将时间中的承认与别人之前的承认结合起来，在自我指称时，两者的配合一直暗含于言说的能力中，在自我指称里，一种生活史汇聚在一个专有名词之下，这个专名在通过被命名者的嘴说出之前已经由他人说出来。

时间中的承认与他人之前的承认之间的配合采取了涉及记忆或承诺的不同形式，这一点是千真万确的。基本上属于我的一种记忆与他人的记忆（他人的记忆仅仅体现在它们主要在叙事层面提供的

符号中）的关系，肯定可以在个人友谊层面，或在提到一段共同体的历史插曲时在公共层面采取一种分享记忆的形式，但他人记忆之间的关系也可以转向在不同记忆之间的竞争中发生的冲突，那些不同的记忆在同类事件的主题上相互抵触。相异性因此限制于相互封闭。在时间中的承认与他人面前的承认的关系在承诺的背景中显得 390
不同：在他人面前（le devant-autrui）过渡到第一层面，人们不仅在他人面前做出承诺，而且承诺考虑他人的利益；但如同在证词中，承诺可以不被理解，不被接受，甚至被拒绝、否定和怀疑；然而，与时间的关系没有缺场：不仅仅承诺牵涉到未来，而且承诺者目前的可信性则浓缩了个人的全部历史，这一历史表明了一种惯常的可靠性；在时间中的承认与他人面前的承认在这种惯常的可靠性上汇合起来。

自我承认以多种方式与他人相关，而后者并不处于基础地位（如同行动能力那样），“在他人之前”也不牵涉交互性和相互性。“在他人之前”预示着承认的相互性，但这种相互性尚未完成。

从某种程度上讲，应该追溯到“自我承认”之内，并且在对一般事物的承认—认同中寻找主体间性的标志吗？的确如此。倾注于判断行为的论断实际上被理解为语言行为，这种论断对说话者的承诺的要求不次于对专门的述行语的要求，而承诺仍是述行语的一个特例。可是，没有对他人赞同的期待，这样的承诺寸步难行。在这方面笛卡尔的例子再清楚不过了。我们已经看到《沉思录》与“异议”和“答复”放在同一卷中出版。将他自己的思想纳入一种共同 391
的哲学研究的手法可以一直追溯到他丰富的书信中。康德自己，在《纯粹理性批判》中回应了对那个时代的理想性的否定，他不仅巧妙地寻找读者，而且巧妙地寻找认同他的哥白尼革命的信徒。这位被认为孤独的思想家仍然在他人之前，以哥尼斯堡教授的署名保持着先验自我的论述。

3

除了全面考察同一性和相异性的过程之外，我还想进一步考察贯穿本书的承认与不承认（méconnaissance）之间的关系的更加隐蔽的发展过程。事实上，不承认的阴影不断使澄清工作、“存在的启示”（这里采用卡尔·雅斯贝尔斯《哲学》第二卷的标题）黯然失色，我们的整个研究就在于这样的工作。

在承认—认同阶段，心灵对一般某物的意义的把握的要求在动词“承认”的主动语态中已经找到了一个合适的载体。但这种对采取（prise）主动语态的要求不断受到对误解（méprise）的害怕的强化，这种误解就是把一件事情、一个人当成它不是的东西。被笛卡
392 尔的“区分真假”的表述所认可的“认同”和“区别”的均衡提供了指明误解的空洞之处的机会，这种误解由于隔阂而在人际交往层面得以延伸。我们在此要提到从《谈谈方法》起在笛卡尔那里就不断出现的失误问题，失误问题在第四沉思中达到了顶点。能够—失误（pouvoir-faillir）的确是对判断的分析力图消除的折磨。我们因此想到了一个可怕的词——《罗伯特法语大词典》引用的——帕斯卡在《与德·萨西先生谈爱比克泰德和蒙田》中所用的词：“误解的本质在于没有认识误解。”“不承认”因“误解而没有认识到自身”这一事实而大大增强。对于不断失误，人们没有始终保持批判性的警觉。在第一研究的结尾，由于“回到事情本身”，我们已经提到出自知觉的可错性，这影响人们对它的信任，梅洛-庞蒂仿照胡塞尔的 urdoxa 或 Urglaube[①]，给它取名为“信仰”或“原始意见”。出现、消失、再出现的游戏是残酷欺骗的场合，没有自我欺骗，这种残酷欺骗就无法进行。对不可认识的东西的检验（我们的第一研究就结束于此），使得人们对事物的性能的信心和对人（有待承认）的能力的信心动摇了。与误解相伴因此取代了不断的错误，这种误解从此以后内在于尚未完成的和开放的生活世界的模糊性。

393 在第二研究中，“不承认”的阴影越发浓密。“所有能力都有一种专门的无能（incapacité）作为对等物”——这个一般供词的普遍性容易得到承认。根据行动能力的不同领域，这些“无能”的细节

① 在德文中指“原初意见”。

显示了“无能”的越来越隐蔽的形式，在那里，无知（meconnaissance）限于自我欺骗，而误解在于自身犯错误，在于自己把他当成他不是的东西。

我们故意将“能说”置于“我能”的各种模态的首位，言说的困难，甚至言说的无能加重了它的负担。言说的无能显示了我们一直误会了束缚我们言说需要的深层动机。在秘密、抑制、抵制、歪曲、谎言、伪善之间的关系既紧密又隐蔽。在基于相同性的概念层面以如此大的代价获得的自我性，是“不承认”的场所本身。另外，触及人格同一性的东西再次使得我们与他人关系的整个画面摇摇晃晃。不误会他人及我们与他们的关系本性，我们就不会误会自己。按帕斯卡的说法，如果误解的本质在于“没有认识误解”，对自身的无知就不会逃脱低估自己的危险。

不提及对记忆和承诺发生影响的无能，怎能大致地研究这些使得对自身的行动能力的证明显得黯淡无光的无能呢？一方面，是遗忘；另一方面，是背信。作为抹去踪迹的活动，遗忘越是成为一种被人忍受的无能，它的巧妙形式就越是助长对他自己和他人的双重欺骗。至于背信，它只有以各种借口，以可接受的或不可接受的借 394
口，才能获得没有能力信守诺言的地位。在背信中令人害怕的是，它是一种与能够—承诺不可分的能力，是一种无法信守诺言的能力：通过毁掉宣誓者的可信度，背弃的能力削弱了基于对他人话语的信任的整个语言机制。

承认和不承认之间的辩证法在第三研究中，在取得最隐蔽的形式之前，首先取得了最大程度的可见性。

对相互承认的研究，可以概括为反对他人的不承认的斗争，同时是一种为争取他人对自身的承认的斗争。Anerkennung（承认）理论是对霍布斯的挑战的回应，而这种挑战得到了被一种对自然状态的神话般的描述的支持。在自然状态中，怀疑在产生每个人反对每个人战争的众多激情中居于中间位置。然而，我们已经让位于在期待中起作用的承认，这种期待是：先于每个人与利维坦之间订立的大契约的各种契约伙伴将在适当时刻剥夺与每个其他人同样的能力。

但承认与不承认（不论对自身还是对他人）之间的竞争就是在
395 Anerkennung（承认）中展开的。我们没有忘记关于犯罪的系列，尤其是对著名的“否定的工作”的特殊表述：罪犯在面对无视他的法律时，其倔强独特性得到了承认。不承认就这样被合并到承认的动力中。这种辩证法在黑格尔理论的最新的现实化中展示了它的所有资源。消极的情感在情感层面上，然后在司法层面上，最后在社会层面上引起了在连续的承认模型中发生的冲突，这一点并不令人惊奇；这些消极情感在“蔑视”这个词中发现了它们的象征性头衔。在此，法语使我们能将“蔑视”这个词置于与误解（méprise）在词汇上很接近的地方，而误解是第一研究中“不了解”（meconnaissance）的一个形态。我们可以看到从误解到蔑视的过渡。这种语词上的相邻提供了对它们各自语境中的角色进行比较的机会。在谬误缠绕时，误解有待避免，并且首先要发现和揭露。只是在事后，误解显示了在追求真相中那个吸引人的部分。通过蔑视，否定性被完全合并到获得承认的过程中。我们在这里谈谈无知（meconnaissance）在获得承认的过程中所起的作用。为承认而斗争的表述就纠集在将无知纳入承认的过程中：冲突是这种表述的灵魂。

在蔑视的表情下，这种无知内在于“承认”的特征为我们指点
396 了理解无知的表情的迷津，我们对礼物和礼物交换的最新研究为我们提供了发现这种无知表情的机会。人们还记得，从斗争主题到礼物主题的转变与一个问题相联系，这个问题涉及为承认而进行的斗争永远无法实现的特征。对礼物的仪式性交换的有效经验作为和平状态的特殊的形式被人们视为无穷冲突过程中的休战。

恰恰是包含在这些和平状态中的承诺提出了关于无知的一种隐蔽的形式问题，这种无知在相互性观念最终结束前不会被识破。我们已经防止将交换主角之间所运用的相互性的观念归结为交互性的一种形态，在这种交互性中，与赠与人和受赠人之间的交换相比较，此种关系在超验层次上起作用。

正是在这种情况下，由作为给予物的礼物所保证的相互承认的

观念获得了接受。我们已经冒险提出补充性的观念：这种承认自身没有被承认，因为它被投入礼物的交换中，而礼物是承认的保证和替代。继德里达之后，我们提出了这样的问题，一种更细微的无知是否被加入其中，而对这种无知本身人们并不了解。

什么样的无知呢？对自我与他者之间的原始不对称性的无知，作为相互性的交互性并没有废弃这种不对称性。在“相互”的幸运 397
中这种不对称性会被忘得一干二净。直到交换礼物的节日，他者的相异性本身仍然不可把握。在不被承认时，或在被承认时，他者根据对他自身的本己性（mienneté）的原初理解仍然不可认识。

这种无知不是对某人的无知，而是对自我与他者之间的关系中的不对称性的无知。

在这里，我有意置于第三研究的开端的讨论重新找到了它的位置，这个研究作为期待的文本，是为对承认和无知之间的辩证法的这个最后阶段的讨论保留的。

现象学在克服自我和他人之间的原初不对称性时遇到的困难，以及形成对真理观念和公正观念同样必要的交互性观念时遇到的困难，首先表现为一种障碍，甚至是对现象学的整个事业的质疑。这种障碍因两种形式的原初不对称性而大大增加了，根据这种不对称性，人们可以像胡塞尔那样，把自我当成指称的一极，或者像列维纳斯那样，从他人到达自我。一切显得仿佛不存在对于这种方法的分歧的突出看法，人们仿佛只能通过面容或他人才能涉及从不对称性向交互性过渡的问题——这点尤其使得关于一种解读是否优于另一解读的争论显得枉费心机。我们记得，对于胡塞尔来说，达到自
我意识的自我学阶段是求助于对唯我论的异议为代价的（我们可以 398
说这种求助是虚构的）；这种异议，是作为苦行训练而被采纳的，它要求“在”自我意识中并“通过”自我意识而“构建”他人的相异性，但没有不同于“从属领域”的其他参照点，而这个“从属领域”可谓原始的。本身属于他人的经验的东西从此以后隶属于胡塞尔所说的“类比性把握”，最好称为“配对”（appariement）。至于他人自行具有的经验，其原始形式永远是我无法把握的，甚至在一

种证明我的假定的最有利的情况下也是如此，这种假定是从他人身体上被辨认出的面部表情、手势和言语的一贯性得出的。只有我向“出现的”我自身显现出来；他者，被假定为类似物，仍然要“共现”（apprésenté）出来。我不会重新考虑一种共同本性的观念的外在派生过程的艰难性，在这种共同本性的内部，我自己显得是他人中的他人；其次，我也不会重新考虑“共同体”的艰难性，人们可以把这个“共同体”称为是单子间（intermonadique）的共同体。《笛卡尔式的沉思》的“第五沉思”的最后段落谈到这种派生过程。某些留恋现象学遗产的思想家正十分艰难地试图在胡塞尔的“第五沉思”的范围内建立一种“意向性社会学”。当对相互承认的赞美
399 促使我们忘记自我与他人的关系的这种原始的不对称性时（甚至和平状态的经验也无法废弃这种不对称性），这种关于他者的现象学的艰涩性（它被有意识地归于这种现象学）使我们能在我们自己的工作结束时，扭转其方向，并从中看出一种对次序的强烈呼唤。对不对称性的这种遗忘以对相互承认的分析的成功结束，或许在承认的有效经验的中心本身构成了最后的无知。

我将听到，从解读列维纳斯的《总体性与无限性》以及《异于存在抑或超越本质》中出现了同样的恳求。不应该忘记第一本著作的副标题：《论外在性》。最初的外在性是声音的外在性及其重要的伦理语调的外在性。他人的相异性不是被感知的，否则就要将它的差别纳入总体性观念的王国，而总体性观念是通过本体论的存在观念而展开的。正是基于招呼的伦理方式，别人的声音要求自我承担责任。这里提到的列维纳斯的第二本著作通过《异于存在抑或超越本质》的外在性观念将这里的外在性观念推向了极端，根据这样的观念，伦理的“言说”一直与“被说的东西”相分离，语义学和本体论各自以其方式阐明了“被说的东西”。正是基于这种原初的伦理学（它将最初的话语给予他者），与第三者的主题、与正义的实施者及真理的实施者相关的困难凸显出来了。这些困难，与胡塞尔《笛卡尔式的沉思》的“第五沉思”中所遇到的困难相对应，这些困难也很容易被归因于一种有声誉的哲学，这种哲学不能从自我与

他者之间的不对称性上升到它们的交互性和相互性。

我超越了关于胡塞尔和列维纳斯之间的优先性的全部争论，我 400
想再次扭转这两位现象学大师以各自的方式所遭到的异议，这种现象学表达了关于交换双方的交互性优先于彼此的相异性的全部观点。问题似乎是克服不对称性以便对交互性和相互性进行解释；现在，它显得正相反：如何把原始的不对称性归并到相互性中，这与下述怀疑相反，即，不对称性可能从内部侵蚀对属于承认过程的和解能力的信任。在此，我的论点是，发现这种对原始不对称性的遗忘有利于相互承认。

这里所涉及的，就是我们在争论过程中十分强调的“在……之间”的意义，这场争论引导我们将交换各方“之间”的关系层面上的相互性与被当成一种财富流通或价值流通的超验形式的交互性区分开来，单独的角色只是这种流通的载体。

自我和他人之间的不对称性与他们的关系的相互性的辩证法集中于“在交换的各方之间”这个表述的“在……之间”上。不对称性与礼物交换中的相互性的结合充实了这个“在……之间”的完整意义。

供认这个受遗忘威胁的不对称性首先使人想起了交换各方的不 401
可替代的特征：一个人不是其他人；人们交换礼物，但不是交换地位。这个供词的第二个好处是：它保护相互性，防止融合性的合并，无论这是在共同体范围内的爱、友谊和博爱中还是在世界范围内的爱、友谊和博爱中；一种恰当的距离被保留在相互性之内，这种恰当距离将尊重归并到亲密之中。

最后，是这部著作中理清的最后一种承认形式，即感谢，它从非对称性与相互性之间的辩证法中获得了增加的意义。我们已经在接受中看到了在给予和回赠之间的连接项；在接受（感谢的场合）中，捐赠人和受赠人之间的不对称性获得了两次证实；他者既是给予者又是接受者；他者既是接受者又是回赠者。正是在接受行为以及它招致的感谢中，这双重的相异性被保留着。

韦伊曾为在爱和友谊的亲近关系中的距离做辩护，而在韦伊之前，蒙田，满怀对拉・伯埃蒂（La Boétie）的哀思，在《随笔集》第一卷论友谊的章节中写下了这几行文字："在我谈论的友谊中，［心灵］彼此相通并且交织成一个如此普遍的混合物，以致它们会抹去并且再也找不到将它们连接起来的不同缝线。如果有人追问我为什么爱她，我感到这只能通过这样的回答来表达：因为她是她，因为我是我。"[2]

◇ **注释** ◇

［1］保罗・利科，《作为他者的自身》。

［2］蒙田，《随笔集》，第一卷，第二十八章，巴黎，法兰西大学出版社，《战车》丛书，1965年，188页。

致 谢

在本文的写作结束之际，我要向举办这三次报告会的两个机构，即，维也纳人学研究所和弗赖堡（德国）胡塞尔档案中心表示感谢，本文就源于这三次报告会。

另外，我要对陪伴我渡过困难时期并对《承认的过程》的构思和成书过程做出贡献的朋友们表示我个人的感激之情。

我要单独提及弗朗西斯·阿祖维（François Azouvi），几十年来，他与我们甘苦与共。我感谢他把我的著作纳入他的丛书。

人名索引[1]

罗伯特·阿莱克斯（Alexy，R）：168（311）
安斯康（Anscombe，G. E. M.）：83（160）
马克·罗金·安斯巴哈（Anspach，M. R.）：190，191，193（353，355 - 356，358）
汉娜·阿伦特（Arendt，H.）：111，127，138，165，185，214，217（210，257，305，345，383，388）
亚里士多德（Aristote）：1，53，59，61，62，65，66，69，71 - 79，81，84，85，94 - 97，101，106，109，122，123，125，126，139，148，149，153，162，168，175，183，185，187，195（16，111，122 - 123，129 - 130，135 -136，141 - 143，145，147 - 148，153，156，162，164，182，184 - 185，193，202，233，258，273，299，344）
奥古斯丁（Augustin，Saint）：61，95，100 - 103，107，110，126，174，178（122，183，191 - 194，196，204，208，323，330）
奥斯汀（Austin，H. L.）：81，82，108，125（156 - 157，206）
本维尼斯特（Benveniste，É.）：210，注 64
柏格森（Bergson，H.）：11，14，16 - 18，37，61，94，96，99，104 - 107，126，129（33，122，181，185，198 - 203）
以赛亚·伯林（Berlin，I）：120，128（227）
吕克·博尔坦斯基（Boltanski，L.）：172，173，175，178，184，207 - 209（319 - 320，325，330，343，345，348 - 349）
波舒哀（Bossuet，J. B.）：7，174，208（26，323）
唐纳德·戴维森（Davidson，D.）：83，125（161）

---

[1] 本索引中的页码指此中译本页码，括号内的页码指法文本页码，即边码。

德西安娜（Détienne，M.）：176，208（326）
笛卡尔（Descartes，R.）：16，20，23－31，33，35，46，50，51，53，56，57，77－79，96，102，132，134，140，204，205，218，219，223（41，49，53，55－56，58－60，63－64，67，72，75，96，106，108，111，150－151，195，259，390，392）
让-皮埃尔·德普耶（Dupuy，J.-P.）：190，210（354，356）
德沃金（Dworkin，R.）：119，128（227）
诺伯特·埃利亚斯（Elias，N.）：116，127（221）
乔尔·范伯格（Feinberg，J.）：170，207（315）
让-马克·费里（Ferry，J.－M.）：117，118，128，171，172，207（223－225，317－319）
伽达默尔（Gadamer，H.G.）：76，178，208，注44
格伦（Gehlen，A.）：172，205，207，209（319）
格雷马斯（Greimas，A.J.）：86，125，228（165）
黑格尔（Hegel，G.W.F.）：7，14，16，17，78，94，104，113，129，131，138，139，142，146－155，158－163，166，167，170，175，177，181，182，190，205，206，215，221（37－38，242，259，263，271－279，281－282，284，286，290，293－296，299，301，307－308，325，328，336－337，354，385）
马塞尔·埃拉夫（Henaff，M.）：183，194－196，200，210（341，361，363－366，372，374）
海德格尔（Heidegger，M.）：47，49，58，165（100，102－103，305）
赫希曼（Hirschman，A.）：208，注36、38
霍布斯（Hobbes，T.）：131，133，136，138－150，154，155，159，160，166，181，205，220（242，248，253，258，260－265，267－269，271，273，275-276，284，286，294，296，307，394）
荷马（Homère）：61－63，65，67，69，73，76，77，79，81，83，89，125，216（122，129，132，135，141，147－148，153）
阿克塞尔·霍耐特（Honneth，A.）：147，149，153，158，170，205，215（271，275，283，285，293－295，297－298，300，308－309，311，315－317，325，333，385）
胡塞尔（Husserl，E.）：34，47－49，51，58，96，98，99，126，132－136，204，219，222，223，226（11，74，100－101，108，188－190，246，250－

251，253，392，397－400）
姚斯（Jauss，H. R.）：86，125（165）
康德（Kant，E.）：10，14，16，17，19，22，23，28－32，34，35，37，39，41－50，52，53，58，77，78，83，84，91，92，94，98，104，119，126，129－131，149，168，172，197，215，218（53－54，63－64，67－68，71，73－76，80，83，85，88，90－93，96－97，99－100，106，110－111，150－151，159，162，173，175，241，245，275，310，367，384，391）
克尔恺郭尔（Kierkegaard，S.）：185，209（345）
皮埃尔・勒让德（Legendre，P.）：165，206（303，305－306）
克劳德・莱福特（Lefort，C.）：189，190，201，209（352，373）
列维纳斯（Lévinas，E.）：48，49，58，132，135，137，204，214，222，223（101－102，246，251－252，254－255，382，397，399－400）
埃米尔・利特雷（Littré，É.）：2（17－21，25－30）
劳埃德（Lloyd，G. E. R.）：127，注 35
洛克（Locke，J.）：33，35，61，77，78，102－104，130，146（72，76，122，150－151，194－197，240，270）
麦基（Mackie，J. L.）：119，128（227）
马塞尔・毛斯（Mauss，M.）：188，209（350－351，356，358，361，363－365，373－374）
梅洛-庞蒂（Merleau-Ponty，M.）：51，58，189，219（107－109，352，392）
蒙田（Montaigne，M. de）：19，125，200，211，219，224，225（45，371，392）
纳贝尔（Nabert，J.）：79，80，125（153－154）
尼采（Nietzsche，F.）：108，109，111，112，127（205，207，211－212）
诺齐克（Nozick，R.）：119，128（227）
托尔克特・帕森斯（Parsons，T.）：168，207，注 26
帕斯卡（Pascal，B.）：19，27，174，177，186，208，209，219，220（45，61，328－329，347，392－393）
柏拉图（Platon）：21，22，35，56，70，74，84，139，183，185，195（50－52，76，137，143，162，258，362）
弗拉基米尔・普罗普（Propp，V.）：86，125（164）
普鲁斯特（Proust，M.）：53，54，59，87，129（112，113，167，240）
雅克・勒韦尔（Revel，J.）：116，127（221）

保罗·利科（Ricœur，P.）：82，125－127，204，207，208，225（159）
里尔克（Rilke，R. M.）：52，58（110）
威廉·夏普（Schapp，W.）：125（169）
阿玛蒂亚·森（Sen，A.）：113，118，120，123，124，128（215，225，226－231，234，236）
亚当·斯密（Smith，A.）：175，208，210（324）
索福克勒斯（Sophocle）：79，125（153）
斯宾诺莎（Spinoza）：96，97（185－186）
列奥·斯特劳斯（Strauss，L.）：139－141，147，205（258－259，261，271）
雅克·塔米尼奥（Taminiaux，J.）：149，153，205（275，278－279，283）
查尔斯·泰勒（Taylor，Ch.）：102，120，126，128，179，180，186，207，209（194，228，332－333，335，346）
洛朗·泰韦诺（Thévenot，L.）：172，173，175，178，207，208（319－320，325，330，348，385）
特里科（Tricaud，F.）：76，190，209（354）
丹尼尔·旺达贝康（Vanderbeken，D.）：126，127，注28、29、31
韦尔丹尔（Verdier，R.）：190，209（354）
迈克尔·沃尔泽（Walzer，M.）：172，173，194（320－321，361）
马克斯·韦伯（Weber，M.）：177，201（328，373）
西蒙娜·韦伊（Weil，S.）：161，162，206（299－300，401）
伯纳德·威廉斯（Willams，B.）：61，62，68，117，122，124，125（121－124，134－135，222，232，236）
维尼柯特（Winicott，D. W.）：161，205（298）
扎尔卡（Zarka，Y.-Ch.）：142，146，205（263，270）
纳塔利·泽蒙-戴维斯（Zemon-Davis，N.）：199，210，211（367，369）

图书在版编目（CIP）数据

承认的过程/(法）保罗·利科著；汪堂家，李之喆译.—北京：中国人民大学出版社，2019.5

（汪堂家文集）

ISBN 978-7-300-26920-7

Ⅰ.①承…　Ⅱ.①保…②汪…③李…　Ⅲ.①语言哲学-研究　Ⅳ.①H0-05

中国版本图书馆CIP数据核字（2019）第080248号

汪堂家文集·译作卷

承认的过程

［法］保罗·利科（Paul Ricoeur）　著

汪堂家　李之喆　译

Chengren de Guocheng

出版发行	中国人民大学出版社		
社　　址	北京中关村大街31号	**邮政编码**	100080
电　　话	010－62511242（总编室）		010－62511770（质管部）
	010－82501766（邮购部）		010－62514148（门市部）
	010－62515195（发行公司）		010－62515275（盗版举报）
网　　址	http：//www.crup.com.cn		
经　　销	新华书店		
印　　刷	涿州市星河印刷有限公司		
规　　格	150mm×230mm　16开本	**版　　次**	2019年5月第1版
印　　张	16　插页2	**印　　次**	2019年5月第1次印刷
字　　数	212 000	**定　　价**	58.00元